酒店（宾馆）技能培训与管理实务系列

酒店（宾馆）餐饮技能培训与管理实务

李笑　主编

JIUDIAN BINGUAN CANYIN

JINENGPEIXUN YU GUANLI SHIWU

经济管理出版社

ECONOMY & MANAGEMENT PUBLISHING HOUSE

图书在版编目（CIP）数据

酒店（宾馆）餐饮技能培训与管理实务/李笑主编．—北京：经济管理出版社，2016.5
ISBN 978 - 7 - 5096 - 4288 - 7

Ⅰ.①酒… Ⅱ.①李… Ⅲ.①饭店—饮食业—商业管理 Ⅳ.①F719.2

中国版本图书馆 CIP 数据核字（2016）第 051881 号

组稿编辑：谭　伟
责任编辑：张巧梅
责任印制：司东翔
责任校对：雨　千

出版发行：经济管理出版社
　　　　　（北京市海淀区北蜂窝 8 号中雅大厦 A 座 11 层　100038）
网　　　址：www. E - mp. com. cn
电　　　话：(010) 51915602
印　　　刷：北京银祥印刷厂
经　　　销：新华书店
开　　　本：720mm × 1000mm/16
印　　　张：17.75
字　　　数：338 千字
版　　　次：2016 年 5 月第 1 版　　2016 年 5 月第 1 次印刷
书　　　号：ISBN 978 - 7 - 5096 - 4288 - 7
定　　　价：48.00 元

本书编委会

主　编：李　笑

编　委：朱玉侠　林　侠

　　　　谭　伟　张元栋

　　　　李全超　安玉超

前　言

据中国旅游研究院的数据显示，2015 年全年中国旅游接待总人数将突破 41 亿人次，实现旅游总收入 3.84 万亿元人民币。随着我国经济的迅速发展和旅游热的升温，作为第三产业的现代酒店业也不断壮大，其盈利也是相当可观。然而由于我国近年来酒店数量的激增，酒店业面临的竞争自然也就越发激烈。如何实现酒店更好、更快的发展已经成为现代酒店竞争中亟须解决的问题。现代酒店不仅需要抓住机遇，更关键的是要以人为本，加强酒店技能培训与酒店管理，才能形成持续、稳定的发展局面。

在新的形势下，现代酒店如何与时俱进，如何在硬件设施上得到加强，在酒店软件服务即员工的技能培训与管理上加以完善，是新时期酒店业面临的重大课题。一个酒店中最核心的活动莫过于员工的技能培训与管理，技能培训与管理往往决定着整个酒店的发展走向，关系到酒店的经济效益和社会效益，进而影响到酒店的兴衰存亡，是酒店工作的重中之重。

在这种背景下，为了酒店的健康发展和壮大，我们通过大量的市场调查，研究了国内外酒店餐饮技能培训与管理的成功经验，并结合国内酒店经营者的实际情况与自身需要，编写了这本《酒店（宾馆）餐饮技能培训与管理实务》，同时也规避了市场上类似图书所存在的一些问题，在编写体系和内容上都进行了优化，从而使本书更贴近酒店餐饮实际，体现出其实用性和可操作性强的特点，符合酒店餐饮技能培训与管理之所需。

本书理论与实践相结合，深入浅出，内容翔实，具有超前性和时代感。全书共分为十一章，即餐饮成本与控制管理、菜单筹划设计与分析、厨房卫生与安全管理、餐饮服务质量与控制、餐饮人员礼仪与规范，等等，全面而具体地呈现了现代酒店餐饮技能培训与管理的要点，方便读者熟悉酒店餐饮运作。相信每一位酒店管理者通过阅读本书，都能结合自己的实际工作环境、自身状况等，真正领悟本书，通过思考有所裨益。

本书突出三大特点：一是实用性，突出可读性、可操作性；二是全面性，内容丰富而全面，涉及酒店餐饮技能培训与管理的方方面面，并结合案例，便于读者轻松掌握和运用；三是新颖性，本书无论是篇章布局，还是形式结构，都新颖、独到，并糅合酒店餐饮所需的最新技能与管理，具有前瞻性与国际化。

总之，这是一本酒店餐饮技能培训与管理的最新力作，是酒店餐饮标准化、规范化管理的最新参考用书，是提高酒店业绩与餐饮员工素质的最佳读本，是酒店管理者的良师益友。

本书在编写的过程中，参考了大量的书刊、报纸、网站，为酒店餐饮起到了借鉴和帮助，给本书增加了分量，作为编者，我们在此深表谢意。

目 录

第十章　餐饮团队建设与管理

第十一章　餐饮人员礼仪与规范

第一章 酒店餐饮部管理概述

一、酒店餐饮部的地位与职能

餐饮部是现代酒店的重要部门之一，它是酒店存在的基础，承担着宴会、酒会、冷餐会、茶话会、零点、包餐、酒吧等各项任务，是负责向客人提供餐饮产品和餐饮服务的职能部门，在酒店中占有很重要的地位。

（一）餐饮部的地位与作用

1. 餐饮部是酒店不可缺少的重要组成部门

旅游者最基本的要求可以概括为吃、住、行、游、购、娱六个方面，其中吃、住均须在酒店解决。没有一个与住店客人要求相适应的餐饮服务部门，势必会影响到酒店的生存。同时，吃虽然是满足人类生理需求的必然行为，但酒店的经营者和服务人员不能把对餐饮的作用仅停留在这一认识上，要通过客人在餐厅的就餐行为，使客人既满足了生理上的需求，更能体会到一种美的享受，从而得到精神上的满足。从这点上说，餐饮部也是体现酒店经营特色的重要部门。

2. 餐饮部是酒店营业收入的主要来源之一

酒店的营业收入主要来自客房、餐饮、娱乐、购物四个方面。虽然每个酒店的餐饮收入在总收入中所占的比例会受到酒店内外部许多因素的影响而各不相同。但一般来说，餐饮收入占总收入的1/3是可以做到的。而且，相对于受固定的客房数所决定的最高日客房收入来说，餐饮收入则更具波动性和伸缩性，它可以通过延长营业时间、增加座位周转率及增加外卖收入等途径来提高餐饮收入。

3. 餐饮部是酒店营销的重要组成部分

餐饮部相对于客房来说在酒店业竞争中更具有灵活性、多变性和出奇制胜的能力。因而，往往成为争夺客源的前沿阵地。而且餐饮服务具有面对面的特点，服务人员的一举一动都会成为客人关注的焦点，客人对酒店服务质量的感受更直接、更深刻，就这点而言，餐饮服务的好坏又直接影响到酒店服务的质量和酒店的声誉。

4. 餐饮部是酒店弘扬民族饮食文化的重要场所

一个国家和地区的餐饮习俗已成为一项受人欢迎的旅游资源，品尝当地的风味已成为人们必不可少的旅游项目。中国的烹饪艺术源远流长、博大精深，在世界上享有盛誉。作为酒店的餐饮部，应当将我国的烹饪艺术介绍给来自世界各地的客人。同时，还可以通过精心设计的服务，体现出我们文明古国、礼仪之邦的风采。

（二）餐饮部的职能

（1）向宾客提供以菜肴等为主要代表的有形产品，是餐饮部最基本的也是最主要的功能。

（2）向宾客提供满足需要的、恰到好处的服务。餐饮部生产、提供实物产品，但是这些实物产品最终的商品实现还取决于酒店餐饮服务人员向就餐者提供令人满意的服务。就餐者在购买餐饮产品的同时，更期望得到与有形产品同时销售的服务，并期望获得方便、周到、舒适、友好、愉快等精神方面的享受。这种服务和精神享受只有恰如其分和恰到好处才是最有效的。恰到好处首先服务应该是及时的，其次是具有针对性的，最后必须洞察宾客心理而与之相吻合。

（3）增收节支、开源节流、搞好餐饮经营管理。增加餐饮收入与餐饮利润是酒店餐饮部的主要目标。现代酒店的餐饮收入虽占整个酒店营业收入的1/3，但是餐饮成本所占的比重却相当高，在一家三星级酒店中，其餐饮原料成本占到50%左右，餐饮产品从原料到成品经历的环节较多，成本控制的难度较大，从而造成的浪费和损失较多。这需要餐饮部制订出严密、完整的操作程序和成本控制措施，并加以监督、执行。

（4）为酒店树立良好的形象。餐饮部与宾客接触面广、量大，且又是直接接触，面对面服务时间长，从而给宾客留下的印象最深，并直接影响宾客对整个酒店的评价。

（三）餐饮管理的特点

餐饮产品是由设备设施、服务环境、服务用品、劳务服务、餐饮食品诸多因素组成的。

做好餐饮产品的管理工作，就要抓好餐饮产品的生产环节，做好市场调查与餐饮产品的设计工作，把握好原材料的采购与质量关，抓好菜肴的生产和员工的服务，以满足宾客需求。

1. 餐饮产品经营的灵活性

餐饮消费的客源广泛，需求各异，市场变化频繁，竞争激烈。因此，餐饮管理者必须运用灵活的管理方式，加强服务质量的管理，提高餐饮服务水平，采取灵活的经营方式提高竞争能力。在经营活动中，适时调整菜单内容，更新菜食品种，做好公关活动，采取多种经营手段，提高产品的竞争能力。

2. 餐饮产品管理的不易控制性

餐饮产品生产是手工生产，由于参与人员众多、人员素质参差不齐，生产过程复杂，使用原材料多种多样；同时，由于客人的需求不同，使得餐饮产品的服务质量难以控制，增加了餐饮产品的管理难度，这就要求我们加强员工服务意识与技术技能的培训，努力降低成本，进而提高经济效益。

二、现代酒店餐厅的构成与特色

餐饮业中，餐厅形式很重要，它不仅体现了餐厅的规模、格调，而且还体现了餐厅的经营特色和服务特色。在我国，餐厅大致可分为中式餐厅和西式餐厅两大类，根据餐厅服务内容，又可进一步细分为宴会厅、快餐厅、零餐餐厅、自助餐厅等。

（一）中餐厅

中餐厅是一般酒店都有的餐厅类型，所提供的菜肴、点心都是中国式的，可以提供粤菜、淮扬菜、川菜、鲁菜等多种菜系，是经济小酌、家庭聚餐、交际应酬、朋友聚会、喜庆宴会的较好去处。

1. 散客餐厅

散客餐厅主要接待零散就餐的顾客，又称零餐餐厅。这类顾客数量较多，就餐时间交错，随到随点，比较分散，服务量较大。散客餐厅的装潢都比较简洁明快，各种设备、器皿配置讲究实用，环境舒适，并具有时代的特点。在散客餐厅用餐，气氛比较轻松随便，更具有家庭式气氛，一般不会因环境压力而感到拘谨。

接待散客餐厅顾客要有条不紊，忙而不乱，快捷熟练，服务周到、热情。

2. 宴会餐厅

宴会餐厅主要为酒店群体住店客人、本地社团、单位及个人的大型宴会服务。大型的可容纳数百上千名宾客，小型的仅可接待一桌或两桌宾客。酒店的多功能厅也常作为宴会厅使用。在这里可以举行大中型宴会、酒会、茶话会、冷餐会；也可开国际会议，举办服装表演、商品展览、音乐舞会等。宴会餐厅较散客餐厅有更高、更特殊的要求，表现在服务的规格、档次等方面。

在就餐环境上，宴会要求突出热烈、隆重、豪华、气派的氛围。在食品上要求按既定的菜式、标准提供佳肴美酒，对菜肴的外形、颜色、拼盘非常讲究，以此来突出整个宴会的喜庆气氛。在服务上更要求周到，对酒店餐厅的组织、反应、服务能力要有很高的要求。

3. 风味餐厅

这是酒店餐厅根据顾客的不同口味需求所设置的各类特色餐厅，可以满足顾客在某一方面特殊的饮食需求。风味餐厅有着多种多样的分类，根据地方菜系的不同可以分为川菜、湘菜、客家菜、鲁菜等，根据菜肴品种的不同可以分为蛇馆、海鲜餐厅、野味餐厅等，根据民族的不同可以分为清真菜、朝鲜菜、维吾尔菜等，根据烹饪方法的不同又可以分为扒房、烤肉馆等。

4. 自助餐厅

自助餐厅是当今较为流行的一种餐饮供应方式，其特点是选菜自由、经济实惠，不仅可以为散客提供服务，而且也受到群体用餐者的欢迎。自助餐厅事先将菜准备好，客人用餐非常方便快捷，用多用少随意而行。顾客既可以先购票，再到餐厅选用食品；也可以先食用菜品，而后再行结账。餐厅员工要做好自助餐厅的接引工作，当某一类菜点缺少时，要根据情况及时添上。

5. 快餐厅

以快速满足客人的需求为特色，要求做到以下三个方面：其一是保证食品质量，做到美味可口，菜肴新鲜，特别是烤、炸的食品如面包、三明治、薯条等，有效保存时间仅10分钟左右，超出这个时间，食品就会变得松软；其二是服务周到热情，方便快捷，不能让客人久候，否则就失去了快餐的特色，造成服务上的被动；其三是快餐厅员工不能因为快餐食品供应要求快、客人食用快、顾客流动快就降低服务质量，而要保持快速的反应能力，在短时间的服务中使客人对快餐厅留下良好的印象。

（二）西餐厅

西餐厅以供应正式的西餐为主，早餐就餐人数较少，以午餐、晚餐为主，也可以将西餐作为自助餐来服务顾客。西餐大体上分为西欧和东欧两大类，西欧以法国最为著名，此外还有英式、意式等；东欧以捷克、俄罗斯为代表。

1. 扒房

这是酒店里最正规的高级西餐厅，也是反映酒店西餐水平的部门。其位置、设计、装饰、色彩、灯光、食品、服务等都很讲究。扒房主要供应牛扒、羊扒、猪扒、西餐大菜、特餐，同时还可举办西餐宴会等。

2. 咖啡厅

咖啡厅一般设在酒店一楼与大堂相连的地方，使用频率较高，既可作为住店客人招待来访客人的地方，又是高档酒店中顾客食用早餐的经常去处。根据不同的设计形式，有的称咖啡间、咖啡廊等，供应以西餐为主，在我国也可加进一些中式小吃，如粉、面、粥等。咖啡厅所供应的一般是大众化的饮料点心，通常又被称为方便餐厅。客人即来即食，供应一定要快捷，使客人感到很方便。菜单除了有常年供应的品种外，还要有每日的特餐。客人既可以在这里吃正式西餐，也可以只饮咖啡、吃冷饮。咖啡厅营业时间较长，一般从早晨6时到深夜1时。

3. 酒吧

这是专供客人饮酒小憩的地方，其装修、家具设施讲究，是反映酒店档次和服务水平的场所,通常设在大堂附近。酒吧柜里陈列的各种酒水一定要充足,名酒、美酒要摆得琳琅满目,显得豪华、丰富。调酒和服务都要非常讲究,充分显示了酒店水平。

4. 茶室

茶室又称茶座,是一种比较高雅的餐厅,一般设在正门大堂附近,也是反映酒店格调水准的餐厅,是供客人约会、休息和社交的场所。供应食品和咖啡厅略同,但不提供中式餐饮。营业时间比咖啡厅收市稍早一些。早市可供应较高级的西式自助餐。早、晚安排钢琴或小乐队伴奏,并制造一种高雅的气氛。

三、餐饮部组织机构建立与模式

组织机构是为完成经营管理任务而结成集体力量,在人群分工和职能分化的基础上,运用不同职位的权力和职责来协调人们的行为、发挥集体优势的一种组织形式。

餐厅组织机构是针对餐厅的经营目标,为筹划和组织餐饮产品的产、供、销活动而设立的专业性业务管理机构。组织机构是有效开展业务经营活动的组织保证。组织管理学家巴克斯克先生指出:领导的职责就在于成功地设计一种组织,并委派最恰当的人选,然后致力于按照组织原则使大家达到目标。餐饮组织机构就是这种组织原理的具体运用。

(一)建立餐饮组织机构的原则

(1)应根据餐厅的经营需要设置机构,要因事设人,力求精简。

(2)应根据有效的指挥幅度科学地设置机构,要避免机构臃肿、人浮于事。

(3)机构设置要有利于发挥各级人员的业务才能,发挥他们的主观能动性。

(4)组织中的各级机构要职权相当,职责分明。

(5)机构设置要有利于各种信息的沟通和传递,有助于提高管理效率。

(二)餐饮部组织机构的一般模式

餐饮部组织机构的具体形式主要受企业规模、接待能力、餐厅类型等因素的影响,其一般模式主要有以下几种:

1. 小型餐厅的简单模式

大部分的小型餐厅都会采取简单型结构,其特点是组织结构扁平化(见图1-1),决策权操控在一个人手里,并且做决策时大都采用口头发布的形式,不太正式。但是,对餐饮这种客人需求变化多端的行业而言,扁平化的组织却十分有利,原因是决策者能够立即获得主要信息,迅速地回应并解决问题。

2. 中型餐厅的复杂模式

中型餐厅一般规模较大,若是隶属于酒店的餐厅,则这个酒店一般有300~

500 间客房。餐厅类型比较齐全，厨房与餐厅配套，内部分工比较精细，餐饮经营管理组织机构相对复杂，其结构形式如图 1-2 所示。

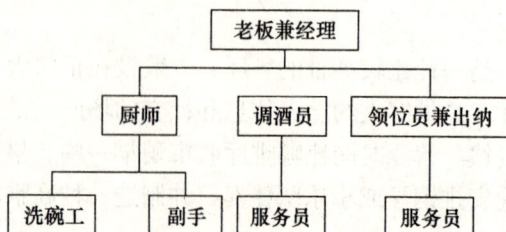

图 1-1　小型餐厅的组织机构

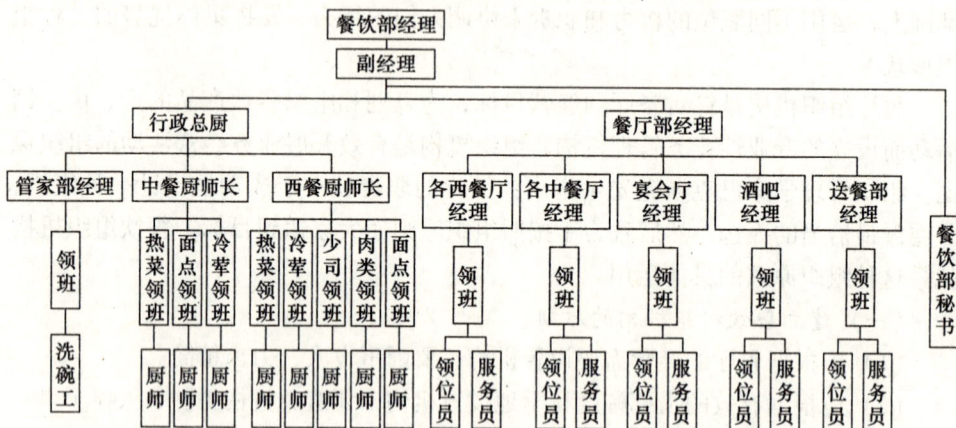

图 1-2　中型酒店餐饮管理组织机构

3. 大型餐厅的专业化模式

这类餐厅若隶属于大型酒店，则中西餐、宴会、酒吧、客房送餐等各类餐饮服务将一应俱全。厨房与各种类型的餐厅配套，内部分工十分精细，组织机构专业化程度相当高。这类餐厅在管理的具体组织形式上又分为两种：一种与中型酒店基本类似，每个餐厅都设有与之配套的厨房，各个厨房分别负责自己食品的原材料加工，其组织结构形式可在参照中型酒店餐饮管理组织机构的基础上，增加餐厅和厨房；另一种是厨房实行专业化管理，即全店设立中心厨房，各个餐厅设立卫星厨房。中心厨房统一为各卫星厨房加工食品原材料，按量装袋，供各卫星厨房使用，各卫星厨房主要负责菜点的炉灶烹制，只有需要现场加工的特殊产品才在卫星厨房现场加工烹制，具体组织形式如图 1-3 所示。

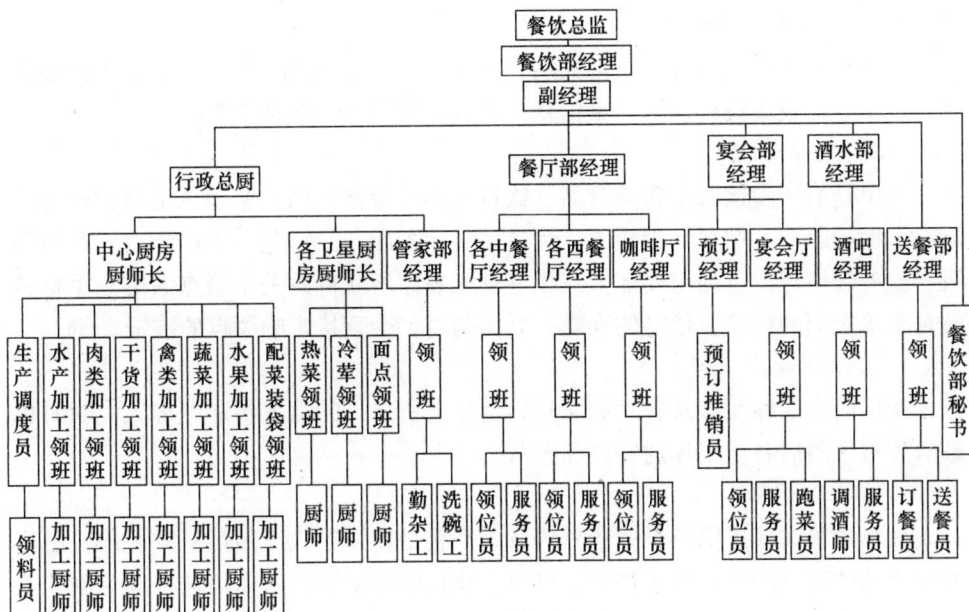

图 1-3 大型酒店餐饮管理组织机构

四、酒店餐饮部业务管理与认知

(一) 餐饮服务管理

餐厅是酒店向宾客提供餐饮产品及服务的场所，也是酒店餐饮经营活动的集中体现。服务管理是餐饮管理体系的重要组成部分，也是餐饮管理最重要的任务。因此，餐厅服务管理水平的高低不仅决定了酒店对宾客在餐饮需求方面的满足程度和服务水平，而且还直接反映了酒店餐饮管理的水平和效率。

1. 餐饮服务程序

(1) 招呼客人。

(2) 引客入座。

(3) 呈递菜单：先递女士，如是团体先递给主人右边的第一位客人。

(4) 解释菜单内容：特色菜、特点、销售情况，熟悉菜单上的数量、质量含义，价格、商标名称、原料来源地、食品种类、食品烹调方法、图文一致、推销用语解释、营养成分。

(5) 点菜和取菜服务：先倒茶水、后点菜；记录客人点菜；点菜记录单送到厨房；取菜，服务上桌。

(6) 送客出门：帮客人拿衣物、打包食品，致谢。

2. 餐饮服务质量的控制

要进行有效的餐饮服务质量控制首先应做好三个前期工作：建立合理的服务规程；了解、收集各种服务质量信息；认真抓好员工的培训工作。

（二）菜单管理

菜单是酒店餐饮部出售的食品、饮料名称和价格等的一览表，是餐饮业务活动的总纲和起点。在餐饮销售中，菜单是展示餐厅产品特色、生产能力、产品等级、服务规格等信息的重要载体。顾客进入餐厅所获得的关于菜点的第一手材料便是菜单上面的信息，信息的准确、真实与否，会直接影响菜点的推销。

1. 菜单的制作

菜单内容的编写涉及餐厅如何利用信息把所选订的菜点传递给客人，同时也影响到整个酒店各项工作的安排和经营。

2. 菜单的创新

菜单是餐饮部提供的餐饮产品的目录，它是传播餐饮产品信息的载体。已经开发成功的菜点还要依赖于科学、美观、新颖的菜单制作，如何进行菜单制作上的创新，是酒店餐饮部所面临的重要任务。

（三）厨房业务管理

厨房是酒店最重要的生产部门，厨房的业务管理就是对菜点品种的开发，菜点质量的形成及食品成本的相关要素进行计划、组织与控制的活动。

1. 菜点质量控制

菜点质量是指菜点能满足宾客生理及心理需要的各种特性。菜点质量的要素主要由以下八个方面组成：卫生、气味、色彩、形状、口味、质感、温度、器皿。除此之外，菜点的营养价值、菜点的名称、特殊菜点的光泽等均是应考虑的因素。

2. 菜点原料成本的控制

菜点原料成本是指生产加工菜点实际耗用的各种原料价值的总和，即原材料成本。依据不同的原料在菜点中的不同作用，大体可分为三类，即主料、辅料和调料。主料是制成某一菜点的重要原料，其特征或是数量多或是价值高，或是两者皆备。辅料是制成某一菜点的辅助材料，其特点刚好和主料相反。调料是烹制菜点的各种调味品，如油、盐、酱油、酒、葱、姜、蒜等。

3. 餐饮原料采供管理

餐饮原料是酒店向宾客提供餐饮食品的重要物质基础，也是餐饮管理中做好成本控制的重要对象。餐饮原料的采供管理就是通过对餐饮原料的采购、验收、发放、储存等环节进行有效的计划与控制，其目的是为厨房等加工部门保质保量及时提供原料，并使采购的价格和费用最为经济合理。

（四）餐饮卫生管理

餐饮卫生管理的主要目的是为大众提供合乎卫生标准，以及对人体安全的饮食。餐饮从业人员应学习并遵守国家颁布的食品卫生法，并严格注意食物餐具、环境和个人卫生。

1. 食物的卫生要求

食物卫生管理的关键是食物的新鲜度和制作卫生。酒店餐饮部常对鲜肉、内脏、肉制品、鲜鱼、禽类、蛋类、粮食与豆类、蔬菜、水果九类原料进行新鲜度的检验，并对冻鱼、河蟹、梭子鱼、糕点、罐头食品、冷饮食品以及酒类等做相应的食物卫生规定。

2. 设备、餐具的卫生管理

因设备、餐具不符合卫生要求而被罚款或勒令停业整顿的餐饮企业也屡见不鲜。同时，须知设备、餐具表面无污垢只能视为清洁，只有当设备、餐具表面的细菌被清除到不引起食物中毒和传染疾病的程度时，才能称得上卫生。因此，清洁仅仅意味着洗掉污垢，而卫生则是将细菌杀灭至饮食安全的程度。

3. 环境卫生管理

从饮食的角度来看，通常认为餐饮的环境由厨房，所有食品的加工、储藏、销售场所，洗涤间，员工更衣室和卫生间，垃圾房四部分组成。这些场所的卫生管理要做好。

4. 工作人员的卫生管理

良好的个人卫生可以保证健康及高效率的工作，而且可以防止疾病传播。避免食物被污染，防止食物中毒事件发生。从业人员的卫生管理包括健康管理、卫生习惯及卫生教育三大类。

（五）食品安全管理

食品安全管理最主要的是食物中毒的预防，这部分内容在后面的章节中有详细论述。

五、酒店餐厅服务意识以及心理

（一）酒店餐厅服务意识

员工服务意识是餐厅服务质量不断提高的根本动力，也是餐厅做好人性化、特色化服务的重要条件。因为只有当员工真正地将服务意识作为一种服务本能的时候，员工才能在顾客发出需求服务信号之前就感受到餐厅顾客的需求，并及时、准确地提供顾客想要的服务。"顾客至上"是餐厅必须遵循的宗旨。

1. 责任心是餐厅服务意识的基础

（1）餐厅员工要有强烈的责任感。岗位上的我是餐厅的一分子，在自己的岗位上，"我"不仅仅是代表自己，更重要的是代表餐厅，代表餐厅的质量、形象。餐厅形象的好坏、效益高低与我们的工作息息相关。餐厅的兴衰，员工负有不可推卸的责任。在自己的岗位上，要有这样的认识：不能因为我而使餐厅形象受损，而要通过我的工作、优质的服务，让客人赞美我们的餐厅，餐厅的员工应有强烈的责任感。

（2）餐厅员工应当明确餐厅服务的标准规范。餐厅员工必须明确餐厅的服务程序、规范和标准，按餐厅的要求提供服务。热情、主动、高效地为客人服务。灵活处理发生的问题，自己不能处理的要报上一级处理。要认识到，服务没小事，一些看来不重要的事，可能对客人十分重要，也可能会影响客人对我们餐厅的评价。因此，对待服务工作必须持十分认真的态度，把每一件事都做好，就会提高餐厅服务的质量。

（3）餐厅员工应当有良好的团队协作精神。作为餐厅的员工必须知道，餐厅的服务工作是在分工与协作的前提下进行的，任何一个人离开了别的部门、别的员工，都无法独立完成服务工作。因此，员工必须加强协作，不要事不关己、高高挂起。客人要求服务时，更不能因不属于自己岗位的职责而把客人推来推去。为了优质的服务，为了和谐的工作环境，员工应严于律己、宽以待人，热诚相助，同事之间应相互尊重，友好相处，相互帮助，相互配合，团结协作。

（4）餐厅员工要时刻注意维护良好的餐厅服务形象。餐厅服务产品"100 - 1 = 0"的道理（一个环节、一个人的身上出现了劣质服务，所有好的服务、其他员工辛勤劳动都将白白地付诸东流，良好的餐厅形象将在宾客印象中不复存在）。因此，作为餐厅员工必须从我做起，自觉维护好餐厅形象，要通过自己的一言一行、一举一动，去树立和传播餐厅的良好形象，同时应时时刻刻树立和维护餐厅形象，这是为宾客服务的基本准则。

2. 观察力是餐厅服务意识的必备素质

服务员最令宾客佩服的本领，就是能把宾客最感兴趣的某种需要一眼看穿，并根据实际情况提供相应的服务，而达到这一良好效果的前提，就是服务员能透过宾客的外部表现去了解其心理活动，这种能力就是服务员的观察力。一个观察力较强的服务员在日常接待中能够通过对宾客眼神、表情、言谈、举止的观察发现宾客某些不很明显又很特殊的心理动机，从而运用各种服务心理策略和灵活的接待方式来满足宾客的消费需要，把服务工作做在客人开口之前。具体来说，要注意观察以下几个方面：

（1）留心观察宾客的体态表情，不失时机地提供有效服务。宾客的行为举止和面部表情往往是一种无声语言，他们的心理活动无一不在这方面流露出来。如客人进了餐厅，服务员就站在旁边等候客人点菜，这非但不能使客人在不知不觉中得到享受，反而会感不便，以至紧张。因为如果是会餐，他们还要大家商量商量，如果是宴请，主人还要征求客人的意见，此时，服务人员站立一旁就显得不够得体。餐饮服务的实践表明：服务员恭恭敬敬地递上菜单后，应稍退一旁，让他们自行商量一会儿，但又不能置之不管，仍应不时关注他们，在主人抬头时，服务员应立即出现在他们面前，或回答他们的问题，或自然地介绍、推销特色菜肴，或听他们点菜并记录。总之，此时出现，恰到火候。

（2）注意分析宾客的交谈语言或自言自语，掌握宾客的需求趋向。服务员从宾客的相互对话中，能观察到宾客的心理状态、宾客之间的关系、宾客的爱好及所期求的某些服务等，从宾客的自言自语中，也能悟出他的心事。

（3）正确辨认宾客的身份，注意宾客所处的场合。宾客的职业、身份不同对服务工作就有了不同的需求。另外，宾客在不同的场合对服务的需求心理也是不一样的，这就要求服务员根据宾客的不同年龄、性别、文化、职业、情趣、爱好，从接待招呼用语，到商品介绍、礼貌服务要各有侧重。

3. 应变能力是餐厅服务意识的重点要求

在服务过程中由于服务员与宾客分别代表着不同的利益，因此，双方之间的矛盾是时有发生的。在这种情况下，应变能力强的服务员就能正确处理各种矛盾。在既不损坏餐厅声誉，又能维护宾客情面的情况下，妥善把问题处理好。服务员是餐厅的代表，但也要设身处地地站在宾客的立场上来考虑问题，即应常想一想"假如我是一个宾客"；服务员个人的面子好挽回，但餐厅失去的信誉是谁也找不回来的，要以维护餐厅的信誉为第一。

4. 主动服务是餐厅服务意识提升的基础

在服务工作中坚持自觉性就是要加强主动服务。主动服务不仅是宾客在本餐厅的受欢迎程度的体现，也是一名服务员专业水平高低及个人能力、素质的综合表现。所以在服务行业中加强主动服务是非常有必要的。

要掌握服务工作的一般规律，善于观察分析客人的心理和特点，懂得从客人的神情和举止上了解其需要，服务于客人开口之前，至少在宾客开口之后要马上服务以满足宾客的需求。主动服务要求服务员有"主动找事做"的意识，对职责范围内的工作，不用上级督促，不需宾客提出便主动服务，在一般情况下，可做可不做的事情要主动热心去做，不怕麻烦，任劳任怨，从自身做起，带动他人。

主动服务关键是要有高涨的工作热情与强烈的服务意识，没有这些正确观念的支持，就没有了推动力。所以，培养工作热情与服务意识是根本，而且还必须加强记忆能力、观察能力、思维理解能力以及反应能力、团体意识与合作精神的培养。须知员工是餐厅的主人，要站在主人的位置上，主动开口，主动服务，给客人以"热情好客的主人"的良好印象，使服务效果超乎宾客期望之上。

（二）了解顾客消费心理

1. 人的需求五个层次

（1）生理需求。

（2）安全需要。

（3）社会群体感需求。

（4）受尊重的需求。

（5）自我实现的需求。

任何一位宾客在消费过程中都希望服务员通过周到的服务来满足他们的心理需求。

2. 满足宾客心理需求有赖于优质的服务

优质的服务是由优质的功能服务和优质的心理服务构成的。功能服务是指为客人介绍食品饮料时，能否介绍得准确。心理服务是指能为客人彬彬有礼的服务。

3. "先行预计"是满足宾客高层次心理需求的最佳方法

一般来说"先行预计"客人的需求，也就是超前服务。这也是服务人员优秀素质的最高体现。高水准的服务要真正做到"想宾客所想，做宾客所需"，热情和周到的服务是服务的基础标准，而先行预计出宾客的需求，并把我们的服务做在客人的需求提出之前，则是高标准的服务，只有这种服务才是满足宾客高层次心理需求的最佳方法。

如何做到"先行预计"呢？

第一，观察来往客人的情绪和表情，并逐个进行判断客人的层次、需求，从衣着、谈吐、走路等生活细节方面做出结论。

第二，利用换位法，即如果我是客人，我想要别人如何帮助我？由此而知道我可以采取什么行动，并掌握最佳机会替客人服务。

在揣摩客人心理、做好服务工作上，服务人员应该做好以下几点：

（1）了解顾客，说好第一句话。

（2）主动了解和积极影响顾客。

（3）赢得顾客的尊重和信任。

（4）对所有的顾客都必须热情，亲切，和蔼，讲文明礼貌。

4. 客人在餐厅的一般心理特点

（1）要求卫生、安全的心理。

（2）要求饮食品符合口味的心理。

（3）求新求知的心理。

（4）求得尊重的心理。

（5）求价钱合理的心理。

（6）求快心理。

（7）求身份地位得到体现的心理。

（8）求方便的心理（是否方便停车、路线远近等）。

（9）求享受的心理。

（10）求异、猎奇、求刺激的心理。

（三）如何满足顾客的心理需求

1. 满足就餐客人求安全、卫生的心理

（1）餐厅就餐环境干净舒适。

（2）所售食品新鲜、干净。

（3）出售的酒水符合质量标准，无假冒伪劣。

（4）餐、茶、酒具经过严格消毒。

（5）服务人员的个人卫生符合卫生标准。

（6）为客人上菜、饮料都要使用托盘。

（7）为客人拿取杯具时，手只能拿杯子底部的部位，不要触及杯口。

2. 满足客人要求食品符合口味的心理

（1）首先要了解掌握客人的生活习惯及饮食特点。

（2）了解中国饮食的地方特点。

（3）了解国内外客人对于酒水的偏好。国外的客人一般喜欢饮用酒度不高的葡萄酒，而国内客人在进餐时喜欢饮用高度白酒、洋酒。

（4）了解国内宾客的饮食习惯。国内北方客人喜欢以面食为主食，而南方来的客人以米饭、点心为主食。

（5）点完菜后主动征询客人对口味的要求，并在点菜单上注明。

3. 满足客人求新求知的心理

（1）掌握本店特色菜肴的典故、烹调方法、用料、配料及营养价值等知识。

（2）在为客人点菜时主动介绍菜肴的相关知识。

（3）有计划、周期性地更换餐厅的菜单，及时推出时令新菜及每日厨师精选菜肴。

（4）设计菜单时，对一些新菜及招牌菜尽量附上图片及简要说明。

4. 为满足客人求尊重的心理，我们应注意以下问题

（1）引领客人快速到位，不要乱转，客人会感到被怠慢，第一印象若不好，就会失去对餐厅的信任，产生晕轮效应导致对饭菜、服务过分挑剔。

（2）服务要语言得体、有礼貌。

（3）注意操作的礼节：

1）"三轻"操作，说话、走路、操作轻，反之客人会反感。

2）上菜、斟酒讲究顺序。

3）上菜时注意不要弄脏客人的衣物。

4）没吃完的饭菜不要急于去收拾，好像在催客人快点走。

（4）尊重客人的生活习惯、忌讳：海员吃鱼忌讳翻鱼身。女性客人因减肥需要，忌讳高热量食物。

（5）生理有残障或出现差错的客人，更应尊重他们：积极、主动、耐心、细致地给予残障人士必要的帮助。客人打碎餐具时，应给予安慰，而后迅速清理，帮助客人恢复常态。当客人喝了洗手盅里的水时，不许嘲笑，最好当作没看见。

5. 满足客人要求价格合理的心理

（1）点菜时尊重客人的选择。

（2）注意推销技巧，如有必要，点完菜后可将大约的菜品价格告知客人。

6. 满足客人求快的心理

（1）及时安排就座，及时上茶。

（2）对于急于就餐的客人，推荐一些现成的菜品或加工时间短的菜。

（3）上菜前这段时间不要让客人干坐着，可打开电视、送上报纸杂志。

（4）对谈生意的客人，第一道菜要快上，然后放慢上菜速度，给客人留出谈话时间。

（5）注意客人细小动作，及时满足客人需求，若客人多次招呼服务员都没发现，客人会焦急、不满，所以要集中精神工作。

（6）结账要迅速。客人有一种心理，吃好就马上急着走，不要让其等时间长。

7. 满足客人求方便的心理

（1）餐厅有充足的停车位，便于顾客停车。

（2）选择邻近餐厅的目标客人聚集的区域。

（3）交通便利。

8. 满足客人求心理享受的心理

（1）餐厅装饰格调高雅。

（2）把客人安排在餐厅合适的地方。

（3）接待穿戴漂亮时髦的女客人时，要把她安排在能使众多客人都能看到的显要位置就座，使她心满意足。

让顾客成为你的朋友。总之，要让顾客高高兴兴地来，高高兴兴地结账，高高兴兴地带更多的朋友来，我们就要做到：在产品上烹制出更多、更好、更美、更符合顾客口味要求的菜式食品；在服务上力求规范、统一、细微、超前；在推销时灵活运用推销技巧，恰到好处；出品、服务及营销三者相互配合，及时反馈顾客信息，沟通好，以便提高、改进出品及服务质量。

（四）不同类型顾客的消费心理及接待

1. 不同年龄宾客的就餐心理需求和服务措施

（1）少年儿童。生性爱玩，不懂人情世故，胃容量也小，其要求花样品种多，菜品质量优，就餐速度快，对刺激强大的菜品难以适应，一般喜欢清淡、鲜嫩、易消化的食品。

（2）中青年。生命力旺盛，对各种食品的接受能力也最强，辛辣、油腻、味重、强刺激的都喜欢。

（3）中年人。比较挑剔，强调过不要的菜品就不要再提起。

（4）老年人。求实惠心理比较强烈，对环境卫生、服务态度和菜肴品质要求比较高。

2. 不同职业宾客的就餐心理需求和服务措施

（1）体力劳动者。需消耗较多的体能，其新陈代谢旺盛，故口味倾向于重味、重油、高热量的菜肴。体力劳动者就餐时在直接需求方面往往以经济实惠、快捷为主，在间接需求方面较模糊的表现为就餐环境宽松不拘谨，服务时应倾注些情感关怀，服务过程中多一些情感交流。在其点菜时应耐心等候，不要催促，也不要轻易介绍菜肴。

（2）脑力劳动者。体力消耗小，脂肪和糖的消耗量也小，其口味倾向于清淡。脑力劳动者就餐时，其职业习惯也会表现出来，他们就餐时要求会比较多，服务时要注意聆听，方可满足其求尊重的心理需求，即使要求不太合适也要耐心听过后再提建议，不可直接说"不"。他们会提较多有价值的建议，我们听后要表示感谢和向上级传达。

3. 不同就餐目的宾客的心理需求和服务措施

（1）宴请的宾客。主人要显示自己的热情友好，对菜肴的规格和就餐的气氛比较注重。宴请服务从场面布置到操作都必须严格按规范进行。

（2）聚餐的宾客。要求有一个轻松的环境和无拘无束的气氛，服务过程中要善于察言观色，既要服务好又不影响气氛，必要时帮他们拿定主意。餐厅一定要把好菜肴质量关，确保不因此煞宾客风景。

（3）旅游的宾客。喜欢品尝当地的风味，席间好奇屡屡表现，从菜品原料到烹饪工艺都爱发问，对他们应有问必答。旅游宾客游览归来，心情舒畅又有过多运动消耗，胃口较好，故上菜速度要快。

（4）提着行李进餐厅风风火火的宾客。此类宾客大多是用过餐就离店的客人，对其主要是"快"，如点到烹饪时间长的菜肴时要与其讲明。围绕"快"字，点菜、上菜、结账都要快。

（5）吃便餐的宾客。其要求随意、方便、快捷，服务人员应给予方便，介绍可口实惠的食品，可按其标准搭配合适的套餐，在引座和服务中避免引起过多人的注意。

（6）品尝的宾客。这类客人大多对风味菜和特色菜或多或少有了解，注重菜肴质量。对这些美食家除了提供周到细致的服务外，保证风味的正宗是十分重要的。

（7）改善生活的宾客。他们讲究风味，注重质量，对服务要求比较高。这些宾客多是举家而来，有的是聚众而来，接待要求可参照上面相关部分。向这些宾客推销名贵的菜肴和饮品，如宾客找借口不要，不可一个劲儿地推销。

第二章　餐饮成本与控制管理

一、酒店餐饮成本概述

（一）餐饮业成本的含义

餐饮业成本是指餐饮企业在生产和供应餐饮产品的过程中所发生的各种耗费和支出的总和，亦即餐饮企业在生产经营过程中所耗费的物化劳动和活劳动的货币表现。根据餐饮业的经营特点，餐饮业成本包括生产成本、销售成本和服务成本。具体包括：原材料消耗、员工工资、水电费、燃料费、物料用品消耗、低值易耗品摊销、租赁费、固定资产折旧、办公费、广告费、维修费、其他支出等。

在任何一个餐饮企业里，原材料成本和人工成本在餐饮成本中都占有较大的比重。可以说，这两种成本的高低在很大程度上决定了餐饮管理能否实现企业的财务目标。因此，应特别重视对原材料成本和人工成本的管理和控制。表2-1是某餐饮企业成本费用构成，它直观地反映出该餐饮企业各成本费用项目的构成情况。

表2-1　某餐饮企业成本费用构成

成本费用项目	比重%
原材料	50
职工薪酬（基本工资、附加工资、奖金、津贴）	17~28
燃料	1
物料用品	1~3
低值易耗品	6
职工福利	3
水电费	2
企业管理费	1
其他支出	6
合计	87~100

（二）餐饮成本的分类

按照不同的标准进行分类，成本可以分为以下几类：

1. 固定成本、变动成本和半变动成本

（1）固定成本。固定成本是指在产品销售量发生变动时并不随之做增减变动的成本，即当产品销售量有较大变化时，成本开支的绝对额一般相对稳定。在餐饮企业中，固定职工的工资、设施设备折旧费等，均属于固定成本。这些成本即使在酒店没有销售量时也会照样发生。

（2）变动成本。变动成本是指随着产品销售量的变动而相应变动的成本，即当产品销售量增加时，其绝对额同方向、成比例地增大；反之，随着销售量的减少，成本发生额便会同方向、成比例地减少。酒店中的食品成本、饮料成本、洗涤费等，均属于变动成本。

（3）半变动成本。半变动成本是随着产品销售量的变动而相应变动的成本，但它与销售量不是成比例发生变动的。它是由固定的和变动的两部分组成，如人工总成本、水电费等。以人工总成本为例，餐饮部员工可分为两类：一类员工属固定职工，其人数在业务量正常波动的范围之内保持稳定。这类员工包括管理人员、厨师、办事员和一部分服务人员。另一类员工为非固定职工，其人数则随业务量的变化而变化，如餐厅服务员。由于人工成本包括这两类员工的工资，第一类员工的工资总额不随业务量的变动而变动，而第二类员工的工资总额随着业务量的变动而变动。因此，人工总成本是半变动成本。

固定成本、变动成本与销售量之间的关系，可以用图 2－1 来表示。

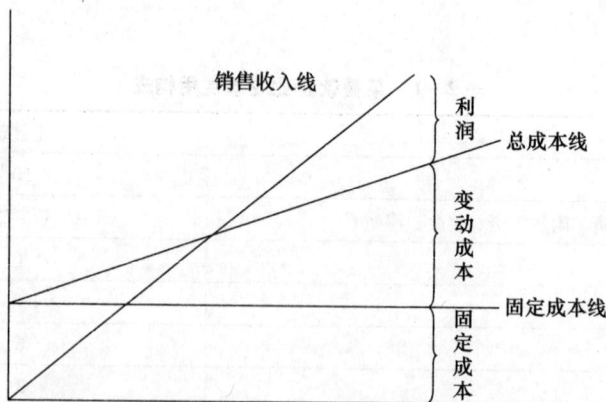

图 2－1　固定成本、变动成本与销售量的关系

2. 可控成本和不可控成本

从成本管理角度分类，餐饮成本可以分为可控成本和不可控成本。

（1）可控成本。可控成本是指在短期内可以改变其数额的成本。变动成本一般是可控成本。管理人员若变换每份菜的份额，或在原料的采购、验收、贮存、生产等环节加强控制，则食品成本也会发生变化。大多数半变动成本、某些固定成本也是可控成本。例如，广告和推销费用、大修理费、管理费等都是可控成本。

（2）不可控成本。不可控成本是指在短期内无法改变的成本。固定成本一般是不可控成本。例如，租金、折旧和利息等都是无法立即改变数额大小的不可控成本。

3. 单位成本和总成本

单位成本通常是指单位平均成本，如每客菜肴的成本、每杯饮料的成本。总成本则是单位成本的总和。例如，中餐厅购入一块牛腰肉，用于生产牛排，购入金额为 52.50 元，如果整块牛腰肉在一天内全部用于生产，总成本就是 52.50 元，如果该牛腰肉被切成 15 客，则每客单位成本是 3.50 元。

4. 标准成本和实际成本

标准成本是指按照标准菜谱计算出来的成本，实际成本是指餐饮经营过程中实际消耗的成本。为了有效控制成本，餐饮企业通常要确定单位标准成本，例如，每份菜的标准成本、分摊到每位客人的平均标准成本、标准成本率、标准成本总额等。标准成本和实际成本之间的差额称为成本差异。实际成本超过标准成本的差额为逆差，反之则为顺差。

将标准成本和实际成本进行比较，能评估管理人员控制成本的好坏。成本差异的计算对分析和控制成本是很重要的。标准成本是制订餐饮成本计划和经营预算的基础，每份菜的标准成本是其定价的依据。同时，标准成本的计算也有助于选择企业经营的菜品和开发新服务项目的决策。

（三）餐饮成本率

餐饮成本率是衡量餐饮成本控制好坏最重要的指标。成本率是成本与销售额之比，其计算公式如下：

$$成本率 = \frac{成本}{销售额} \times 100\%$$

相应地，食品成本率、饮料成本率和人工成本率的计算方法分别为：

$$食品成本率 = \frac{食品成本}{食品销售额} \times 100\%$$

$$饮料成本率 = \frac{饮料成本}{饮料销售额} \times 100\%$$

$$人工成本率 = \frac{人工成本}{总销售额} \times 100\%$$

下面是计算成本率的示例。某酒店餐饮部20××年损益表如表2-2所示。

表2-2　某酒店餐饮部20××年损益表　　　　单位：元

销售额	
食品销售额	688500.00
饮料销售额	106000.00
合计	794500.00
产品销售成本	
食品销售成本	288540.00
饮料销售成本	32480.00
合计	321020.00
毛利	473480.00
可控费用	
工资	169835.00
工资税和职工福利费	40365.00
其他可控费用	89600.00
合计	299800.00
扣除占用费以前的利润	173680.00
占用费	94530.00
扣除折旧费以前的利润	79150.00
折旧费	28560.00
税前利润	50590.00

根据表2-2，该酒店餐饮部20××年的食品成本率、饮料成本率和人工成本率的计算方法分别为：

$$食品成本率 = \frac{288540.00}{688500.00} \times 100\% = 42\%$$

$$饮料成本率 = \frac{32480.00}{106000.00} \times 100\% = 31\%$$

$$人工成本率 = \frac{169835.00 + 40365.00}{794500.00} \times 100\% = 26\%$$

成本率在成本控制方面有如下作用：

第一，可以方便对两期或两期以上的成本率进行比较；

第二，可以方便对两个或两个以上的企业进行比较。

在对各个企业的成本率进行比较时，所比较的企业应是同类企业。

（四）餐饮成本构成

餐饮成本作为餐饮生产经营活动中所耗费的全部物化劳动和活劳动的总和，既包括原材料成本和生产过程中的厨房、酒吧、餐厅设备、水电燃料消耗等的成本，也包括劳动力消耗成本（这部分成本以劳动工资和奖金福利的形式进入成本，成为餐饮产品成本的必要组成部分）。

1. 餐饮成本构成项目

明确餐饮成本构成是反映餐饮成本的支出比例，进而按一定比例要求控制餐饮成本支出的前提。

从成本核算的会计科目来讲，餐饮成本包括：①原材料（食品、饮料）。②燃料。③物料用品。④低值易耗品摊销。⑤商品进价和流通费用。⑥工资（基本工资、附加工资、奖金津贴）。⑦福利。⑧水电费。⑨企业管理费。⑩其他支出费用。

以上会计科目依据企业的隶属关系、资金来源性质、接待对象性质的不同会有所区别。

2. 餐饮成本构成主要项目

餐饮成本构成项目中各会计科目的项目支出在餐饮成本中所占比例是不一致的，在任何一个酒店里，主要成本在餐饮成本中比例都很高，主要成本控制在很大程度上决定了餐饮管理能否实现财务目标。因而，应特别重视主要成本的控制。一般说来，主要成本有以下两个方面：

（1）原材料成本。原材料成本是指在餐饮生产经营活动中食品和饮料产品的销售成本，原材料成本占餐饮成本的比例最高，占餐饮收入的比例最大，是餐饮部的主要支出。在一般情况下，食品原料的成本率高于饮料原料的成本率；普通餐的原料成本率高于宴会的原料成本率；国内酒店业餐饮原料的成本率高于国外同业原料的成本率。国外餐饮原料（食品、饮料）的成本率在30%～35%。

（2）人工成本。人工成本是指在餐饮生产经营活动中耗费的活劳动的货币表现形式。它包括工资、福利费、劳保、服装费和职工用餐费用。人工成本率是仅次于食品饮料的成本率，因而也是餐饮部成本中的重要支出。某酒店餐饮部某年的损益表如表 2-3 所示。

表2-3 某酒店餐饮部某年损益表　　　单位：元

销售额	
食品销售额	3861674.99
饮料销售额	1125683.08
合计	4997368.07
产品销售成本	
食品销售成本	2254646.24
饮料销售成本	385367.31
合计	2640013.55
毛利	2347344.52
可控费用	
工资	485000.00
工资税和职工福利费	132374.00
其他可控费用	304750.00
合计	922124.00
扣除占用费以前的利润	1425220.52
占用费	630345.31
扣除折旧费以前的利润	794875.21
折旧费	329753.89
税前利润	465121.32

根据表3-2数据，该酒店餐饮部某年的食品饮料成本率为52.93%，人工成本率为18.49%，两项开支之和为71.42%，为餐饮部门的主要开支。

3. 餐饮成本构成的特点

（1）变动成本比例大。在餐饮部门的成本费用中，除食品饮料的成本外，在营业费用中还有物料消耗等一部分变动成本。这些成本和费用随着销售数量的增加而成正比例地增加。这个特点意味着餐饮价格折扣的幅度不能像客房价格那么大。

（2）可控成本比例大。除营业费用中的折旧、大修理费、维修费等不可控费用外，其他大部分费用以及食品饮料原料成本都是餐饮管理人员能控制的费用。这些成本发生额的多少直接与管理人员对成本控制的好坏相关，并且这些成本和费用占营业收入的很大比例。这个特点说明餐饮成本的控制是十分重要的。

（3）成本泄露点多。餐饮成本的大小受经营管理的影响很大。在菜单的计划、食品饮料的成本控制、餐饮的推销和销售控制，以及成本核算的过程中涉及许多环节：菜单计划斗采购→验收→贮存→发料→加工切配→烹调→餐饮服务→餐饮推销→销售控制→成本核算。

菜单计划和菜品的定价影响顾客对菜品的选择，决定菜品的成本率；对食品饮料的采购、验收控制不严，或采购的价格过高、数量过多会造成浪费；采购的原料不能如数入库，采购的原料质量不好等都会引起成本提高；贮存和发料控制不佳，会引起原料变质或被偷盗、丢失和私用；对加工和烹调控制不严不仅会影响食品的质量，还会提高食品饮料的折损和流失量，对加工和烹调的数量计划不好也会造成浪费；餐饮服务不仅影响顾客的满意程度，也会影响顾客对高价菜的挑选，从而影响成本率。餐饮推销搞得好坏不仅影响收入，也影响成本率。例如，加强宴会和饮料的推销会降低成本率；销售控制不严，售出的食品饮料得不到收入也会使成本比例增大；企业若不加强对成本的核算和分析就会放松对各个环节的成本控制。对上述任一环节控制不严都会产生成本泄露。

二、餐饮成本核算与分析

（一）餐饮成本核算

餐饮成本核算是餐饮成本控制的必要手段。通过每日、每月的统计、盘点、调整，编制出食品、饮料月、日报表，可以为成本分析提供准确数据。小型餐厅一般只是每月进行一次食品饮料成本核算，大型餐饮企业除了成本月报外，还要进行日成本核算和成本日报，以便于及时检查经营情况。

1. 月食品成本核算和食品成本月报表

（1）月食品成本核算。月食品成本核算实际上就是计算 1 个月内的食品销售成本。只要酒店每天对营业收入和各种原料进货、发料备有记录，按时进行仓库原料盘存清点，就可计算出月食品成本。

假定某酒店餐饮部 10 月有如下记录：

当月营业收入　　　　　　76400 元

月初食品库存额　　　　　9000 元

本月进货额　　　　　　　35000 元

月末账面库存额　　　　　13600 元

月末盘点存货额　　　　　12400 元

根据上述记录核算 10 月食品成本步骤如下：

1）领用食品成本。

计算领用食品成本公式为：

月初食品库存额（本月第一天食品存货）＋本月进货额（月内入库、直接进料）＋月末账面库存（本月最后一天账面存货）＝领用食品成本根据公式可计算出本月从库房（仓库、冷库、冷藏室等）领用的成本及直接进料成本为：

9000 + 35000 − 13600 = 30400（元）

2）账物差额调整。

根据库存（如仓库、冷库）盘点结果，若本月食品实际库存额小于账面库存额，应加入食品成本；若实际库存额大于账面库存额，应从食品成本中减出。账物差额的计算公式为：

账面库存额（本月最后一天账面存额）− 月末盘点存货额（实际清点存货额）= 账物差额

月终调整后的实际领用食品成本为：

未调整前领用食品成本 ± 账物差额 = 实际食品领用成本

则本例为 30400 + 1200 = 31600（元）

3）专项调整。

前两项计算结果之和所得的食品成本，如本例中，31600 元是本月直接进料及实际从库房领用的原料成本，而不一定都是本月营业所消耗的食品成本，其中可能包括已经转出给非食品部门的原料成本，也可能未包括从非食品部门转入的食品成本。为了能如实地反映月食品成本，还应对上述食品成本进行专项调整：

a. 加入厨房从酒吧领用的作为厨房烹饪调味用的酒水成本。

b. 减去酒吧从食品库房和厨房领取的物料成本。

c. 减去下脚料销售收入。

d. 减去招待用餐费用。酒店因业务需要，经常招待客人，招待费用增加了食品成本，但不增加营业收入，必须把这笔费用减去。

e. 减去职工用餐成本。酒店原材料总耗中包括了职工用餐涉及的原材料，这笔费用计入各部门的营业费用或企业管理费用中去。

f. 减去职工购买原料销售收入。

经过专项调整后所得的食品成本为当月的月终食品成本，计算过程如下：

领用食品成本	31600 元
加转入烹调各种食品用酒	+540 元
减转出酒吧用食品	−380 元
减下脚料销售收入	−235 元
减招待用餐食品成本	−950 元
减职工购买食品收入	−480 元
减职工用餐成本	−560 元
月终食品成本	29535 元

经过上述三项计算后得到的食品成本即为月终食品成本。本例中月营业收入为 76400 元，月食品成本为 29535 元，则 10 月食品成本率为 38.66%。

（2）食品成本月报表。为了能够清楚地反映月食品成本支出情况，通常的做法是编制食品成本月报表。在食品成本月报表上，不但列出本月成本数据，同时列出上期或标准成本率，以便比较、分析。例如，某酒店餐饮部 10 月食品成本月报表如表 2-4 所示。

酒店的标准成本率为 34%，实际成本率为 38.66%，比标准成本率大4.66%，说明餐饮成本控制还存在许多问题，有待于进一步解决。

表 2-4 某酒店餐饮部 10 月食品成本月报表　　　　　　　　单位：元

月初食品库存额	9000
本月进货额	35000
月末账面库存额	13600
月末账面库存额	13600
月末盘点存货额	12400
本月领用食品成本	31600
转烹调各种食品用酒	540
转酒吧用食品	380
下脚料销售收入	235
招待用餐食品成本	950
职工购买食品收入	480
职工用餐成本	560
月食品成本	29535
月食品营业收入	26400
标准成本率（%）	34
实际成本率（%）	38.66

2. 日食品成本核算及食品成本日报表

（1）日食品成本核算。通过分析月食品成本报告，固然可以发现成本控制中存在的问题，然而采取纠正措施后，却需要等待 1 个月的时间才能确定纠正措施的效果如何。由于月食品成本报告间隔时间过长，对酒店的日常业务指导意义不大，因而酒店除了进行月食品成本核算外，还须进行日食品成本核算。

酒店每日食品成本由直接发料成本和库房发料成本两部分组成。直接发料成本应计入发料当天的食品成本，其数据可从酒店每天的进料日报表上得到。库房发料的成本应计入发料日的食品成本，其数据可从领料单上得到。除了这两种成本以外，也同样应考虑各项专项调整，当日食品成本计算公式如下：

当日食品成本 = 直接进料成本（进货日报表直接进料总额）+ 库存发料成本（领料单成本总额）+ 转入食品的饮料成本额 - 转出由酒吧消耗的食品成本 - 为酒吧准备食物的成本 - 职工购买食品收入 - 余料出售收入 - 招待用餐成本

计算出食品日成本后，再从会计记录中取得日销售额数据，可计算出日食品成本率。

日食品成本核算能使管理者了解当天的成本状况。但若孤立地看待每日食品成本率，意义不大。因为酒店的直接进料很可能是隔天一次，或隔两天一次，当日从库房里发出的原料也不会每日都正好用完，有些原料在使用日以前就已领出来，也许一周领一次。上述情况都会使计算的日成本偏离真实的消耗情况。

为了克服日食品成本率时高时低的现象，有必要统计成本的累积值数据，这样数日后的累积值就比较精确了。因为某日多领料或多购了食品，当日积存较多，次日就不必要多领或多购，累积时间越长，数据的精确度就越高。

（2）食品成本日报表。根据上述食品成本核算，就可以填制食品成本日报表，以此反映酒店某一天及近期的经济状况。食品成本日报表如表2-5所示，该表为最简单的成本日报表。

表2-5　食品成本日报表

20××年6月14日　　　　　　　　　　单位：元

	当日	累计	
		本周	上周同期
营业收入	4200.00	15450.00	12700.00
食品成本	1690.00	6335.00	5345.00
食品成本率（%）	40.2	41	42.1

表2-5列出了酒店当日的食品成本率，并将此项与本周累计的与上周同期的成本率进行比较，由于是近期比较，管理者便容易发现问题所在及其原因，从而起到指导管理者对日常工作进行调整、协调、控制的作用。

3. 饮料的月成本核算和月报表

对月饮料成本的核算，需要进行库存盘点，一般说来，需要对库房的饮料及餐厅、酒吧结存的饮料进行盘点。在库房盘点时，要清点各种酒水和饮料瓶及罐的数量，再乘以各种饮料的单价，就能汇总得出库房的饮料库存额。在餐厅和酒吧清点时，除了要清点整瓶数，还要对各类酒水的不满整瓶的量做估计，或称重计量，再核算出金额。月成本额是通过对期初库存额、本月采购额和期末库存额的汇总，算出本月的消耗金额，再进行专项调整得出饮料净成本额。某酒店餐饮部饮料成本月报表如表2-6所示。

表2-6 某酒店餐饮部饮料成本月报表 单位：元

月初库存额	254637.15
月初餐厅、酒吧存货额	86244.86
本月采购额	147018.29
月末库存额	257536.72
月末餐厅、酒吧存货额	123764.43
本月饮料消耗总额	106598.85
转调入食品原料	4270.03
转食品饮料成本	12549.59
招待饮品	3058.88
职工用餐	3288.81
赠客饮料	10719.92
其他杂项扣除	4246.90
本月饮料成本净额	77004.80
饮料营业收入	289818.59
标准成本率（%）	24
实际成本率（%）	26.6

饮料的营业收入为289818.59元，饮料月成本率为26.6%，高于标准成本率，可见还须进一步加强成本控制。

（二）餐饮成本分析

成本核算是餐饮成本控制的基础，为了进一步寻找成本控制中的漏洞，制定成本控制措施，有必要进行成本分析。

成本分析就是对企业实际的经营成果与预定的标准进行比较，发现成本控制中存在的问题的过程。

1. 成本分析的目的与方法

成本分析的根本目的是发现成本发生过程中的各种漏洞，因此，进行成本分析时，要解决如下问题：

第一，成本差异。通过比较标准成本与实际成本、本期成本与历史成本的差距，来判定成本发生额的性质。

第二，揭示造成成本差异的环节和责任所在。

第三，分析造成成本差异的原因，以便对症下药，对成本加以控制。

在成本分析中所用的基本方法是比较法，用于比较的是标准食品饮料成本率与实际食品饮料成本率，具体操作方法主要有以下两种：

（1）定期比较法。定期比较法是指定期对实际的和计算期内确定的标准的食品饮料成本率进行比较分析。

实际的食品饮料成本率可以从成本的月、日报表中获得。

标准食品饮料成本率的确定，首先，应使用各种确定标准成本的工具：标准菜谱、每客菜肴标准分量及每客菜肴标准成本。其次，选定的时间要足够长，时间越长，比较就越有意义。由于各种菜肴的食品成本率不同，标准食品成本率实际上是所有菜肴食品成本率的加权平均值。标准食品成本计算如表 2-7 所示。

表 2-7　标准食品成本计算

日期　销售量　菜肴名称	A	B	C	D	合计
10-01	12	5	35	20	
20-01	18	21	41	18	
30-01	24	23	42	24	
40-01	20	16	38	16	
50-01	15	15	30	26	
60-01	18	18	37	18	
⋮					
19-01	16	21	40	15	
总销售量	247	286	585	319	
售价（元）	0.90	11.15	2.35	2.95	
销售额（元）	222.30	328.90	1374.75	941.05	
每客成本（元）	0.32	0.35	0.95	0.85	

菜肴名称 销售量 日期	A	B	C	D	合计
成本总额（元）	79.04	100.00	555.75	271.15	
食品成本率（%）	35.6	30.4	40.4	28.8	

表 2 - 7 中的销售量数据可从客人账单、收银机记录纸带、销售记录本等资料中得到。

标准食品成本率计算依据和过程如下：

1）售价指各种菜肴的实际售价。

2）销售额是各种菜肴的售价和销售量的乘积。例如，每客 A 菜肴的售价为 0.90 元，售出 247 客，因此，A 菜肴的销售额为：

$$0.90 \times 247 = 222.30 （元）$$

3）每客成本指单独销售的菜肴的每客标准成本，或包括几道菜肴的一份客饭的标准成本。

4）成本总额指根据售出客数计算的各种菜肴的食品成本总额。例如，每客 A 菜肴的标准成本为 0.32 元，售出 247 客，因此，A 菜肴的成本总额为：

$$0.32 \times 247 = 79.04 （元）$$

5）食品成本率是用每客成本除以售价计算的各种菜肴的标准食品成本率。例如，A 菜肴的标准食品成本率为：

$$\frac{0.32}{0.90} \times 100\% = 35.6\%$$

6）计算加权平均标准食品成本率，以便与实际食品成本率进行比较。计算方法为：用食品成本总额（成本总额一栏数额之和）除以食品总销售额（销售额一栏数额之和）。本例中，标准食品成本率为：

$$\frac{11892.84}{33370.00} \times 100\% = 35.6\%$$

用上述方法制定的标准食品成本率是企业应努力实现的目标。如果实际食品成本率接近标准食品成本率，说明企业的成本控制工作很有成效。一般说来，经营人员可允许实际食品成本率与标准食品成本率之间有 1% 的差异。

（2）逐日比较法。采用这种方法的企业，需每天计算标准食品成本率和实际食品成本率，与定期比较法相比较，逐日比较法需花费较多的时间和精力，但它能为管理人员迅速提供有关信息。

采用逐日比较法的企业，需要使用预测和实际食品成本计算表，如表 2 - 8

所示。菜单预测和实际食品成本计算过程如下：

表 2-8　预测和实际食品成本计算

菜肴		A	B	C	D	合计
预测	销售量	80	65	10	16.5	
	每客成本（元）	2.05	2.45	4.30	2.60	
	每客售价（元）	5.95	6.95	12.95	7.95	
	食品成本率（%）	34.5	35.3	33.2	32.7	
	总成本（元）	164.00	159.25	43.00	42.90	
	总销售额（元）	476.00	451.75	129.50	1311.75	
实际	销售量	75	60	6	159	
	每客成本（元）	2.05	2.45	4.30	2.60	
	每客售价（元）	5.95	6.95	12.95	7.95	
	食品成本率（%）	34.5	35.3	33.2	32.7	
	总成本（元）	153.75	147.00	25.80	413.40	
	总销售额（元）	446.25	417.00	77.70	1264.05	

1）确定标准食品成本率。

a. 预测销售量。在确定每客标准分量菜肴的标准成本和售价之后进行销售预测。销售量预测准确与否直接影响标准成本率的高低，因而，它必须是在综合考虑各种因素条件下才会很精确。

b. 计算各菜肴标准食品成本率。每客菜肴的标准成本根据菜谱细目和成本卡的数据填写，在"售价"一栏中，填入菜单上各种菜肴的单价。"标准食品成本率"一栏中的数据则是每客菜肴的标准成本与售价之比。

c. 计算标准成本总额及营业收入总额。各种菜肴的标准生产总成本为每客菜肴成本与预计销售量的乘积，各种菜肴的标准生产总成本之和是所有菜肴的标准成本总额，用同样的方法也可以计算各种菜肴的总销售量，总销售量之和为所有菜肴的营业收入总额。

d. 确定标准食品成本率。用预计的营业收入总额去除标准成本总额，可求出标准食品成本率。本例中，标准食品成本率为：

$$\frac{795.25}{2369.00} \times 100\% = 33.6\%$$

2）确定实际食品成本率。

实际食品成本部分在销售之后编制。根据销售记录，在表中填入各种菜肴的实际售出客数，然后根据每客成本和售价与售出客数的乘积，分别求出各种菜肴的实际总成本和总销售额。各种菜肴的实际总成本、总销售额之和分别为实际成本总额与实际营业收入总额，由此可计算出实际食品成本率。

3）比较分析。

对预测的标准食品成本率与实际的食品成本率进行比较，两者比较必然会存在一些差异。产生差异的原因有：预测的总销售量通常不可能与实际总销售量完全相同，某些菜肴的销售量低于预测数量等。如果某些菜肴的实际销售量高于预测数，管理人员也应分析厨房职工是否严格地执行生产计划。虽然销售量增加可使企业增加销售额，但是，如果厨房职工未按规定的生产目标进行生产，则表明某一控制程序没有起到应有的作用。如果总份数是正确的，每客的分量却不足，也可能增加实际售出的客数，这会引起顾客的不满，甚至会失去部分顾客。因此，管理人员应对差异进行分析，也尽量使预测接近实际情况，充分发挥销售预测在制定经营目标、指导生产计划工作方面的作用。

2. 成本差异产生的原因

成本差异为实际成本数额与标准成本数额之差。引起成本差异的原因可分为正常原因和非正常原因两大类。

正常原因：销售结构发生了变化，因而差异必然会产生；食品饮料突然大幅度提价；企业改变会计记录程序、财务报表编制方法、收款方法等。

不正常原因：原料进货过多、验收不严格、原料保管不善、未严格执行领发料制度、浪费、偷盗、生产数量过多、每客菜肴分量不正确、未按标准菜谱生产等。对于以上原因，应查明责任所在，采取改进措施，缩小实际成本和标准成本之间的差异。

三、食品与酒水成本控制

（一）食品成本控制

食品成本控制是餐饮成本管理的关键。针对可能引起成本差异的原因，制定相应的改进措施，以减少食品成本的不合理支出，成为食品成本管理的根本任务。食品成本控制主要包括食品采购控制、验收控制、库存控制、出库控制、生产控制五个环节的内容。

1. 食品采购控制

采购控制是食品成本控制的首要环节。食品是否能形成利润，往往在采购环节就已经决定了。要想降低成本水平，在采购环节就要做到以下几点：

（1）聘用合格的采购员。采购员应具备的条件是：人品正直、可靠；具有丰富的商品知识，掌握市场供求状况、生产变化动态；懂得国家有关法律政策、酒店内部的规章制度；生鲜食品采购员应具备一定的烹调知识；具有鉴定采购商品质量的能力，以及必要的保管知识；具有数字计算能力，能对采购业务进行科学的计算管理。

（2）编制食品原料的采购规格。编制食品采购规格可以保证食品原料采购质量。食品原料的质量指的是原料是否适用。越适于应用，质量就会越高。采购部应在其他部门或人员的协助下，列出本酒店需采购的食品原料的目录，并用标准的采购规格，说明各种食品原料的具体特点，规定对各种食品原料的质量要求。

（3）确定经济订货量。企业应采购适当数量的食品原料。采购数量过多，会占用大量资金，影响资金周转，增加存储成本，导致原料质量下降、损耗等。采购数量过少，会增加订货和验收的费用，失去大批量采购能享受到的折扣优惠。因此，企业可使用经济订货量方式确定最适当的订货量，降低与采购和储存相关的成本。

2. 食品验收控制

验收工作的任务包括：根据采购规格，检验各种食品原料的质量、体积和数量；核对食品原料的价格与本企业订购的食品原料的价格、发票上的价格是否一致；给容易变质的食品原料加上标签，注明验收日期；并在验收日报表上正确记录已收到的各种食品原料。然后，验收员应迅速地把各种食品原料送到贮藏室和生产场所，以防损失和变质。

3. 食品库存控制

食品库存控制的任务是尽量防止库存物品腐烂、丢失和避免物品自然减重。为此，库存控制应做好以下两方面的工作：

（1）防腐。为了有效地防止物品腐烂，首先应对生鲜食品加以管理。对于易腐生鲜食品，应当让具有丰富商品知识的人进行管理。保管过程中要求对温度进行严格控制。贮存时间过长也是造成减重、腐烂、鲜度下降的主要原因之一。因此，也要对各种生鲜食品贮存时间给予必要的控制。在贮存过程中，要防止细菌繁殖。仓库中的地面往往湿气较重，因此，库存品要放在距地面 10～15 厘米的货架上。对于库存品要经常按易腐序列进行检查，其顺序如下：贝类、鱼类、奶类、奶油类、蛋类、鸡肉、牛肉、猪肉。

（2）防盗。首先，加强岗位责任制，仓库钥匙应由专人负责管理，特别是在夜间，严格禁止非责任人员进入库房。其次，仓库开放时间，应有仓库负责人在场，并规定具体日期、具体时间办理出库业务。出库时，任何人未经允许不得进入库区。最后，研究和采用先进的贮存方法，把食品在库房期间的损失降低到最低限度。

4. 食品出库控制

搞好食品出库控制。首先，应建立严格、合理的原料出库制度；其次，规定出库手续、领料数量、出库时间等，并认真执行。

（1）出库手续。食品的出库必须以经过批准的领料单为凭据，以保证能正确计算各领料部门的食品成本。同时，领料单应提前交送，以便仓库保管员有充分时间准备原料。

（2）领料数量。领料数量的要求既要满足厨房用料的需要，又要有效地控制发料量。发料控制的原则是只准领用食品加工烹制所需实际数量的原料。

（3）领料次数和时间。酒店应规定每天领料的次数和时间，以促使厨房制订周密的用料计划，避免随便领料，减少浪费。

（4）统计成本。仓库管理员每天须及时、正确地统计领料单上各种原料的成本，以及全天的领料成本总额。

5. 食品生产控制

食品生产包括加工、烹调、配菜三个环节。这三个环节对食品成本影响较大，是出现问题较多、难以控制的环节。食品生产控制应着重抓好以下几个方面的工作（其他内容详见第六章）：

（1）编制标准菜谱。标准菜谱是食品生产控制的重要工具，它列明某一菜肴在生产过程中所需的各种原料、辅料和调料的名称、数量、操作方法、每客分量和装盘工具、装饰的配菜及其他必要的信息。使用标准菜谱为菜肴生产提供了标准，也使菜肴的分量、成本能保持一致。

（2）进行主要原料的加工测试和烹调损失测试。对于肉类、禽类、水产类及其他主要原料，酒店应经常进行加工、烹调测试，掌握各类原料的出料率，制定各类原料的切割、烹烧损耗许可范围，以检查加工、切配工作的效绩，防止和减少在粗加工和切配过程中造成原料浪费。

（3）制订生产计划。酒店应根据业务量预测，制订每一天各种菜肴的生产计划，确定各种菜肴的生产数量和供应份数，并据此决定需要领用的原料数量。生产计划应提前数天制订，并根据情况变化进行调整，以求准确。

（4）按标准菜谱配菜。厨房应按照标准菜谱所规定的烹制份数进行配菜，否则会增加菜肴的成本，影响毛利。

（二）酒水成本控制

酒水成本控制的程序和方法与食品成本控制的程序和方法基本相同。但酒水价格昂贵，容易携带，在销售中稍有疏忽或过失，酒水就会像水一样容易流失，从而影响酒吧及整个餐厅的经济效益，因此必须严格控制和认真管理。

1. 酒水成本环节控制

（1）酒水采购环节控制。酒水采购控制的主要目的是：保持酒水生产所需的各种配料的适当存货，也保证各种配料的质量符合使用要求以及保证按合理价格采购。

1）选好采购人员。餐饮部必须由专人负责酒水采购工作。为了便于控制，酒水采购人员不能同时从事酒水配料和销售工作。

2）确定采购数量。要准确确定订货数量，最好使用永续盘存制。永续盘存制注明各种酒、饮料应保存的标准存货数量。标准存货数量是指企业最理想的储存数量，通常为企业在一定时期真实使用量的150%左右。永续盘存表还标明了最高和最低存货量，其中，最高存货量是管理人员规定的现有存货量可增加的最高限度；最低存货量实际上即是订货点。

3）保证采购质量。根据使用情况，酒水可分为指定牌号和通用牌号两种类型。只有在顾客具体说明需要哪一种牌子的酒水时，才供应指定牌号；顾客未说明需要哪一种牌子时，则供应通用牌号。此外，确定酒水的质量还需考虑价格、顾客的偏爱、年龄，酒水的销售状况等一系列因素。

（2）酒水验收环节控制。酒水验收员的责任是根据订单检验酒水质量、数量是否符合要求，是否可以接收。

验收时，必须仔细清点瓶数、桶数，如按箱进货，验收员应开箱检查瓶数是否正确。要了解整箱酒或饮料的重量，也可通过称重量检查。如果瓶子密封，还应抽查是否已启封或瓶盖是否松动。发现有不一致之处，应做好记录，并按规定处理。

验收之后，验收员应在每张发票上盖验收章，并签名；然后立即将酒水送到储藏室。另外，验收员还应根据发票填写验收日报表，送财务部，以便在进货日记账中入账。酒水验收日报表如表2-9所示。

表2-9　酒水验收日报表

供应单位	项目	箱数	每箱瓶数	每瓶容量	每瓶成本	每箱成本	小计

（3）酒水库存环节控制。酒类在空气中极易被细菌侵入，导致变质，许多高级酒类价格昂贵，库存不善将造成酒水成本的大大提高。因此，库存控制的目的是：防止酒水变质；从数量管理上防止酒水损耗；对有些酒类来说库存还能提

高与改善酒本身的价值。

1）建立酒窖。酒窖是储存酒品的地方，其设计应讲究科学性。理想的酒窖应符合以下几个要求：

a. 有足够的储存空间和活动空间。

b. 通风性良好。

c. 保持干燥的环境。

d. 隔绝自然采光、照明。

e. 防震动和干扰。

f. 有恒温条件。

2）控制存货。

a. 实行酒水库存卡制度。酒水库存卡如表 2－10 所示。另外，确立各类酒水（特别是销量大的）的标准库存量，计划酒水的每日销售量，实行酒水的动态管理。

b. 实行永续盘存记录制度，及时反映库存的变化情况。

c. 库房钥匙要由专人保管。

表 2－10　酒水库存卡

编号_____　　规格_____　　品名_____

日期	入库	出库	结余	签名

（4）酒水发放环节控制。

1）实行酒吧标准存货制。为了便于了解每天应领用多少酒水、饮料，每个酒吧应备有一份标准存货表。假设某种牌号的白兰地的标准存货为 4 瓶，那么酒吧在每日开业前就应有 4 瓶这种白兰地。酒吧标准存货制可保证酒吧各种饮料存货数量固定不变，便于控制供应量。酒吧标准存货数量既要保证满足顾客需求，又不能存货过多。

对于特殊用途饮料，酒吧应备足量，以便满足整个宴会的需要。在领（发）料工作中，常使用宴会酒水领料单。宴会酒水领料单如表 2－11 所示。

表 2－11　宴会酒水领料单

宴会主办单位：_____　　　日期_____

宴会地点：_____　　　　吧员_____

酒名	数量	最初发料	增发数量	退回数量	耗用数量	单位成本	总成本

申请人_____　　　　　　　　　　　　　　发料人_____

领料人_____　　　　　　　　　　　　　　回收人_____

2）酒瓶标记。在发料之前，酒瓶上应做好标记，标记上应有不易仿制的标识、代号或符号。每个酒吧可采用不同的标记，这样可以防止服务员将自己的酒带入酒吧出售，然后自留现金收入。

（5）酒水生产环节控制。

1）对酒单控制。酒单如同餐厅的菜单，是酒吧最好的促销工具，一份设计精美的酒单往往会激发顾客的消费欲望，刺激消费，增加酒水的经济效益。酒单有很多种，按照酒单使用地点不同可分为餐厅酒单和鸡尾酒单两大类。此外，酒吧还会根据季节或促销主题设计酒单，如时令酒单、葡萄酒单等。不同酒单其内容和设计要求也不一样，但总体来说，应做到各项酒水说明内容完整、定价合理；酒单清楚整洁、设计精美、别具特色。

2）对调酒师行为控制。生产销售阶段酒水成本失控，可能是调酒师出现偷盗行为所致。

在某些酒吧中，由于调酒师既负责调酒，又负责收款，如果管理不善就可能出现调酒师的行为违规并使酒水成本上升。

a. 卖酒而不作收款记录，将款额藏匿拿走。

b. 多收钱，将余额藏匿拿走。

c. 少找钱，余款归自己。

d. 出售自己所带饮品，使酒吧损失经营收入。

e. 带入空酒瓶换整瓶酒，谎称酒已出售。

f. 少倒酒，挤出部分款额归己。

g. 卖酒不作记录，空瓶兑水。

h. 以次充好,将其差额拿走。

i. 偷整瓶酒。

j. 将零卖的酒作为整瓶出售,将其差额拿走。

k. 将饮品免费赠送亲友。

l. 将售出的酒谎报为不小心碰洒了,从中贪污款额。

m. 与服务员合伙贪污。

3)对服务员行为控制。酒吧服务员在酒吧中提供酒品服务及负责为客人结账,也可能出现行为违规而从收付客人的款项中偷窃,使酒水成本上升。服务员经常出现的不法行为有:

a. 将账单丢掉,收款后归自己。

b. 重复使用账单。

c. 多收款,少找钱。

d. 故意将总账算错,对客人收实款,对收银台少报款。

e. 顾客付款后改变项目和价格,对收银台少报款。

4)对收银员行为控制。收银员可能出现的偷盗行为有:

a. 将账单藏匿不记账,款额归自己。

b. 以微小的差错保持账目平衡。

(6)酒水销售环节控制。根据酒吧销售方式不同,其成本控制方法又分两种情况。

1)鸡尾酒销售成本控制。鸡尾酒是酒吧销售的主要方式,各种鸡尾酒都是根据标准配方制作的,由此形成鸡尾酒的标准成本。各种鸡尾酒的用料配方和比例不同,其标准成本也不一样。在酒吧销售过程中,调酒员尽管都按标准配方调制鸡尾酒,但实际成本往往和标准成本不完全一致,由此也会形成成本差额。鸡尾酒销售成本控制就是要在分析成本差额的基础上来发现成本管理中存在的问题,从而有针对性地采取控制措施,提高成本管理水平。成本差额分析方法可根据酒吧鸡尾酒成本控制报告计算。酒吧鸡尾酒成本控制报告如表2-12所示。

表2-12 酒吧鸡尾酒成本控制报告

酒吧_____ 报告期_____ 制表人_____ 日期_____ 单位:元

编号	标准成本		实际成本		标准成本	实际成本	成本差额	标准成本率(%)	实际成本率(%)	成本差额率(%)
	杯酒成本	酒单售价	销售量	杯酒成本						
1	1.58	8.25	35	1.43	55.3	50.05	-5.25	19.15	17.33	-1.82
2	1.86	9.45	20	1.92	37.2	38.4	1.20	19.68	20.32	0.64
3	2.34	11.28	32	2.45	74.88	78.4	3.52	20.74	21.72	0.98
4	2.58	12.94	28	2.63	72.24	73.64	1.40	19.94	20.32	0.38

续表

编号	标准成本		实际成本		标准成本	实际成本	成本差额	标准成本率（%）	实际成本率（%）	成本差额率（%）
	杯酒成本	酒单售价	销售量	杯酒成本						
5	3.72	18.72	25	3.61	93.00	90.25	-2.75	19.87	19.2	-0.59
6	4.26	20.50	38	4.18	161.88	158.84	-3.04	20.78	20.39	-0.39
合计	2.87	13.75	178	2.75	494.50	489.58	-4.92	20.2	20	-0.2

2）瓶装和杯装销售成本控制。酒吧烈性酒、啤酒和软饮料常常不经过调制，直接以瓶装或杯装方式销售，价格通常比鸡尾酒低。其成本控制方法是由管理人员事先制定瓶装和杯装销售单位成本和售价，酒吧服务人员按杯装或瓶装标准销售，由此控制成本消耗。在整装拆零销售时，要特别注意杯装配置，防止实际成本消耗超过事先规定的标准。酒吧瓶酒销售成本控制如表2-13所示，酒吧杯酒销售成本控制如表2-14所示。

表2-13　酒吧瓶酒销售成本控制

酒吧_____　　报告期_____　　制表人_____　　日期_____　　单位：元

编号	标准成本		实际成本		标准成本	实际成本	成本差额	成本率差额（%）
	成本率（%）	每瓶售价	销售量	每瓶成本				
1	24.5	85.6	15	23.95	314.58	359.25	44.67	3.48
2	25.8	78.2	20	20.33	403.51	406.60	3.09	0.2
3	28.4	34.5	18	7.52	173.36	135.36	-41.00	-6.6
4	26.7	69.8	26	16.75	447.28	402.00	-45.28	-2.7
5	23.2	125.4	30	31.35	872.78	940.50	67.72	1.8
6	22.4	97.6	25	25.38	846.56	634.50	87.94	3.6
合计	24.33	20.92	132	21.80	2761.07	2878.21	117.14	1.04

表2-14　酒吧杯酒销售成本控制

酒吧_____　　报告期_____　　制表人_____　　日期_____　　单位：元

编号	标准成本		实际成本		标准成本	实际成本	成本差额	成本率差额（%）
	成本率（%）	每杯售价	销售杯数	每杯成本				
1	19.5	14.67	30	2.82	85.82	84.6	-1.22	-0.28
2	20.6	15.78	20	3.28	65.01	65.6	0.59	0.19
3	18.4	11.85	35	2.10	76.31	73.5	-2.81	-0.68

续表

编号	标准成本		实际成本		标准成本	实际成本	成本差额	成本率差额（%）
	成本率（%）	每杯售价	销售杯数	每杯成本				
4	14.9	23.07	30	3.45	103.12	103.5	0.38	0.05
5	22.8	18.77	45	4.18	192.58	188.1	−4.48	−0.53
合计	19.31	16.92	160	3.22	552.84	515.3	−7.54	−0.28

2. 酒水成本控制方法

（1）标准成本控制。标准成本控制是定期（如一个月）将酒水的标准成本和实际成本作比较，从比较结果中，检查酒水成本控制是否存在问题的一种管理方法。

1）标准成本率的确定。酒水的销售数可根据账单或收款机记录进行统计，各种酒水的销售数分别乘以其标准成本及售价，即为标准成本总额和标准营业收入总额。

2）实际成本率的确定。实际成本率的计算：

本期酒类饮料成本＝酒吧酒类饮料起初库存额＋本期领取酒类饮料总额－酒吧期末库存额＋各项专项调整之和

实际成本率＝本期酒类饮料成本/标准营业收入总额×100%

3）标准成本率和实际成本率比较。如果成本差异超过0.5%，管理者应查明原因，引起差异大的原因除了实际成本计算不正确外，往往是调酒员操作时用量控制失当，倒酒过多或过少，或者营业收入未作如实记录等方面的原因。

（2）标准用量控制。标准用量控制是将酒吧存货记录和销售记录中的各种酒的实际用量和标准用量进行比较来发现饮料控制问题的一种方法。

1）用量标准化。要搞好酒水生产控制，应首先确定各种酒水中成本最高的成分——酒的用量标准。

2）载杯标准化。酒吧经理应确定每杯酒水的容量，并为酒吧服务员提供适当的酒杯。

3）配杯标准化。要控制成本必须使用标准配方，并规定各种酒、饮料在配制时各种成分的用量标准。这样做也可以满足顾客对于酒吧提供的酒水在口感、酒精含量和调制方法上一致性的要求。

4）操作程序标准化。实施标准化操作程序，能够保证提供的产品和服务的一致性，减少浪费和客人投诉，是降低酒水成本的有效手段之一。

标准用量控制的步骤是：

a. 根据库存记录，统计饮料的实际用量；

b. 根据销售记录，统计饮料的标准用量；

c. 比较实际用量和标准用量。

（3）标准营业收入控制。标准营业收入控制法是根据各种有关酒水的销售量计算标准营业收入总额，然后将其与实际营业收入总额进行比较，并从中发现问题的一种成本控制方法。

四、劳动力成本控制方法

餐饮业是劳动密集型产业，劳动力成本是指支付给员工的薪酬以及非薪酬形式的人工成本，如员工福利、员工服装、员工用餐和培训成本等。劳动力成本一般占到营业收入的30%，随着社会的发展，工资水平不断上升，劳动力成本在餐饮成本中所占的比例将呈上升趋势，劳动力成本对餐饮经营收益的影响越来越大。

餐饮劳动力成本控制的主要目的是在确保餐饮服务质量的前提下，提高员工的劳动效率。要达到此目的，餐饮经营人员应充分认识影响劳动力成本的各种因素，科学地制定各岗位的劳动定额指标，准确分析和预测营业量的变化，合理地进行劳动组织和工作安排。

（一）影响餐饮劳动力成本的因素

1. 食品原料加工烹制工作量

厨房原料的加工准备和食品制作烹调所需的时间或工作量的多少是影响人工成本的一大因素。如果餐饮采购的食品原料都须由厨房粗加工（如宰杀、切割、洗涤等），方便食品或半成品食物很少，那就必然会导致较高的人工成本；相反，厨房使用方便食品或产品、半成品食物越多，就越能降低人工成本费用。例如，采购已经拣洗的蔬菜、加工切割的肉类、分装好的调料等都能减少粗加工的员工人数，从而降低人工成本。随着科学技术的发展，社会服务体系的完善，各类配菜中心的建立，厨房中将会使用越来越多的半成品或成品原料，从而降低人工成本。

2. 菜肴品种数量和销售量

菜单品种丰富，规格齐全，菜品加工制作复杂，加工产品标准要求高，无疑要加大工作量，配备较多的生产人员。从劳动力成本角度来看，厨房烹饪制作100份相同菜肴所需的劳动力远远低于烹饪制作10种不同的每种各10份的菜肴。菜肴销售量越高，每份菜肴劳动力成本就越低，员工的工作效率就越能得到发挥。因此，适当减少或控制菜肴数量，提高菜肴的销售量是控制餐饮劳动力成本的一个重要途径。

3. 服务方式

不同的服务方式所需的劳动力成本不同，如自助餐服务，以宾客自己取食品为主，所需劳动力相对较少，而零点或宴会服务则相对来说需要的服务员较多。

4. 机械化程度

餐饮企业使用的机械数量、种类越多，效率越高，越有可能减少员工人数、降低劳动力成本。例如，原料削皮、切片以及餐具洗涤等工作如果使用现代化机器设备，就可有效地降低人工成本。

5. 餐厅的布局

餐厅、厨房的结构是否紧凑、布局是否合理是影响餐厅工作人员工作效率的一大因素。如果布局不科学，餐饮服务区与厨房生产区的距离过大，使服务员行走路程过长，体力消耗过大，会增加人员需求。在厨房内，冷藏柜、保温柜和其他主要设备安装位置是否合理，用具是否放置在厨师容易拿到的地方，都直接影响其工作效率，所以减少厨师行走距离、保持体力、节省时间、保证生产流程顺畅，对提高工作效率、节约用工有着显著的效果。

6. 非薪金形式的人工成本支出

（1）餐厅员工流动频繁，造成员工工服流失，型号匹配不全或短缺，增加餐厅工服的成本。

（2）厨师流失往往会带走大批厨房员工，而餐厅管理者的辞职又会带走一批业务熟练的一线员工甚至一部分老顾客，影响餐厅的正常营业活动，损害餐饮企业的收益和形象。

（3）企业频繁招聘新员工，会使培训费用增加，另外，新员工上岗熟悉业务需要一定实习时间，餐厅新员工过多还会影响工作效率和服务效果，导致顾客的投诉率上升，既增加人工成本，又影响餐厅的整体经济效益。

（4）职工队伍的士气高低，是否具有团结协作、互相尊重的工作氛围，工作是否有乐趣，职工的潜能是否得到最大限度的发挥，餐饮企业是否具有合理的激励和竞争机制等因素都会影响员工的工作情绪和工作效果，从而进一步影响客人的满意度和忠诚度，影响餐饮成本。

（二）劳动力成本控制措施

1. 量才使用，因人设岗

在对岗位人员进行选配时，首先要考虑各岗位人员的素质要求，即岗位认知条件。同时要认真细致地了解员工的特长、爱好，尽可能照顾员工的意愿，使员工在工作中有发挥聪明才智、施展才华的机会，真正为企业创造最大的效益。另外，要力戒因人设岗，否则会给餐饮经营留下隐患。

2. 不断优化岗位组合

餐厅员工分岗到位后，并非是一成不变的。在实际操作中，可能会发现一些员工学非所用或用非所长，或暴露出一些班组群体搭配欠佳、团队协作精神缺乏等现象。因此，优化餐厅岗位组合是必需的。餐饮管理人员要同时发挥激励和竞争机制，创造一个良好的工作、竞争环境，使各岗位的员工组合达到最优。

3. 利用分班制

根据餐饮企业每日营业中高峰和清淡时段客源的变化，供餐时间的不连贯及季节性显著的特点，可安排员工在上午工作几个小时，下午工作几个小时，在餐厅不营业或营业清淡时段可不安排或少安排员工，以此节省劳动力。

4. 科学设定固定员工数量

固定员工数量是指不管业务量大小，企业经营所必需的最低劳动力数量。在餐饮企业中，这类员工有餐厅经理、会计、厨师长、收银员、维修工等。这类员工的工资占餐厅人工成本支出的相当大一部分，餐饮企业应有科学的固定员工的标准，并尽可能地将其安排在关键岗位上。

5. 灵活利用非固定员工和临时工

非固定员工和临时工的使用数量与企业的销售量密切相关。餐厅服务员和厨房生产人员均属这类员工。餐饮经营者应做好不同时间餐厅客人的统计，尽可能准确地预测每日营业量，根据各营业量的预测来配备员工人数。另外，各中、高等院校旅游专业的实习生也是企业比较理想的非固定人力资源，他们在校期间受过专业训练，外语基础好，反应灵活，上岗快，用工费用又比社会上招聘的员工低。因此，企业应通过调查、试用与对比，有计划地与几所学校建立长期的合作关系，为企业建立人才储备库。

6. 科学进行人事费用消耗控制

人事费用消耗控制以餐饮经营奖金和临时工工资消耗为主。在我国的餐饮企业中，这两部分费用开支都是按月发放的。其费用控制方法是根据企业的淡旺季不同，分别制订奖金和工资月度计划，由此形成标准奖金额和临时工费用额；然后根据实际用人和当月经济效益，确定人均奖金额和临时工工资，形成实际人事费用开支，并分析费用差额。其目的是发现预算费用和实际费用开支的合理程度；控制人事成本中可控费用消耗，降低人事成本，提高盈利水平。

7. 简化作业程序

简化作业程序就是通过仔细观察、详细记录各岗位职工工作的工作流程和服务标准，认真研究整个工作过程中的每个步骤，改变工作规程，精减职工的无效劳动。工作简化的内容包括省略多余动作、改进方法以及设备等更加合理安排和巧妙设计等。工作简化的过程包括时间研究、动作研究、工作流程研究、人机配合研究、左右手动作研究等许多复杂技术。通过研究使餐饮企业的各项工作流程能够取消那些既不能增加产品价值也不利于生产的不必要的工作步骤，用最快、最省力、最经济的工作方法高效完成工作，减少企业的人力资源浪费现象。

8. 采用电脑进行信息管理，提高工作效率

（1）采用电脑进行信息管理，提高餐饮管理的科学性和准确性。电脑可以准确记录餐饮经营业务的各项有关信息，是管理人员分析成本收支、顾客需求、市场预测的最好工具。同时，用电脑处理大量烦琐复杂的文书工作，可大大减少文书人员并提高工作效率和工作效果。

（2）采用电脑收银结账和代替人工点菜，提高一线人员的工作效率。首先，将电脑用于在餐饮经营中的收银业务，不仅快捷准确，而且可以减少人员配备。其次，用计算机代替人工点菜，改变了传统餐厅的工作模式。其工作原理是：餐厅服务员使用微型计算机记录客人的点菜，然后按键用红外线将点的菜发送给红外线接收器；同时，收银台和厨房立即收到点菜单、酒水数量、桌号等信息，并通过打印机打印出来。这样既提高了上菜的速度，又缩短了客人的等候时间，并减少餐厅工作人员的数量，是餐厅服务的一次革命。

9. 控制非薪酬形式的人工成本支出

非薪酬形式的人工成本支出主要是指员工的福利待遇、培训等造成的隐性费用支出。这部分成本费用不像薪酬那样显而易见，常被经营者忽视，控制难度也相对较大，加强这部分成本管理对整个人工成本控制的成败具有重要的意义。

首先，明确制定有关员工的具体福利待遇及享受规定，使每位员工都心中有数，按规定执行规章制度。

其次，制定相关的制度对餐厅的工服加强管理，做好餐厅工服的供应、回收、洗涤工作。

再次，合理安排厨房员工的工作时间，使一部分厨师兼做工作餐，减少厨房人员配备。同时杜绝员工免费工作餐的浪费现象，有些酒店采用员工用餐打卡收费，然后每月补贴伙食费的做法有效杜绝免费工作餐的浪费现象。

最后，实行人本管理，为员工创造和谐的工作氛围，培养员工忠诚感。一方面提升员工对企业满意度和忠诚度，减少员工的频繁流动，可以相应减少新员工的入职培训费用；另一方面只有满意和忠诚的员工才能尽最大努力为顾客提供高质量的产品和服务，真正为企业创造满意和忠诚的顾客，为企业创造最大的利润。

第三章 餐饮原料控制与管理

餐饮原料管理就是指对餐饮原料的采购、验收、发放、贮藏等环节进行有效的计划与控制，其目的在于为厨房等加工部门保质保量、及时地提供原料，并使采购的价格和费用经济合理。通过对餐饮原料的严格管理，可以为菜肴质量奠定坚实的基础，同时，通过制定和落实采购、验收、贮藏、发放、盘存制度，尽可能保证原料质地，减少原料的不合理使用，为做好餐饮成本控制提供基础。

一、怎样管理原料采购

（一）原料采购的含义

从狭义的定义来看，采购与"购买"的性质相同。而广义方面，美国学者亨瑞将采购定义为："采购不仅是取得所需物资与原料的行为，还包括相关物资与原料的计划、安排、决策、研究与选择，确保、追查正确交货及数量与品质检验。"

餐饮采购是根据餐饮业者本身的销售计划，获得所需要的食物、原料与设备，作为供餐、销售之用。而餐饮原料采购，是以合理的价格、在适当的时间、从安全可靠的渠道、按规格标准和预定的数量，获得餐饮所需的各种食品原料，保证烹饪生产的顺利进行。

（二）原料采购的作用

1. 继续供应

通过采购维持物资的继续供应，以确保餐饮生产与销售进行顺畅。

2. 提供信息

在市场调查基础上整理的采购资料，有助于决策人员进行比较及选择，以便于购买到所需的餐饮原料。

3. 保证质量

在不违背经济与安全的前提下，按照标准采购程序进行采购，有助于保证餐饮原料的质量。

4. 提高效率

采购的工作是十分烦琐的，稍不小心，就有可能延误时机而浪费时间。通过对采购的研究，可以提高工作效率。

（三）原料采购的方法

原料采购的方法多种多样，原料供货市场纷繁复杂，究竟采用何种方法并没有固定模式。选择何种采购方法，关键在于餐饮生产规模和原料使用量以及当地原料市场状况。

1. 竞争报价采购

竞争报价采购适用于采购次数频繁、往往需要每天进货的食品原料。餐饮企业绝大部分鲜活原料的采购业务大多属于此种性质。餐饮企业采购部门把所需采购的罐头、袋装干货原料和鲜活原料的名称及其规格标准（见表3-1、表3-2），通过电话或信函，或通过直接接触的方式告知各有关供货单位，并取得所需原料的报价（见表3-3）。一般每种原料至少取得三个以上供货单位的报价，餐饮企业财务、采购等部门再根据市场调查的价格，选择确定其中规格质量最合适、价格最优惠、信用比较好的供货单位，让其按既定价格、原料规格以及每次订货的数量负责供货。过一个周期（区别原料性质和市场行情，一般为1~2周），再进行询价、报价，确定供货单位。

表3-1　罐装、袋装干货原料规格

编号	名称	单位	规格标准	质量要求	产地及厂家	保质期	备注

厨师长：　　　　　　　　　制表人：　　　　　　　　　日期：

表3-2　鲜活原料规格

编号	原料名称	菜肴名称	规格要求	备注
1	肉蟹	姜葱炒肉蟹	活、无蝇，350~400克/只	
2	膏蟹	清蒸膏蟹	活、无蝇，400~450克/只	
3	大黄鳝	椒盐鳝卷	活，150克/条	炸、炖
4	甲鱼	生炒甲鱼	活、未注水，300~400克/只	生炒

厨师长：　　　　　　　　　制表人：　　　　　　　　　日期：

表3－3　食品原料报价

供应商：　　　　　　　日期：

品名	规格	单位	价格	备注

地址：　　　　联系电话：　　　　　传真：　　　　　报价人：

　　在当今买方市场条件下，采取竞争报价进行采购，餐饮企业可以就现有的市场空间，选择可靠的供货单位，从而获得较为经济的原料。这种采购方法的不足之处是受供货单位的约束或牵制，缺少灵活性。适合采取竞争报价法采购的餐饮企业，必须具备以下几点前提条件：

　　（1）餐饮企业要有良好的企业信誉。

　　（2）餐饮企业资金周转状况良好。

　　（3）餐饮企业有相对稳定的、大量的原料需求。

　　（4）餐饮企业所在地有相对广泛的原料供应市场。

　　2. 成本加价采购

　　成本加价采购适用于某种原料的价格涨落变化较大或很难确定其合适价格的情形。成本指批发商或零售商等供应单位的原料成本。在某些特殊情况下，供货单位和采购单位都把握不住市场价格动向，可以采用此法交易，即在供货单位购入原料所花成本上酌加1个百分比，作为供货单位的盈利部分。例如，刚上市的刀鱼、黄鳝、螃蟹，价格起伏较大，就可以在供货单位进货价格的基础上，加价10%左右，作为餐饮企业买入价。对供货单位来说，这种方法减少了因价格骤然下降可能带来的亏损风险；对采购单位来说，加价的百分比一般较小，因而也比较有利。但是采用此法的不足之处是很难准确掌握供货单位原料的真实成本。因此，餐饮企业使用成本加价法采购的次数不宜过多。

　　3. 招标采购

　　招标采购是一种比较正规的采购方法，一般只有大型企业才使用。采购单位把所需采购的原料名称及其规格标准，以投标邀请的形式寄给各有关供货单位，供货单位接到邀请后即行投标，报出价格，并以密封文件形式寄回采购单位。一般来说，原料符合规格标准，而出价最低者中标。这种方法一方面有利于采购单位选择最低价格，另一方面由于这种方法要求双方签订采购合同，因而又不利于采购单位在合同期间另寻可能价格更低廉、质量更适合的原料，导致采购的部分原料的质量不是同类中最好的。

4. 集中采购

大型饭店、餐饮公司或餐饮集团往往建立地区性的采购办公室，为本公司在本地区的各餐饮企业集中采购各种食品原料。具体办法是各餐饮企业将各自所需原料及数量按时上报公司采购办公室，办公室汇总以后进行集中采购。订货以后，可以根据具体情况由供货单位分别运送到各个餐饮企业，也可以由采购办公室统一验收，随后再分送。

集中采购的优点在于大批量购买往往可以享受价格优惠；原料质量有更多的挑选余地；有利于某些原料大量贮存，能保证各餐饮企业的原料供应。比如，中国香港、澳门及内地广州一带同属于一家公司或集团的饭店、餐饮单位，其海产干货、西餐原料的集中采购就比较合算。不足之处是不利于餐饮企业按自己的特殊需要采购；不利于基层餐饮企业创造自己独特的风格；基层餐饮企业不得不放弃当地物美更价廉的原料；统一分送，增加了原料的运输时间，不利于鲜活原料的保鲜，同时也增加了运输费用。

5. 归类采购

归类采购指的是属于同一类的食品原料、调味料等，向同一个供货单位购买。例如，餐饮企业向一家奶制品公司采购需要的所有奶制品原料，向一家食品公司采购所需的所有罐头食品，向同一个调味品商店采购所有的调味品原料等。这样，每次只需向供货单位开出一张订单，处理一张发票，接收一次送货，节省了大量人力和时间。其缺点是可能采购的部分原料的质量不是同类中最好的。

6. 无选择采购

无选择采购只有在不得已的情况下才可以使用。当餐饮企业需要采购的某种原料在市场上奇缺时，或者仅有一家单位供货，或者餐饮企业必须得到某些原料时，不论对方如何索价都会采购。比如，遇到特别高规格的宴会或者政治活动时，需要紧急采购的原料就是如此。在这种情况下，餐饮企业往往采用无选择采购的方法，即连同订货单开出空白支票，由供货单位填写。使用此方法的缺点是往往使餐饮企业对该原料的成本失去控制。

各种采购方法都有优缺点和其适用范围，餐饮企业应根据自身的规模、类型、经营方式，选择适合自己的采购方法。

（四）原料采购工作的管理要求

1. 供货单位的选择

为使价格得以控制，许多餐饮企业规定采购部门只能向那些指定的单位购货或者只允许购置来自规定渠道的原料，因为餐饮企业预先已同这些单位商定了供货价格。供应商即供货单位的好坏不仅影响采购原料的价格，而且对原料的质量及相关服务的提供都有根本性的影响，因此必须慎重选择供应商。选择供应商应考虑以下条件：

（1）供应商的地点。地点关系着运送的效率，应避免远水解不了近渴或是因长途运输影响原料的新鲜度。如果选择本地供应商或是社区内的供应商，更可以造福本地，维持良好的公共关系。

（2）供应商的设备。健全的设备不但能保证原料的品质，还能减少运输过程中引起的困难。

（3）供应商的专业知识。专业知识的提供也是一种无形的服务，可确保采购行为的正确。

（4）供应商的财务状况。应事先调查供应商的财务背景、进出货资料，来往客户，以免上当，贻误工作。

（5）供应商的诚信原则。本着诚实、互惠的原则做生意的供应商才是值得选择的供应商。调查供应商的信誉、口碑很有必要。

2. 采购人员的选择

采购不是一项轻松的任务，采购人员的职业道德更是决定采购原料及其价格的根本。重道德的交易可以激励供应商协助完成餐饮企业的业务，维护餐饮企业的名誉，有助于避免违法事件的发生。可见选择采购人员是十分重要的，一名优秀的采购人员应具备以下素质：

（1）了解原料生产市场。熟悉蔬菜、食品、饮料的销售，熟悉各个批发商和零售商，了解产品市场行情。

（2）了解餐饮经营与生产管理。对餐饮企业的菜单内容、原料完全了解，熟悉厨房内加工、切配、烹调的整个环节，清楚各种原料的损耗情况、烹饪特色、加工的复杂度及难易度。

（3）具备原料产品知识。懂得如何选择各种原料的规格、质量和生产地，原料的保存期限及存放方式。这些知识对于原料的选择和采购数量的决策有极大的影响。

（4）采购时机的掌握。必须清楚知道何时、何地可以采购到高品质的物资、材料，以及达到多少数量会享有加工优惠。

（5）了解财务制度。企业财务制度、付款条件及时间，都要清楚了解，才能与供应商接洽。

（6）具有职业道德。采购人员必须具有高度的职业道德标准和良好的职业操守。必须对企业、对供应商负责，使企业与供应商在公平诚实的基础上进行交易。

一些管理先进的餐饮企业，让采购人员在履行职责之前作如下承诺，即作为职业采购人员，应接受以下准则：

1）对本企业的利益给予最大限度的关注。

2）花费的每一元钱都能获得最大价值。

3）积极参与业务培训活动以帮助提高自身知识水平和专业水平。

4）愿意并接受来自同事、高层管理者和供应商的建议。

5）公平诚实地对待有工作关系的管理者、员工以及供应商代表。

6）实施高效率并符合职业道德规范的程序以便搞好与供应商的关系。

7）尽可能多地学习所需和所购买的产品与服务知识。

8）履行所有应履行的职责并确保所作所为符合良好的职业道德规范。

3. 采购制度的制定

（1）制定采购规格书。采购规格书是以书面形式对餐饮部要采购的食品原料等物品所规定的详尽的质量、规格等要求的企业采购书面标准。采购规格书应包括以下内容：

1）产品通用名称或常用商业名称。

2）法律法规确定的等级、公认的商业等级。

3）商品报价单位。

4）基本容器的名称和大小。

5）容器中的单位数或单位大小。

6）重量范围。

7）最小或最大切除量。

8）加工类型和包装。

9）成熟程度。

10）防止误解所需的其他信息。

在日常经营活动中，餐饮企业通常要使用四五百种食品原料。编制一整套采购规格书看似是一项非常艰巨的任务，但是由于政府机关、商业部门已为大部分食品原料制定了质量标准，相应地就将编制采购规格书简化了。因此，餐饮企业只需要对少量食品原料进行测试，以便根据这些质量标准制定采购规格书。当然，采购部经理最好能根据本企业的具体要求编写一整套采购规格书。

（2）建立标准的采购程序。为了使采购人员清楚地知道如何工作，也为了管理人员实行有效的控制，餐饮企业必须建立标准化的采购程序，明确规定各自的责任和各项工作的先后顺序。

标准化的采购程序主要通过表单的传递来实施，其基本表单有请购单、订购单、进货单和每日食品原料存购一览表。请购单是由使用部门提出的，是采购人员进行采购的依据。订购单则是采购部门向供货单位发出的，是供货单位供货和餐饮企业验收人员的依据。进货单则是由餐饮企业验收人员填写的供货单位的结算凭证。在此基础上填写每日食品原料存购一览表，以便全面控制食品原料的采购和结存。

（3）建立监控系统。餐饮企业应完善餐饮原料采购规范，建立严格的奖惩制度，实施部门之间的相互制约和必要的员工监督机制。餐饮原料采购是餐饮管理活动中最频繁、最麻烦的一项工作，但采购控制得好坏直接关系到企业经营的成败。为了有效控制食品原料的进货价格，餐饮企业领导层、财务部门的管理者应通过各种途径收集市场信息，掌握第一手资料，以便分析比较，发现问题及时防范纠正。

（五）原料采购工作的程序

原料采购程序是采购工作的核心。它由许多环节组成，只有将这些环节紧密连接起来，才能保证采购工作的顺利进行。餐饮企业的原料采购程序通常是按照以下步骤进行的，如图3-1所示。实际上，每个餐饮企业也可以根据自己的管理模式来制定相应的采购程序。

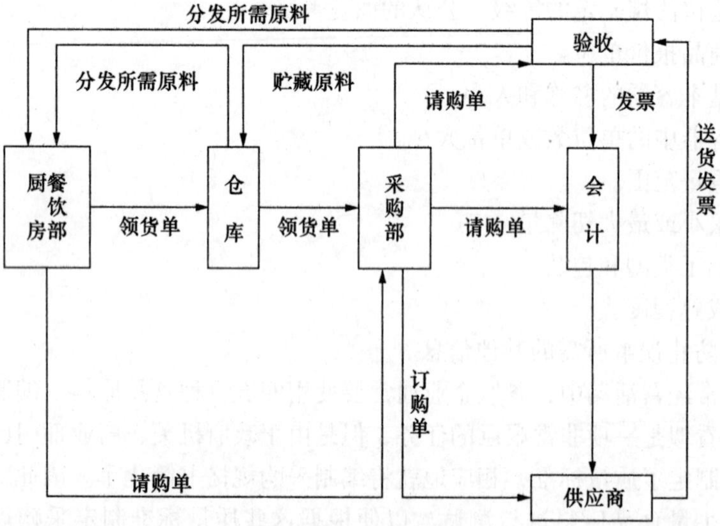

图3-1 原料采购程序

1. 采购申请

厨房每天使用大量的鲜活原料，可以由总厨师长或加工厨房主管来负责订货或填写请购单。另外，一些干货、调味品、罐袋装原料，厨房只是从仓库申领，其原料的采购补充由仓库管理人员填写请购单交给采购部。这类常用料的采购申请单一式四联（见表3-4），一联交给采购部，一联交给验收处，一联交给厨房，一联交给财务处。大宗物品、贵重原料的采购如"原汁木瓜翅"所需原料是产于夏威夷的木瓜和东南亚的鱼翅，必须由餐饮部经理、财务部经理、采购部经理和申请部门经理签字后才能采购。其采购申请单一式五联（见表3-5），一联交给采购部，一联交给验收处，一联交给采购员，一联交给财务处，一联申请部门自留。

表3-4 采购申请单（一）

类别：　　　　日期：　　　　序号：

品名	规格	单位	数量	参考价	要求进货日期	备注

采购部经理：　　采购员：　　厨师长：　　申请部门：　　申请人：

表3-5 采购申请单（二）

类别：　　　　日期：　　　　序号：

编号	品名	规格	单位	数量	单价	金额	要求日期	采购要求
用途								
审批意见	餐饮部经理		财务部经理		采购部经理		申请部门经理	

注：此单限一料一单，即一张申请单只能填写一种贵重原料采购资料。

2. 发订购单

采购部根据厨房或者仓库的采购申请单，将所需采购原料的数量、质量规格归类，制定订购单（见表3-6）。然后采购部通过正式或非正式的预订系统向供应商订购所需货物。最后将订购单的副联送给验收人员和财务处。

表3-6 订购单

订购单编号：　　　　订购日期：　　　　订购单位：
供货单位：　　　　付款条件：　　　　交货日期：
请送以下货物：

订购数量	项目	运送单位数	单价	金额	备注

审批人：　　　　　　　　制表人：

3. 采购实施和处理

当供货单位或供应商将货物送到验收处后，由验收人员验收，验收完毕后，将鲜活原料送到厨房，仓库订货送到仓库。验收人员核对供应商提供的发票上的货物数量、价格及应付款项，确认无误后签字并开具验收单。最后将发票、订购单、验收单一起交采购部，再由采购部交财务部审核。若货物数量、质量、价格、预付款均无误，由财务部向供应商支付货款。

（六）原料采购数量的控制

原料采购数量根据仓库的订货情况和餐饮原料的预订量确定。如果采购的原料太少，出现餐饮生产断档，库存短缺，销售额将减少，顾客就会失望；如果采购原料太多，资金将沉淀在不必要的货物上，不能满足他用。尽管如此，餐饮企业必须有一套方法来控制每种原料的采购数量，具体方法以各类原料储存期长短为主要依据。

1. 鲜活原料采购

鲜活原料品种多，具有易腐蚀性，通常不易作为库存食品原料，因此，餐饮企业应根据需要每日或隔日提出订货。订货量需要通过测算需用量，再减去已有存货量来确定，即订货量＝需用量－存货量。这种方法叫日常采购法，它适用于采购消耗量变化大、有效保存期短暂而必须经常采购的鲜活原料，如新鲜肉类、禽类、水产类、果蔬类原料。这种方法比较简单，但是要求食品管理员每天巡视贮藏室和冷库，对各种有关原料进行盘点，记录实际存量，并根据营业量预报和具体决定所需原料采购数量。

具体的订货量计算方法主要有以下五步：

第一步，根据未来一天或两天内所有的会议、宴会菜单和平日散客接待台数或人数的平均数，计算出所有需订货的品种。

例如，广州某大酒店第二日有林业部会议 18 台（每台 10 人的标准菜单），菜单如下：

菜品	单位及备注
冷菜：白切鸡	例（1 斤）
烧乳猪	例
卤水拼盘	例
拍黄瓜	例
例汤：冬瓜老鸭汤	例
热菜：椒盐沙虾	例（1.5 斤）
干锅娃娃菜	例
松仁玉米	例

上汤西洋菜	例
铁板茄子	例
清蒸鲈鱼	例（2斤）
点心：牛奶酥	打
榴梿酥	打
主食：米饭	盆（4斤）

根据林业部会议菜单显示，需要采购的鲜活原料有仔鸡18只各1斤左右，乳猪6只，沙虾27斤，鲈鱼18条各2斤左右，老鸭18只，鹅4只，猪肚、牛百叶各4斤，新鲜蔬菜若干。

第二步，用预测销售的份数乘以菜肴标准分量，得出所需原料的数量。上例中，卤水拼盘由烧鹅、卤猪肚和牛百叶拼成，18盘卤水拼盘大约需要鹅4只，猪肚、牛百叶各4斤。素菜标准分量为每例需用量1斤，那么菜单所需的嫩黄瓜、娃娃菜、嫩玉米、西洋菜、茄子、冬瓜各18斤（要适当考虑储备情况，所需量要大于实际需要量，具体多出多少，各餐饮企业应有自己的规定）。

第三步，将根据标准食谱或菜单算出的净料量，换算成原始毛料即毛料的数量（不同原料的净料率不同）。假如，嫩黄瓜、娃娃菜、嫩玉米、西洋菜、茄子、冬瓜的净料率分别为98%、98%、85%、95%、96%、70%，那么18斤嫩黄瓜、娃娃菜、嫩玉米、西洋菜、茄子、冬瓜换算成毛料的重量应该是18.37斤、18.37斤、21.18斤、18.95斤、18.75斤、25.71斤。

第四步，根据平日营业情况，预测散客接待量（节假日与工作日有很大不同），需购原料计算同会议菜单类似，然后汇总，即可得到次日原料需用量。

第五步，盘点所需原料的库存，如经盘点发现，库存仔鸡2只，沙虾5斤，鲈鱼2条，老鸭1只，烧鹅1只，牛百叶和猪肚各2斤，那么准备林业部会议用餐需订购肉类原料数量即可计算出来（见表3-7）。用同样的方法计算出蔬菜类的采购量，再酌加适当的备用量，便可得出每种原料的采购数量。

表3-7　林业部会议用餐需订购肉类原料数量

原料名称	仔鸡	乳猪	沙虾	鲈鱼	老鸭	牛百叶	猪肚	鹅
需用量	18只	6只	27斤	18条	18只	4斤	4斤	4只
库存量	2只	无	5斤	2条	1只	2斤	2斤	1只
订购量	16只	6只	22斤	16条	17只	2斤	2斤	3只

2. 长期贮存原料采购

仓库订货可根据不同品种原料的存货定额来决定所需采购数量。也就是对各种原料确定最高和最低库存量，用采购来保持库存量的平衡。用公式表示为：

最高库存量 = 日需用量 × 采购周期 + 库存安全系数

最低库存量 = 日需用量 × 发货天数 + 库存安全系数

应采购量 = 最高库存量 − 现存量 + 库存安全系数

这里的库存安全系数也就是保险存量。由于对客源量的预测不可能十分精确，同时采购后供货单位发货也会因某些意外因素而不能准时送货入库，因而在所需原料总量上还需一定的保险存量，这就是库存安全系数。在通常情况下，库存安全系数可定为发货天数内所需要原料量，现存量指超过最低库存量的存量。

【例 3 − 1】 下面以"燕岭炼乳"库存为例，说明应采购量的具体计算和采购方法。

采购单位（箱）	24 听/箱
每天使用量	8 听
采购周期	30 天
采购周期内使用量	8 × 30 = 240 听，即 10 箱
发货天数（订货到购回入库时间）3 天	
发货天数内所需用量	8 × 3 = 24 听，即 1 箱
库存安全系数	8 × 3 = 24 听，即 1 箱
最低库存量	日需用量 × 发货天数 + 库存安全系数，即 1 + 1 = 2 箱
最高库存量	日需用量 × 采购周期 + 库存安全系数，即 10 + 1 = 11 箱

则应采购量的计算为：

当处在最低库存量时采购，应采购量就是采购周期内的使用量，即 10 箱。在库存高于最低库存量时确定采购量，应先清点现有库存量，然后从清点的库存量中减去最低库存量即：

现有库存量	5 箱
超过最低库存的存量	5 − 2 = 3 箱
应采购量	采购周期内的使用量减去超过最低库存的量，即 10 − 3 = 7 箱，也就是最高库存量 − 现存量 + 库存安全系数 = 11 − 5 + 1 = 7 箱

以上是用控制最高和最低库存量的方法来确定应采购原料量。使用这种方法必须首先确定每一项原料的最高和最低库存量，并向订货负责人说明不得少于最低库存量就应采购，否则会影响生产和经营。超过最高库存量则不得再添购，以防原料积压。同时，在确定库存原料采购时，还必须考虑以下几方面的因素：

（1）产品的销售量。当产品销售量突然增大时，相应地需要增加采购数量。连续接待大型团队或会议用餐以及在食品推广周时，销量必然相应增加。例如，节假日、黄金周等旅游旺季，应考虑突破最高库存或缩短采购周期。

（2）贮存情况。确定库存采购量应考虑到仓库设施的承受能力和条件，是否会产生损耗或损坏变质的可能；贮存的费用和安全因素也应考虑在内。

（3）市场情况。市场原料供应的季节性变化很大，当遇到大雪、暴雨或干旱等特殊气候变化时，对可能发生短缺的原料，应随时调整采购周期或库存量。

（4）运输问题。有些原料的运输需要一定的条件，应考虑到可能发生的送货误期。

除此以外，注意下列要点，对采购数量的控制也大有益处：价格的变动，提价或降价会影响企业原料采购数量；浪费和损坏，因贮存和使用不当会造成食品原料质量下降或变质及浪费；偷盗或扒窃因素，因被盗会造成数量难以控制；数量折扣，如果某一类型或规格的产品搞促销，是否考虑多购一些；供应商规定的最低购货数量，如果供应商不"扯箱"或零售，就要考虑批量采购；贮存和处置成本或机会成本，原料贮存保管费用和贮存原料所占用资金的利息损失也影响采购数量的确定。

以上几个要点中，贮存和处置成本或机会成本对采购数量的控制影响最大。一般来说，大批量采购可获得价格优惠。采购批量越大，采购次数就越少，可减少采购涉及的运费，由采购人员查库存、购货的人工费，开票结账人工费，运输费等。但是大批量采购需要占用大量资金，这些资金不能用于其他产生收益的地方或用于其他开支。同时大批量采购会使原料在仓库里的贮存量增加，这样会占用较大的贮存面积，涉及较大的库存清点、盘存，仓库清扫等人工费用。因此，对于长期贮存原料的采购要考虑所占资金的利息损失和大批量购买获得的价格折扣所节省的费用。一般来说，采购节省费用 = 采购金额 × [价格折扣率 – 利息月率 ×（月数 – 1）/2]，若整批购买价格折扣率大于银行贷款利息率的月率 ×（月数 – 1）/2，则整批购买合算；反之分小批购买更合算。

【例3 – 2】某餐饮企业一次性购买价值5万元的原料，可得6%的价格折扣率，这批原料可用5个月，银行贷款月息为1%。均衡考虑价格优惠和利息得失为：

$50000 × [6\% – 1\% × (5 – 1)/2] = 2000（元）$

由于 6% > 1% ×（5 – 1）/2，故整批购买这批原料更合算些，整批购买可节省金额2000元。尽管如此，原料贮存量大和贮存时间长，原料丢失变质的概率也更大些。

（七）原料采购质量的控制

餐饮企业要提供质量优良的菜点成品，就必须使用规格、质量始终如一的食品原料。制定食品原料采购规格标准，并以此进行采购，是保证餐饮生产所需原料质量的有效措施。采购规格标准是依据餐饮烹饪制作的需要，对所有采购的各种原料做出详细的具体规定，如原料产地、等级、性能、大小、个数、色泽、包装要求、肥瘦比例、切割情况、冷冻状态等（见表3-8、表3-9）。当然，餐饮企业不可能也没有必要对所有原料都制定采购规格标准，但对占食品成本将近一半的肉类、禽类、水产类原料及某些重要蔬菜、水果等都应制定规格标准。一方面，是因为上述原料的质量对餐饮产品的质量起着决定性的作用；另一方面，是因为这些原料的成本很可观，在采购时必须加以控制。

表3-8　肉类原料采购规格标准

品名	规格	质量说明	备注
猪里脊肉	1.5~2 千克/条	每条猪里脊肉不得超过规格范围，不得带有脂肪层，要新鲜的或冻结良好的，无异味	送货时应予以低温冷冻
猪肋排	25 千克/箱	带肋排骨，不带大排肥膘、奶脯；块形完整，不夹碎肉，净重与商标规定相符	送货时应予以低温冷冻

表3-9　加工制品采购规格标准

品名	规格	质量要求	备注
双汇王中王火腿	2~4 千克/只	特级，整齐，干爽，皮黄亮，腿心饱满	送货时要求密封包装，防止污染
番茄酱	瓶装净重400 克/瓶	梅林商标，上海梅林罐头厂出品，出厂日期在3~6 个月内	

制定采购规格标准应审慎仔细。要认真分析菜单、菜谱，要根据各种菜式制作实际需要，也要考虑市场实际供应情况。一般要求厨师长、食品成本控制员和采购人员一起研究制定，力求把规格标准制定得切实可行。规格标准的文字表达要科学、简练、准确，避免表述不清引起误解。

采购规格标准一经制定，应一式多份，除分给供货单位使其按照餐饮企业所要求的规格标准供应原料外，餐饮企业内部厨房、采购部办公室以及食品原料验收人员，都应留作依据。随着市场行情的变化和菜肴新品的研制推出，采购规格标准都应及时做相应的调整或修订。总之，餐饮企业使用食品原料采购规格标准，在控制原料采购质量方面有很大优势，主要体现在以下几点：

（1）促使餐饮企业管理人员通过仔细思考和研究，确定本企业所需的每一种食品原料的具体质量要求，有助于防止不恰当采购，为食品生产提供适质原料。

（2）向各供货单位分发采购规格标准，便于供货单位投标。

（3）将采购规格标准分发给供货单位，能使供货单位掌握餐饮原料的要求，避免采购人员与供货单位之间产生误解，造成不必要的损失。

（4）每次采购时，采购人员不必向供货单位重复说明食品原料的质量要求，从而可以节省时间，减少工作量。

（5）食品原料规格标准是原料验收的重要依据，有助于保证购入的各种食品原料质量都符合餐饮企业的要求，对控制原料质量有重要作用。

（6）可防止采购部门或采购人员与食品原料使用部门之间产生矛盾，也有助于搞好领料工作。

（八）原料采购价格的控制

理想的采购工作目标之一是用合适的价格获得满意的原料。原料的价格受各种因素的影响，诸如市场的供求状况、餐饮的需求程度、采购的数量、食品原料本身的质量、供应单位的供货渠道和经营成本、供应单位支配市场的程度、其他供应者的影响等。针对这些影响价格的因素，根据餐饮生产要求，在降低价格的同时保证原料的质量，以实施对价格的控制，可以采取以下几个方法：

1. 规定采购价格

通过详细的市场调查，餐饮企业对所需购买的某些原料提出购货限价，规定在一定的幅度范围内，按限价进行市场采购，不得超过限价。当然，这种限价是餐饮企业派专人负责调查后获得的信息。限价品种一般是采购周期短、随进随用的新鲜品。

2. 控制大宗和贵重原料的购货权

大宗和贵重食品原料是影响厨房成本的主要因素。因此，有些餐饮企业规定由餐饮部门提供大宗和贵重食品原料的使用情况报告，采购部门提供各供应商的价格，具体向谁购买由餐饮企业决策层决定。

3. 改变购货规格

当某些原料的包装规格有大有小时，如有可能的话，大批量购买餐饮原料时使用大规格包装原料，可降低单位价格。

4. 根据市场行情适时采购

当某些食品原料在市场上供过于求，价格十分低廉，又是餐饮企业大量需要的原料时，只要质量符合标准并有条件贮存，可利用这个机会购进，以减少价格回升的开支。当原料刚上市、价格回升时，采购量尽可能要少，只要满足短期生产即可，等价格稳定时再进行添购。

5. 尽可能减少中间环节

绕开供应单位，直接从批发商、制造商或者种植者、养殖者以及市场直销处进行绿色采购，往往可获得优惠价格。近年来，在争创绿色餐饮的活动基地中，有许多餐饮企业自行物色、定点建立无公害、绿色蔬菜生产基地和禽畜饲养基地，既保证了原料质量，又省却了中间环节，可谓明智之举。

当前，消费者对食品安全的要求越来越高。通过对餐饮原材料的严格管理，可以为菜肴质量奠定坚实的基础，同时，可以通过制定和落实采购、验收、保管、领发、盘存制度，尽可能地保证原材料质地，减少原材料的不合理使用，为做好餐饮部成本控制提供基础。

另外，一些技巧的灵活运用可以更好地控制采购价格，降低采购成本。主要有以下八方面：

（1）批量采购。如果供应商较少，每个供应商得到较少的订单，价格可能会因为批量购买而得以降低。

（2）现场制作。有时候餐饮企业自制比外购成本要低。现场制作可以和正在进行的其他工作结合起来，充分利用设备和人力，质量标准可以得到很好的保证。这不但降低了成本，还便于生产出特别风味的菜品。

（3）重新评估对成本物品的需求。例如，某种装饰物品包括菜点的点缀饰物价格升高，就要考虑是否用价格较低的装饰物品进行替换。

（4）改变采购单位量的规格。较大单位的采购分到每个单位的成本会低一些。例如，当采购500千克冬瓜和100千克冬瓜时，分摊到每千克冬瓜上的成本前者要比后者低。

（5）现金支付。供应商也会面临现金周转问题，因而会对现金交易提供较低价格。

（6）预测价格变动趋势。如果某些原料的价格会上升，就应在上升前加大采购量。

（7）充分利用供应商的促销折扣。如果供应商为获得现款或为了大批量销售某一食品的原料而提供一定折扣，这种选择也值得研究。

（8）取消供应商提供的某些服务。餐饮企业所支付的订货价格包括运输费和其他技术支持等，如果不需要这些服务，价格就可能会降低。

二、怎样管理原料验收

原料验收是餐饮企业根据生产和服务的要求，为获得价格适宜、规格适中的各类原料而对供应商所送原料的检查、认可和接受。餐饮企业按质按量并以合理价格订购但不能保证供货单位也按质按量并以合理价格提供各类餐饮原料。验收管理不仅关系到餐饮生产成品和服务的质量，而且还对生产和服务成本的控制产生直接影响。因此，规范原料验收体系、任务，并遵循科学的操作程序，对验收工作加以控制管理是十分必要的。

（一）原料验收体系

一旦进货之后，不合格的原料就不能被加工成成品卖出去，因此餐饮管理人员应首先建立一套合理、完整的验收体系，保证整个验收工作在这一体系和机制上完善。

1. 称职的验收人员

验收人员必须聪明、诚实，对验收工作感兴趣，有丰富的食品原料知识。验收人员必须懂得：未经经管人员同意，任何人无权改变采购规格。因此，挑选验收人员最好的方法是从贮藏室职工、食品和饮料成本控制人员、财会人员和厨工中发现。这些人员有一定的食品知识和经验，而且往往愿意通过从事验收工作积累管理工作经验。

企业应制订培训计划，并对所有验收人员进行培训。在工作中，验收人员需要与采购员、食品生产部门经理、厨师、贮藏保管人员接触，应虚心向他们学习，丰富自己的知识和经验。

2. 完备的验收设备和器材

餐饮企业一般设有验收处，位于饭店或厨房的后门或边门，货车可以直接开到验收处，便于验收。为了使验收工作更有效率，就要有适当的设备和工具。磅秤是验收处最重要的工具。验收处可配备重量等级不同的磅秤，各种磅秤都应定期校准，以保持精确度。另外，还应有直尺、温度计、小起货钩、纸板箱切割工具、铁榔头、铁皮条切割工具、尖刀等验收设备器材，以及"验收单"、"验收日报表"等验收用公文表格。

3. 科学的验收程序

验收程序规定了验收的工作职责和工作方法，使验收工作规范化。同时，按照程序进行验收，养成良好的验收习惯是高效率验收的保证。

4. 经常监督检查

餐饮企业管理人员应不定期检查验收工作，复查原料的重量、数量和质量，并使验收人员明白，经管人员非常关心和重视他们的工作。

（二）原料验收的任务

原料验收的主要任务是：

（1）根据采购规格，检验各种餐饮原料的质量、体积和数量。

（2）核对餐饮原料的价格与既定价格是否一致。

（3）给易变质原料加上标签，注明原料名称、验收日期、数量等，并在验收日报表上正确记录已收到的各种食品原料（见表3－10、表3－11）。

（4）验收员及时地把各种餐饮原料送到仓库或厨房，以防变质和损失。

表 3 - 10　原料标签

进货日期：		进货日期：	
供货单位：		供货单位：	
品名：		品名：	
重量：	单价：	重量：	单价：
合计金额：		合计金额：	
发货日期：		发货日期：	
编号：		编号：	

表 3 - 11　进货日报表

日期：　　　　　　编号：

品名	单位	数量	单价	金额	直接进料	仓库进料	杂项进料
合计							

（三）原料验收的操作程序

明确验收程序可以确保验收工作循序渐进，保证验收项目全面，节省验收时间；还可以减少验收的随意性，确保进货质量。原料验收的操作程序主要有以下四个步骤：

1. 验收准备工作

（1）清理检验空间。标准的照明度和宽敞、安全、方便的地点能让验收人员与供应商准确无误地工作。验收空间的干净、清洁有利于原料卫生无污染和原料的搬运。

（2）安排适当的验货时间。绝对不要让验收人员无间断地检验一批又一批的送货，因为在人员疲劳、时间紧张或是工具不能够正常使用的情况下很容易出错。

（3）准备好原料采购规格和原料订货单。当某项指定原料缺货时，供应商若提供替代品，验货员便可根据采购规格表上所列出的各项条件来决定是否采用替代品；一份完整而正确的订购单（副件）有助于验货员做好准备工作，提高工作效率和质量。

2. 检查原料质量与数量

（1）根据订购单检查进货原料质量。验收人员要核实送验原料是否符合订购单上规定的品种及规格质量要求，符合品种和规格质量要求的原料要及时进行其他方面的检验；不符合要求的则应拒收，通常包括以下五个方面：

1）未办理订货手续的原料拒收。

2）对照原料规格标准，规格不达标的原料不予受理。

3）畜、肉类原料，未经检疫或检疫不合格的拒绝受理。

4）冰冻原料若已化冻变软，也作不合格原料拒收。

5）对各类质量有怀疑的原料，须报请厨师长等专业技术人员仔细检查，确保收进原料符合原料规格标准的最低质量标准。

（2）根据送货发票检查进货原料数量和价格。供货单位的送货发票是随同原料一起交付的，供货单位提供的结账单是根据发票内容开具的，因此发票是付款的主要凭证。供货单位送来或餐饮企业自己从市场采购回来的原料数量、价格是发票反映的主要内容，故应根据发票来核实、验收各种原料的数量和价格。根据送货发票检查进货原料的数量和价格，同时应注意以下五个方面：

1）凡是以件数或个数为单位的原料，必须逐一清点，记录实收箱数、袋数或个数。

2）以重量计量的原料，必须逐件称量，记录净量；水产原料沥水去冰后称量计数，对注水掺假原料拒收。

3）对照送货发票，检查原料数量是否与实际数量相等以及是否与采购订单原料数量相符。

4）检查送货发票原料价格是否与采购定价一致，单价与金额是否相符。

5）如果由于某种原因，送货发票未随货同到，可开具餐饮企业印制的完备清单，注明收到原料的数量，在正式发票送到以前据此记账。

3. 退还不合格原料

对质量不符合规格要求或分量不足的原料，应予以退货。退货时，餐饮企业必须在退货通知单上详细说明该项原料的退货原因，注明究竟是品质、数量或是价格中的哪一项或者哪几项不符合订购单上的规定。送货员必须在退货通知单上签名，表示该项被拒原料有瑕疵，并将退货通知单正本交给供应商。这样做除了可以告知退货事实外，也便于供应商查证送货员是否有欺骗、调货等行为。副联则应交给会计部门，以核算新应付账款。而验货人员也应持有一副联，作为备查依据。

在验收工作中，验货人员不必因为一些很小的缺点而任意退货。因为供应商可能不愿意与过分挑剔的买主继续来往，尤其是当指定货品缺货而餐饮企业却坚持拒收所有货品时，不但会损及双方合作的气氛，也会造成餐饮企业频频缺货的现象。比较理想的处理方式是将不满意但可接受的原料收下，同时从速通知供应商下回送货时特别注意该类原料质量。

4. 受理原料，填写相关记录

前三个程序完成后，验收人员应在送货发票上签字并接收原料。有些餐饮企业为了方便控制、统一格式，要求在送货发票或发票单上加盖收货章。验收单包括收货日期、单价、总金额、验收人员等，验收人员要正确填写上述项目并签字（见表3－12）。检验认可后的原料应由进货单位负责，及时分送到厨房或仓库。

表3－12　验收单

来源： 编号：				订货日期： 收货日期：			
原料名称	数量		规格	单价	总金额	备注 （有关质量）	验收员签字
	订货	实收					

三、怎样管理原料储存

餐饮原料的储存管理是办好餐饮企业的一个重要环节。许多餐饮企业由于对餐饮原料的储存管理混乱，使餐饮企业成本和经营费用提高，客人也得不到高质量的饮食。

（一）原料储存库房的设计要求

储存通常是验收后发生的连贯运作。当验收人员完成检验进货手续后，接着是将可储存原料正确地摆放进相应的储存室。原料储存管理的先决条件是：餐饮企业要有足够的、合适的且具备一定温、湿、安全条件的各类库房。

1. 库房位置选择

库房的位置影响原料储存的方便程度。最理想的库房位置应该设在原料进货验收场地和厨房之间。三者靠得越近越好，以缩小原料搬动距离，防止人流、物流拥挤，避免延误原料供应等事情发生。然而，事实上很多餐饮企业没有条件这样做。许多库房都设在餐饮企业的地下层，靠工作电梯运送原料。这就要求厨房有较周密合理的用料计划，尽量减少领料的次数。如果由于餐饮企业规模大，库房必须设在远离厨房的地方，那么厨房应该设有厨房仓库（又称为周转库），存放当日或两日内所需生产原料，以保证不中断生产。

2. 库房类型

餐饮原料根据其易腐性能的不同，需要不同的储存条件；针对餐饮原料不同的使用时间，应分别存放不同的地点；餐饮原料往往处于不同的加工阶段，需要有不同的储存条件和设备，因此餐饮企业应设置不同类型的库房。通常库房的类型有以下几种：

（1）按地点分类。

1）中心库房。一般存放保存期较长、体积较大的物资。

2）各厨房贮存处。存放需要立即使用的原料或使用频率高、用量大的原料。

（2）按储存条件分类。

1）普通库房。存放干燥食品，类别比较复杂，原料按其属性分类，每个类别、每种原料要有固定的存放位置。

2）阴凉贮存库。存放短期储存的新鲜蔬菜和水果。

3）冷藏库。存放需要低温延长保存期和提高保存质量的食品原料。

4）冷冻库。贮存保存期较长的冻肉、鱼、禽以及已加工的成品或半成品等食物。

3. 库房面积

库房的具体面积应根据餐饮企业类型、地点、菜单种类、营业量、市场原料供应情况、采购方式及采购周期等因素决定。下面是几种常用计算库房面积的方法：

（1）根据餐饮企业实际储存量的需要来确定库房面积。餐饮企业计算出所需各种原料物资的总量，然后推算出储存这些原料物资所必需的库房面积。干藏库至少应有储备两周以上原料的储存面积，以至少两周的原料需用量计算库房的储存面积，再加上40%～60%的通道、货架等非储存面积，则为干藏库房面积。

（2）各类储存库房面积应占餐饮企业整个餐饮场所的1/10。在这个面积范围内，应有30%的面积属于冷藏库及冷冻库，其余70%的面积为干藏库及其他补给的储存库房面积。

（3）按餐饮企业接待量计算库房面积。干藏库面积应达到平均每个客人约0.56平方米的要求，冷冻库及冷藏库面积应达到平均每个客人约0.4平方米的要求。

（二）原料储存管理的基本要求

1. 储存的安全管理要求

库房的设计建造要为原料安全管理创造条件。库房的安全管理包括如下内容：

（1）库房上锁。大型冷库、冷藏柜、干货库房、酒水库房都应该上锁。

（2）贵重物品的储存。将贵重物品储存在库房可锁的橱柜中或隔离间中。

（3）限制进入。只允许授权的员工进入库房，除了分发或领用原料之外，其他时间都应将库房锁好。

（4）有效的存货控制程序。使用连续盘存法对贵重原料进行控制。

（5）集中存货控制。大型活动临时借用的物品，使用完毕应及时退回库房，并办理相关手续。

（6）照明与监控。库房里应有适当的照明，若条件允许可采用闭路电视系统对库房进行监控，效果会更好。

2. 储存的质量管理要求

确保质量不仅意味着保证菜点原料不变质，还应保持各类原料应有的新鲜度及使用价值。确保餐饮原料质量的管理要求如下：

（1）加速原料存货流转。坚持先进先出（First in First out）原则，首先用掉储存时间最长的原料，将新进原料摆放在原来库存原料的后面或下面。

（2）在适当温度下储存原料。餐饮企业应针对不同类型的库房分别设定适当的温度，以利于原料保质储存。

（3）保持库房清洁。定期对所有库房进行清扫有助于保证原料质量。

（4）确保适当通风和空气流通。让原料远离地面和墙壁以保证空气流通；对于易吸收气味的原料与发散气味的原料应该隔离存放；各类原料应该密封保存或用容器保存，不可乱堆。

3. 干藏库的管理要求

干藏库储存干货、罐头、米面等不易变质的食品原料，库内要保持凉爽，温度保持在18～21℃。对大部分原料来说，最佳温度应为10℃，这样储存质量效果会更好。库存相对湿度应为50%～60%，谷物类原料可低些，防止霉变。通风的好坏对库内温度和湿度有很大影响，按照标准干藏库的空气每小时应交换4次。库房内照明，一般以每平方米2～3瓦为宜；若有玻璃门窗应尽量使用毛玻璃，以防止阳光直接照射而降低原料质量。

干藏库具体的管理要求为：

（1）干藏库应安装性能良好的温度计和湿度计，并定时检查其温、湿度，防止超过许可范围。

（2）原料应整理分类，依次存放，保证每一种原料都有其固定位置，便于管理和领用。

（3）原料应摆放在货架上，保证原料至少离地面25厘米，离墙壁10厘米，以便于空气流通和清扫，并随时保持货架和地面干净，防止污染。

（4）原料存放应远离自来水管道、热水管道和蒸汽管道，以防受潮和湿热霉变。

（5）入库原料需注明进货日期，以利于按照"先进先出"原则发放；定期检查原料保质期，保证原料质量。

（6）塑料桶或罐装原料应带盖密封；箱装袋装原料应放在轮垫板上，以利于挪动或搬运；玻璃器皿盛装的原料应避免阳光直接照射。

（7）定期清扫、消毒，预防和杜绝虫害、鼠害。

（8）所有有毒及易污染的物品，包括杀虫剂、去污剂、肥皂及清扫用具，不得放在库房内。

（9）控制有权进入库房的人员数量，外单位及员工私人物品一律不得存放在库内。

4. 冷藏库的管理要求

冷藏库的原料既可是蔬菜等农副产品，也可是肉、禽、鱼、虾、蛋、奶以及已经加工的成品或半成品，如甜点、汤料等。冷藏库的温度一般应控制在 0 ~ 10℃，通常将其设在冷冻库的隔壁，这样做可以节省能源。

冷藏库管理的具体要求有：

（1）冷藏库的温度每天必须定时检查，温度计应安装在冷藏库明显的地方。若温度过高或过低都应调整。在制冷管外结冰达 0.5 厘米时，应考虑解冻，保证制冷系统发挥正常功能。

（2）制订妥善的原料领用计划，尽量减少开启冷藏库的次数，以节省资源，防止冷藏设备内温度变化过大。

（3）冷藏库内贮藏的原料必须堆放有序，原料与原料之间应有足够的空隙，以便于空气良好循环，保证冷空气自始至终都包裹在每一种原料四周。

（4）原料进库之前应仔细检查，不应将已变质或弄脏的原料送入冷藏库。例如，蔬菜类应先去除外皮的污物和腐烂的菜叶，保持干净，装入纸袋或套入有孔的塑料袋。

（5）对经过初加工的原料进行冷藏，应用保鲜纸包裹并装入合适干净的容器，以防止污染。

（6）熟食品冷藏应等凉冷后进行，盛放容器需经过消毒，并加盖存放，以防止干缩和沾污其他异味，加盖后也便于识别。

（7）冷藏设备的底部及靠近冷却管道的地方一般温度最低，这些地方尽可能存放奶制品、肉类、禽类或水产类原料。

（8）冷藏时应拆除肉类原料的原包装，以防止污染及致病菌的进入；经过加工的食品如奶油等，应连同包装袋一起冷藏，以防止发生干缩、变色现象。

（9）定期进行冷藏库的清扫整理工作。

（10）各类原料冷藏温度及相对湿度应执行相应的标准（见表 3 - 13、表 3 - 14）。

表 3 - 13 各类原料冷藏温度和湿度标准

食品原料	温度	相对湿度
新鲜肉类、禽类	0 ~ 2℃	75% ~ 85%
新鲜鱼、水产类	- 1 ~ 1℃	75% ~ 85%
蔬菜、水果类	2 ~ 7℃	85% ~ 95%
奶制品类	3 ~ 8℃	75% ~ 85%
厨房一般冷藏	1 ~ 4℃	75% ~ 85%
自然解冻	- 3 ~ 3℃	60%

表 3 - 14 蔬菜水果类冷藏标准

类别	品名	冷藏情况			含水量（%）
		温度（℃）	湿度（RH,%）	时间	
蔬菜类	白菜	0	90 ~ 95	3 ~ 4 个月	92.4
	菠菜	0	90 ~ 95	10 ~ 14 天	92.9
	番茄（青）	13.9 ~ 21.1	85 ~ 90	2 ~ 4 周	94.7
	萝卜	0	90 ~ 95	2 ~ 4 个月	93.6
	洋芋	3.3 ~ 10	85 ~ 90	—	77.8
	黄瓜	7.2 ~ 10	90 ~ 95	10 ~ 14 天	96.1
	豆制品	7.2	85 ~ 90	8 ~ 10 天	88.9
	洋菇（鲜）	0 ~ 1.7	85 ~ 90	3 ~ 5 天	91.1
	洋葱	0	70 ~ 75	6 ~ 8 个月	87.5
水果类	西瓜	2.2 ~ 2.4	85 ~ 90	2 ~ 3 周	92.1
	香蕉	20	90 ~ 95	—	74.8
	菠萝（熟）	4.4 ~ 7.2	85 ~ 90	2 ~ 4 周	85.3
	杧果	10	85 ~ 90	4 ~ 6 周	75.2
	青果	7.2 ~ 10	85 ~ 90	4 ~ 6 周	75.2
	苹果	- 1.1 ~ 0	85 ~ 90	—	84.1
	梨	- 1.7 ~ 0.6	85 ~ 90		82.7
	桃子	- 0.6 ~ 0	85 ~ 90	2 ~ 4 周	86.9
	橘子	- 0.6 ~ 3.3	90 ~ 95	3 ~ 4 周	87.3
	橙子	0 ~ 1.1	85 ~ 90	8 ~ 12 周	87.2
	木瓜	7.2	85 ~ 90	2 ~ 3 周	90.3

5. 冷冻库的管理要求

冷冻库的温度一般为 -23 ~ -2℃，在这种温度下，大部分微生物都能得到有效的抑制，小部分不耐寒的微生物甚至死亡，所以原料可以长时间储存。原料冷冻分为冷藏降温、速冻、冷冻储存三步进行，一般情况下，原料冷冻的速度愈快愈好，因为速冻之下，原料内部的冰结晶颗粒细小，不易损坏组织结构。因此，有条件的餐饮企业应安装速冻设备，其温度一般应在 -30℃ 以下。

冷冻库管理的基本要求有：

（1）坚持冷冻原料在验收时处在冷冻状态的原则，避免将已解冻原料送入冷冻库。

（2）新鲜原料冻藏应先速冻，妥善包裹后再储存，以防止干耗和表面受到污染，有助于保证原料质量。

（3）冷冻原料温度应保持在 -18℃ 以下，温度越低，温差越小，原料贮存期及原料质量越能得到保证。

（4）冷冻储存的原料，特别是肉类，应用抗挥发性材料包装，以免原料过多地丧失水分而造成冻伤，引起变质或变色。因此，冷冻库内相对湿度应比冷藏室稍高。

（5）冷冻原料一经解冻，不得再次冷冻贮藏，否则原料内复苏了的微生物将引起食物腐败变质，而且再次速冻会破坏原料组织结构，影响外观、营养成分和口味。

（6）经常检查储存的原料，坚持"先进先出"原则，防止某些原料储存过久甚至过期造成浪费。

（7）检查整理各类原料，保持整齐和清洁。

（8）在 -23 ~ -18℃ 的冷冻库中，应注意各类原料的冷冻贮藏期标准（见表 3 -15）。

表 3 -15 原料冷冻贮藏期标准

原料名称	最长贮藏期
香肠、腊肠、鱼类	1 ~ 3 个月
猪肉	3 ~ 6 个月
羊肉、小牛肉	6 ~ 9 个月
牛肉、禽类	6 ~ 12 个月

四、原料发放库存盘点

餐饮原料的发放与存盘管理是为了保证厨房用料得到及时、充分的供应，以便于正确统计厨房原料成本和食品饮料的库存额。

（一）原料发放的形式

1. 直接采购原料的发放

直接采购原料是指那些易坏性较高的原料，在验收以后不经过仓库储存，而直接发放至厨房作为当日消耗原料，其价值按进料价格计入当日食品成本。食品成本管理员在计算当日食品成本时只需从进货日报表的直接进料栏中抄录数据即可。当然，并非每一次直接进料都那么简单。有时一批直接进料当日用不完，剩余部分第二天、第三天继续使用，但原料的发放和成本以当天原料进货额来计算。

2. 库房原料的发放

存放于餐饮企业库房的原料，通常是通过采购验收后直接送入库房的，包括干货食品、冷冻食品等。为了控制库存，正确计算餐饮成本，库房原料的发放要符合凭领料单发放、正确计算及内部原料调拨处理的要求。

（1）凭领料单发放。领料单是库房发放原料的原始凭证。领料单上正确记录库房发放给每个厨房的原料数量。领料单有三大功用：控制领料量、控制库存量及核算餐饮成本。

（2）正确计算。根据领料手续，做好原料的发放记录和存货卡记录。原料发放完毕后，管理人员必须计算每一次领料的价格，及时转交给食品控制人员，确保库房中的原料与账上相符，协助做好厨房成本控制工作。

（3）内部原料调拨处理。餐饮企业内部各厨房间的原料可以相互支持。为了使厨房的成本计算准确，部门间调拨原料要填写调拨单，一式四份，须送原料调出部门、财务部，并交由库房记录，库房管理人员对各部门的用料情况要做好详细记录。

（二）原料发放的原则

原料发放要遵循以下原则：

1. 定时发放

每天的领料有一定的时间，便于库房管理人员有时间整理库房、检查原料的存放情况。同时为了促使厨房、餐厅加强用料的计划性，对原料的发放要求必须规定时间，除非有特殊情况，才可在其他时间领取。通常厨房提前一天将领料单送至库房，让库存管理员能提前准备，避免出错。定时发放有利于库存管理，减少原料丢失。

2. 履行必要的手续

为了记录每次的原料数量及其价值，库房原料发放必须坚持凭原料领用单发放的原则。领用单由厨房或餐厅领料人填写，由厨师长及规定有权审批的人员核准签字，然后送库房领料。库房管理人员凭单发料后，应在单上签字（见表3-16）。原料领用单一式三联，一联随原料交回领用厨房、餐厅，一联由库房转交财务部，一联库房留存。库房原料发放人员要坚持原则，做到没有领用单不发放，领用单没有审批或者有涂改、字迹不清的情况也不予发放。

表3-16 餐饮原料领用单

领用部门： 日期： 序号：

品名	规格	单位	数量		金额	
			清领数	实发数	单价	小计
合计						
备注						

领料人： 厨师长/主管部门： 库房管理员：

3. 正确计价

根据领料手续做好原料发放记录和存货卡记录。当日发货时间过后，库房管理人员必须逐一为领用单计价，以保持库房中原料与账卡相符。烹饪原料的领用是直接影响厨房当日成本的重要工作。对其他各种餐饮原料的领用同样要持慎重态度，因为领用之后，都牵涉到成本的增加和原料妥善保管问题。作为原料使用部门，除了采取积极的态度，主动配合库房原料发放工作外，更要自觉做到以下三方面：

（1）增强原料领用的计划性和审核的严肃性。将每次领料的数量控制在尽可能少但不妨碍正常生产的范围之内，努力压减厨房备用原料，这样才能比较准确地反映厨房的每日成本情况。对名贵原料的申领更要计划补充，控制备存，防止因原料领用的无序而导致成本核算大起大落。

（2）把好领用原料质量关。原料领进厨房，便于随时用于烹饪，因此，要确保领用的原料质量优良。罐头等保质期较长的原料应保证在可使用的期限以内。无明确期限要求的原料，其原料的色、形、味、质地等均要符合烹饪要求，否则不能领用。

（3）坚持对领进原料进行数量复核。由于库房和厨房有间隔，加之领料人员责任心强弱不一，原料从库房领到厨房以后，其数量可能与发料数量不相吻合，因此必须有管理人员对领进的原料进行数量复核，对贵重、小包装原料尤其应如此。

（三）库存盘点

餐饮企业每月至少要对餐饮原料的库存盘点一次，统计库存的价值。库存盘点能全面清点库房的库存物资，检查原料的实际存货额是否与账面额相符，以便控制库存物资的数量。在必要时，盘存清点可随时进行。原料的盘存清点不应仅由库房的管理人员经手，还应由餐饮企业派专人负责。

1. 库存原料盘点方法

使用永续盘存卡（见表 3 - 17），可以随时得到库存原料的最新滚动存量，保持对库存原料的了解，方便对库存原料的补充和发货控制。

表 3 - 17　永续盘存卡

计量单位：罐

品名：樱桃　　　　　　　　　　　　　　　　　最高库存量：400

规格：　　　　　　　　　　　　　　　　　　　最低库存量：80

日期	订单号	进货量	发货量	现存量
…				（承前）
10 - 28	NO. 3129 - 252		20	150
10 - 29			18	132
10 - 30			19	113
10 - 31			23	90
11 - 1			22	68
11 - 2		252	18	302
…				

通过查看永续盘存卡，可以分析 10 月 31 日库内樱桃还有 90 罐，随着 11 月 2 日采购进货 252 罐，当日又领用 18 罐，截至 11 月 2 日库存数为 302 罐。永续盘存卡不仅使原料的库存情况一目了然，同时还为原料采购数量的确定提供了方便。盘点时，对每一种库存物资进行实地点数。为加快盘点速度，可以由一名员工确定货架上原料数量，另一名员工核对原料盘存卡，并将实际库存数量填写在"存货清单"上（见表 3 - 18）。永续盘存卡和存货清单上的原料编排次序应与原料的实际存放次序一致，这样盘点既迅速又不会遗漏。盘点时要核查实际存量与原料存货卡的存量是否相符，如有出入要复查并查明原因。倘若差错原因无法找出，则应根据该原料实际库存修改账目数字，使自此以后两者相符。如果餐饮企业不运用永续盘存卡，则盘存只不过是逐一点数存货数量，并将数字记入存货清单这样一个简单过程，控制作用不大。

表3-18 存货清单

年 月 日 库房:

货号	品名	单位	数量	单价（元）	金额（元）	备注
H2-7	番茄罐头	箱	11.25	48.00	540.00	
H2-8	四季豆罐头	箱	4.5	46.00	207.00	
H2-9	蘑菇罐头	箱	6.2	54.00	334.00	
H2-10	黄豆罐头	箱	8.5	40.00	340.00	

通过库存盘点能够计算和核实每月月末的库存额和成本消耗，为编制每月的资金平衡表和经营情况表提供依据。

2. 库存原料计价方法

要计算库存原料的价值，必须确定库存原料的计价方法。在实地确定各种原料后，与各种原料的单价相乘，便得到各种原料的价值。各种原料的价值相加，便得到原料的库存额。然而，有时同种原料在不同时间的购货价格是不同的。在核算库存额时有必要首先确定库存原料的单价。

计算库存原料单价的方法有以下几种：

（1）实际进价法。如果餐饮企业实际库存的原料粘贴或挂有库存原料标牌，标牌上写有进货单价，那么采用实际进价法计算领料原料的单价和库存原料的单价就比较简单也是最合理的。

（2）先进先出法。如果不采用原料标牌注明的价格，可按照原料存货卡上进料日期的先后，先购进的原料在发货时先计价发出，而月末库存则以最近价计价。

（3）后进先出法。由于市场价格呈上涨趋势，采用后进先出法可以使计入餐饮成本的原料价值较高，而计入库存原料的价值较低。在实际发料时还是应坚持采用先进的原料先发出去，只是价值的计算可采用后进先出法。

（4）平均价格法。如果企业贮存的原料数量较大，其市场价格波动也较大，采用以上三种方法计算太复杂时，可采用平均价格法。平均价格是将全月可动用原料的总价值除以总数量，计算出的单价即平均价格。月末库存额便是平均价格乘以月末结存所得。此法比较费时，应用不广。

（5）最后进价法。最后进价法是以最后一次的进货价格来计算库存的价值，这种方法计算简单，可节省盘存时间。但是，最后进价法计算的月末库存额不太精确，往往会偏高或偏低。

【例3-3】某酒店在2015年10月的排骨进货日期和价格如表3-19所示。

表3-19 某酒店购货明细

进货日期	项目	数量（千克）	价格（元）
10-01	月初结存	40	15
10-08	购进	100	14.5
10-18	购进	90	15.2
10-28	购进	80	15.5

截至10月31日，库房排骨的结存量为95千克，根据原料标牌显示，其中8千克的为单价14.5元，35千克的为单价15.2元，52千克的为单价15.5元。那么，按以上各种不同方法计算排骨10月末的库存额为：

（1）按实际进价法计算。

$8 \times 14.5 = 116$（元）

$35 \times 15.2 = 532$（元）

$52 \times 15.5 = 806$（元）

排骨10月末的库存额为1454元。

（2）按先进先出法计算。

$(95 - 80) \times 15.2 = 228$（元）

$80 \times 15.5 = 1240$（元）

排骨10月末的库存额为1468元。

（3）按后进先出法计算。

$8 \times 15 = 120$（元）

$35 \times 14.5 = 507.5$（元）

$52 \times 15.2 = 790.4$（元）

排骨10月末的库存额为1417.9元。

（4）按平均价格法计算。

$(40 \times 15 + 100 \times 14.5 + 90 \times 15.2 + 80 \times 15.5) \div (40 + 100 + 90 + 80) = 4658 \div 310 \approx 15.03$（元）

排骨10月末的库存额为$95 \times 15.03 = 1427.85$元。

（5）按最后进价法计算。

$95 \times 15.5 = 1472.5$（元）

排骨10月末的库存额为1472.5元。

通过以上5种方法计价，使得月末库存额的价值有所差别。因此，餐饮企业应根据财务制度和库存管理制度确定一种计价方法，并统一按该计价方法计算，且不得随意变动。

3. 库存原料短缺率控制

按照原料实际盘点的数量和一定的计价方法计算出仓库月末原料的实际库存额。为了检查实际库存额是否有短缺，需要将实际库存额与账面库存额作比较。账面库存额的核算方法是：

月末账面库存额 = 月初库存额 + 本月库房采购额 – 本月库房发料总额

库存短缺额 = 月末账面库存额 – 实际库存额

库存短缺率 = 库存短缺额 ÷ 本月库房发料总额 × 100%

月初库存额是从上月末库存额转结而来的。本月库房采购额数据从本月验收日报表的库房采购原料的总金额汇总而来。本月库房发料总额数据从本月领料单上的领料总额汇总而来。根据国际惯例，库存短缺率不应超过 1%，如果超过 1% 视为不正常短缺，必须查明原因。

【例 3 – 4】某饭店 10 月库存额为 10000 元，本月库房采购额为 68000 元，本月库房发料总额为 72000 元。月末库存原料盘点后，实际库存额为 5400 元。那么，该饭店 10 月末的库存短缺率的计算如下：

月末账面库存额 = 10000 + 68000 – 72000 = 6000（元）

库存短缺额 = 6000 – 5400 = 600（元）

库存短缺率 = 600 ÷ 72000 × 100% ≈ 0.8%

在理想的条件下，账面库存额和实际库存额应该相同。然而，在绝大多数情况下两者之间会有差异。这种差异产生于多种原因，有的是合理的原因，而有的是不合理的原因。

合理的原因有：领料单统计的发料额和月末实际盘点的库存额不是完全按实际进价计价，从而带来人为的金额之差；原料发放时，重量的衡量有允许范围内的误差；有些原料会自然干燥失重。

不合理的原因有：对某些部门或个人发料，无凭证或不计入领料单，或者发放的原料与领料单记录不一致；因管理不当，食品变质腐烂或饮料瓶打碎而流失等；因管理不严，食品饮料丢失、被盗或被私自享用等。

如果库存短缺率超过 1%，管理员有责任调查原因和被追究责任，采取改进措施。这些改进措施会涉及采购、验收、贮存和发料管理等环节。

盘存清点结束以后，应计算各种原料的价值和库存原料的总额，作为本期原料期末结余，而本期的期末结余自然便是下期的期初结存。由于每一种原料往往以不同的价格购进，同一种原料的市场价格在一个会计期内也往往有涨有落，因此计算各种原料的价值、决定各种原料的单价以及查看库存是否在正常的短缺率范围内，常常是盘存清点工作的关键，因为它们关系到餐饮原料的总额。

第四章　菜单筹划设计与分析

一、怎样认识餐饮菜单

（一）什么是菜单

菜单是餐饮企业提供给顾客使用的餐饮企业产品的一览表。餐饮企业把可提供的不同口味的食品、饮料经过科学的排列和组合后印制在专门的纸张上，以供顾客从中进行选择，菜单的内容主要包括食品饮料的种类和价格。菜单是餐厅提供的商品目录和宣传单，它既是餐厅的消费指南，也是餐厅对顾客介绍自身特色的重要名片。

广义的菜单还包括饮料单、餐酒单、点心单等。饮料单是餐厅所辖的各营业点向宾客提供的酒品、饮料及其价格信息，供消费者挑选饮料酒水品种的书面清单。饮料单记有的产品品种通常有纯饮的各种酒类，如白兰地、威士忌、葡萄酒、啤酒等；软饮料类，如果汁、汽水、矿泉水、苏打水等；混合饮料类，如鸡尾酒等。餐酒单主要用于西餐厅，一般用葡萄酒佐餐。点心单在广东的茶餐厅较为常见。

（二）菜单的作用

"Every thing starts from the menu"（一切始于菜单。）是美国餐饮服务行业流行的一句话，由此可以看出在餐饮企业经营管理中菜单的重要性。

1. 菜单和餐饮企业的关系

（1）菜单是餐饮企业选择购置餐饮设施设备的依据和指南。餐饮企业在选择购置餐饮设备、炊具和服务餐具时，无论是这些设施设备的种类、规格还是材质和数量，都取决于该餐厅的菜品品种、品质和特色。例如火锅店需使用各式锅具和炉具，烹制地道牛扒要使用扒炉，制作北京烤鸭要使用挂炉，给客人提供虾蟹类菜品需配备叉、钳，上手撕菜品要配备手套，上鱼最好用椭圆形盘，鸡尾酒不能用碗装等。每种菜品都有与之匹配的烹饪加工设备和服务用具。餐饮企业提供给顾客的菜品品种越丰富，所需的烹饪设备也就越多。餐饮企业出品的菜品原料选材越珍奇、营养价值越高、制作方法越独特，所需的设施和服务餐用具也就越高端、越特殊。总而言之，菜单决定了餐饮企业后厨和前台使用设施设备的数量、性能、规格、档次等。因此，这也就在一定程度上决定了餐饮企业的设备成本。

（2）菜单反映了餐饮企业成本的高低。菜单中用料珍稀、原料价格昂贵的菜品过多，也会导致较高的食品原料成本；而高端菜品的制作工艺相对也更复杂，需要更高技能水平的厨房工作人员来完成，也进一步增加了企业的劳动力成本。

（3）菜单影响食品原料的采购和储存。菜单的类型决定了食品原料采购和储存的对象，决定了采购的渠道、时间、程序和方法，决定了原材料储存的周期、标准和要求。特别是对于使用固定菜单的餐厅来讲，由于餐厅菜品在一定时期内相对固定不变，因此，原材料的品质规格也基本固定不变，使得餐饮企业在采购和储存的过程中能保持相对稳定的货源、质量标准、储存周期和方法。如果采用循环菜单，则相应的采购活动和储存管理也变得复杂一些。

（4）菜单决定了对餐饮服务的要求。餐饮企业在配备员工的时候，应按照菜单的要求，选择能具备相应水平的工作人员，以达到菜单对餐饮服务规格水平和菜品风味特色的要求。

（5）菜单体现了餐厅提供的膳食营养。在当今社会人们的工作节奏和生活压力都在不断加大的情况下，追求健康生活的人群越来越多，社会交往面的扩大，也使得人们外出就餐的机会更多。因此，为客人提供健康营养的膳食也应该是餐饮企业比以往更加关注的问题。现在人们去餐厅就餐，除了填饱肚子，追求菜品的色、香、味、形，感受餐厅就餐氛围外，对营养价值的要求也越来越高。如药膳火锅、滋补汤锅和海鲜食品的热卖就是顾客对食品营养追求的结果。

（6）菜单决定餐厅的装潢风格。中餐和西餐的制作方法和流程有较大的区别，因此中厨房、西厨房的设施设备也相差甚远。在确定了餐饮企业经营方向，确定了菜单之后，对厨房也就要按照菜品制作的方法、数量等方面的差异来进行整体的设计和规划。

菜品风格一旦确定，为顾客提供的就餐环境也必须和菜单相匹配，美食与环境的完美结合可以让顾客更好地享受消费过程。因此，餐饮企业装潢和环境的设计，包括色彩、灯光、桌椅、绿化、音乐都应该根据菜单的内容和菜品特点来精心设计，以达充分体现与餐饮特色一致的效果。例如提供"苗家酸汤鱼"的餐馆和只出售快餐的"乡村基"，提供私房菜的餐馆和高级饭店的西餐扒房，在餐厅的室内装潢和设计上必然有着明显的区别。

（7）菜单是餐饮经营管理活动的起点。餐饮企业的销售从菜单开始，顾客的消费从菜单出发，餐饮企业要想在激烈的市场竞争环境中获得一席之地，首先应该对客源市场、竞争环境进行分析，从而设计出满足目标市场的菜单，并由菜单指导餐饮企业的营业循环过程。餐饮企业的营业循环过程，如图4-1所示。

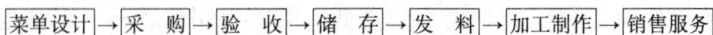

菜单设计 → 采　购 → 验　收 → 储　存 → 发　料 → 加工制作 → 销售服务

图4-1　餐厅的营业循环过程

2. 菜单和顾客的关系

（1）菜单是餐饮企业和顾客直接的沟通工具。餐饮企业通过菜单向顾客介绍企业产品，推销餐饮服务。顾客通过菜单选择自己所喜欢的餐饮产品。

（2）菜单是餐饮企业的名片。顾客可以通过对菜单的认知，浏览菜单上菜品的种类、价格，观看菜品成品照片，以及菜单的排版设计、菜单制作材质、风格来判断出餐厅的特色和档次的高低。因此，制作有特色和精美的菜单也是给顾客留下良好印象的重要渠道。

（三）菜单的种类

1. 根据菜单的价格形式来分

（1）零点菜单（Carte Menu）。零点菜单是指按每道菜单独标价的菜单。零点菜单是餐厅中使用最广泛的菜单形式。这种菜单具有菜品种类多，顾客自由选择余地大的特点，可以满足顾客差异化的用餐需求。无论是中式餐厅还是西式餐厅，无论是早餐厅还是消夜餐厅，都可以使用零点菜单。无论在社会餐馆还是旅游饭店的餐厅，都可以看到零点菜单。

（2）套餐菜单（Set Menu）。套餐菜单是指在一个价格下包括了整套餐饮产品报价的菜单。套餐菜单可以是为团体客人提供的餐饮产品，也可以是为单个客人提供的整套食品。餐厅多数时候为旅行团队、团体餐和宴会设计套餐菜单。西餐的套餐菜单与中餐的有明显区别，如套餐的价格是跟在主菜后面的，在主菜的名称下面还有可供顾客选择的色拉、汤、面包等，就表明这是一份套餐菜单。

（3）混合式菜单。这种菜单融合了零点菜单和套餐菜单的长处，是两者的结合。将一部分菜品以套餐形式进行组合，另一部分菜品以零点形式出现。特别在很多西餐厅中，混合式菜单以套餐为主，同时欢迎客人再随意点用其中的主菜并以零点形式单独付款。

2. 根据菜单的使用时间长短来分

（1）固定性菜单。固定性菜单指菜品内容标准化，不做经常性调整的菜单。常用于顾客流动性较大的参观或旅游饭店，并将传统名菜、独创菜品、招牌菜品等列入菜单中。由于菜品的相对固定，在原材料的采购、存储，菜品的制作、质量和成本控制等方面可以按照标准化、规范化的程序进行操作，便于管理、检查，容易形成品牌效应。缺点是难以满足顾客口味变化的需求，菜品的价格调整也难以操作。为了解决这些问题，餐厅应增加一些特色菜、厨师推荐菜、时令菜的活页插在固定菜单中，以满足客人多变的饮食需求。

（2）变动性菜单。变动性菜单指根据烹饪原材料的供应情况、价格变化、客源多少等因素来设计的菜单，具有时间短、变化快、品种新的特点，很容易吸引顾客消费。缺点是由于菜品变化频繁，需要对厨房工作者及时进行培训，使其掌握好每种菜品的制作要领，才能保证菜品在色、香、味、形、养等各方面达到设计的要求，满足顾客的口味。

（3）循环性菜单。循环性菜单又叫周期性菜单，是指菜品品种在一定时间周期循环使用的菜单。这种菜单常用于企事业单位的餐厅、会议、宴会、团队等用餐形式。餐厅按预定的周期天数制定数套菜单，每天轮换使用其中的一套，当整套菜单全部使用完毕后，则结束了一个周期。也可以根据季节、价格水平来设计周期性菜单。这种菜单的优点是菜品每天翻新丰富多彩，顾客和员工都不会感到单调；缺点是采购麻烦，库存品种增加，剩余的食物不便于利用，会造成成本的增加。

3. 根据菜单的实物形式来分

（1）印页式菜单。印页式菜单是最常见的菜单形式，它具有制作精美、使用周期长、制作成本高的特点，也是一个餐厅档次和形象的表现之一。印页式菜单是展示餐厅菜品的一本平面设计作品。

（2）台卡式菜单。台卡式菜单指插在餐桌桌号牌上的临时性菜单，这种菜单是对印页式菜单的一种补充，主要销售定期更替的品种或特价品种（如特价菜）。最大特点是灵活、周期短、制作成本低。

（3）POP菜单。POP（Point of Purchase）意为"买点广告"，本来是指商业销售中的一种店头促销，以摆设在店里的展示物为主，如海报、大招牌、旗帜、实物模型等，表现形式夸张、色彩强烈，主要是为了刺激和引导消费，是一种低价高效的广告方式。餐厅也可以用POP菜单，以海报形式来表现促销期间提供的品种特点和价格。

（4）电子菜单。当今世界电子和互联网技术不断发展，电子菜单在餐厅中的应用也越来越广泛。这种菜单的使用方式是在顾客餐桌旁装置一台触摸显示屏。顾客通过触摸屏幕上显示的菜品来进行点菜，然后将电子菜单直接发送给厨师。随着平板电脑的不断普及，iPAD和PAD点菜单也被更多的餐厅所采纳。这种菜单的使用方式更环保、更先进，可以结合餐饮管理系统软件来进行点菜管理，但是不适于老年人使用。

4. 根据菜单的使用对象来分

（1）儿童菜单。儿童菜单是指根据儿童的年龄特点、兴趣爱好、营养要求等因素来设计的菜单。儿童菜单的特点是图文并茂、以卡通形象设计、色彩鲜明、字体活泼、字号偏大为特点，吸引儿童并方便他们阅读。儿童菜单中菜品的口味应该偏温和、少刺激，菜品的分量和价格都应比成人菜单优惠。

（2）情侣菜单。情侣菜单是指为情侣客人而专门设计的菜单，主要应用于情侣主题餐厅和婚宴，能够营造温馨浪漫的感觉。从菜品的名称、造型和口味上都要符合年轻人的口味特点，给情侣们留下深刻的印象。菜单设计注重浪漫气息，设计更具美感，菜品名称和组合也要有特殊含义。如百合莲子羹，可取名为"百年好合"，蛇鸡煨汤取名为"龙凤配"等。

（3）老年菜单。关注老年人追求长寿和健康饮食的心理，餐厅也可以为老年人专门设计老年菜单。这类菜单要准确把握菜的热量，少油、少糖、少盐，做到荤素搭配、粗细搭配、营养搭配，让老年人吃得营养、吃得健康、吃得舒心。

（四）菜单的内容

菜单的基本作用是告诉顾客餐厅能为他们提供的菜品和饮料，并说明其价格和做法，以帮助顾客做出点餐决定。因此，制作一份精美翔实的菜单，要包括菜单封面、菜名和价格、菜品介绍、告示性信息、推销特色菜品等内容。

1. 菜单的封面

菜单的封面是一张简单的门脸，是顾客最先接触的部分之一。一份设计精美、漂亮又实惠的菜单，可以成为餐厅的醒目标志，能促进食物的销售。封面的图案和色彩都要能展现餐厅的特色，给人以美食的联想，看到菜单的封面，触摸到菜单的材质就知道餐厅的整体经营风格。比如，如果是新派菜品餐厅，封面就应该有时代气息，而如果是提供传统菜品的古典餐厅，菜单封面就要古色古香，充分体现出怀旧情绪，才能和就餐的整体环境达到互相映衬的效果。

2. 菜点的名称和价格

（1）菜点名称。菜点的名称要真实、顺口，不能太离奇。一些传统名菜和经典菜品为了保持菜品的传承，可以使用传统的菜品，如川菜中的"宫保鸡丁"、"麻婆豆腐"，淮扬菜中的"狮子头"，鲁菜中的"九转大肠"等。如有翻译成外文的菜单，要保证翻译的菜名准确，否则，会造成外宾的疑惑，从而影响销售。

（2）菜点质量。菜品成品的规格、原料的质量要与菜单的介绍相一致。原料的新鲜程度要有保障，产地真实，不能以国产替代进口，菜单的分量要保障供应，大、中、小份分别该有的量要把控好。

（3）菜点价格。菜单上菜品的价格应该非常明确。有些菜品是按成品一份一份出售的，有些菜品是以主要食材的价格按实际重量进行计价的。这些不同菜点的计价方式，在菜单上都应该要清晰地说明。如果要加收服务费等除菜品本身之外的收费，一定要在菜单上进行明确说明。标明的菜点价格如果有变动要做出相应的处理，如果一些季节性比较强的食材原料价格波动较大会影响餐厅成品菜的售价，为了避免经常对菜单上的价格进行修改，可以在该菜品价格栏目不标明具体的售价，而用"时令价"来进行代替。

3. 菜点的介绍

菜单上对某些菜点进行必要的说明，可以替代服务人员对每桌客人的介绍，帮助顾客挑选菜品，节省点菜时间。菜点的介绍内容，如表4-1所示。

表4-1 菜点介绍项目

介绍项目	介绍内容	主要介绍方法
菜点制作	对菜点独特的制作和烹饪方法、主料和配料进行说明	文字
菜点口味	对菜品的特殊口味进行说明	文字、图片
菜点分量	标明每份菜品的规格	大中小份/多少克
烹饪时间	对加工时间长的菜点进行提示	文字说明

4. 告示性信息

告示性信息主要是对客人表明餐厅的一些特点和公开信息，方便客人把握餐厅提供的菜品特点和明确餐厅的一些服务信息。告示性信息内容，如表4-2所示。

表4-2 菜单的告示性信息

项目	介绍内容	注意事项
餐厅名字	餐厅名字的由来	文字加图标，通常印制在封面
餐厅特色	在餐厅名字不能体现菜品风味特色时介绍	如川味、江湖菜、私房菜等
餐厅地址	餐厅、分店的详细地址	用文字、地图的方式
营业时间	说明餐厅接待顾客的时间	印制在菜单封面或封底
加收的费用	对菜品消费之外的加收费用	在菜单内页的每一页注明
餐厅的发展	餐厅的历史、发展，现阶段的规模，主打菜品的特点	在内页上介绍

5. 特殊推销菜品

许多大中型餐厅都能提供上百种的菜品产品，如何给顾客推荐一些餐厅流行的、特别受顾客欢迎的以及经典的菜品，是在菜单设计的时候必须要考虑的问题。餐厅通常特殊推销的菜品有两类，一是能代表餐厅特色的使餐厅扬名的菜品，二是餐厅愿意多销售的菜品。第一类菜品通常的售价不能太贵，口味要独特，能代表餐厅的产品制作水准，让顾客容易记住。第二类菜品通常是价格高、毛利大或容易烹调的菜品。

特殊推销的菜品可以出现在菜单的前面几页，或者在菜单中编排更大的空间给这些菜品展示图片，也可以在菜单中用粗体字、大号字或特殊字体来凸显它们。还可以用单页印制、制作台卡式菜单，POP菜单的方式列出这些特殊推荐的菜品。

二、怎样设计制作菜单

菜单的设计是一项知识性、技术性、艺术性很强的系统工作，必须在满足顾客需求的前提下，根据各种菜单的特点、标准、顾客对象、竞争对手、厨房设备条件、技术力量、原来的供求情况、餐厅成本费用综合考量的基础上，来进行菜单的设计工作。

（一）菜单设计的依据

1. 顾客的需求是基础

不论是高档旅游饭店内的高级餐厅还是繁华社区内的风味小餐馆，在设计菜单的时候，首先应该考虑的就是消费对象的需求。了解顾客的饮食习惯、口味特点、特殊需求和顾客的消费心理，才能设计出一份让顾客满意的菜单，满足顾客的各种饮食消费需求。

每个餐厅所处的位置不同，档次、规模、经营风格和技术力量不同，餐厅所服务的顾客对象也是各不相同的。首先了解分析主要客源的国籍、年龄、职业、生活习惯、口味特点、生活禁忌等。在亚洲，泰国人喜食鱼和蔬菜，不爱吃红烧的菜品；日本人爱吃牛肉、猪肉、海鲜、蔬菜，不爱吃肥肉、猪内脏等；欧美国家的客人，喜食鱼虾等水产品、家禽、牛肉、新鲜蔬菜，喜食咸中带甜的食物，口味较清淡，不爱吃肥肉，禁忌动物内脏等。在我国，之所以有八大菜系之分，也是由于地域生活习惯的不同，形成了顾客很多的口味差异。另外，顾客就餐目的不同，对菜品的需求也会有区别。因此，菜单设计的基础必须针对顾客需求的不同而进行变化。不断收集客人的消费资料，建立顾客消费档案，整理、统计和分析，且有针对性地为顾客设计一份优质菜单。

对于目标市场顾客的需求，可以采用的分类方法，如表4-3所示。

表4-3 餐厅目标市场顾客分类

顾客分类	顾客举例	顾客特点描述
收入水平和职业	高收入顾客	需要高档食材制作的产品
	学生	需要快餐，价格低廉
	商务客人	商务菜单

顾客分类	顾客举例	顾客特点描述
就餐动机	团体客人	要求烹调简单、服务快、价格合理
	追求美食的旅游者	寻求独特口味
	要饱腹的当地居民	食品可口、清洁卫生
顾客分类	顾客举例	顾客特点描述
年龄和性别	年轻人	接受新产品、口味独特、寻求刺激
	老年人	喜爱正宗菜系、正规服务
	儿童	儿童需要营养菜点和活泼有趣的促销项目
来源地区		分喜食辛辣、口味清淡的地区，喜香味浓郁的地区等

2. 突出经营特色是重点

餐饮企业应该根据自己的经营目标、方针来确定供应什么样的菜品，是中式的还是西式的，是大众化菜单还是特色风味菜单。菜单设计者要将本餐饮企业的装潢和服务特色、菜品的口味特色有效地融入菜单的设计中。菜单的形象要与餐饮企业的形象相一致。

（1）依据菜品档次的高低来设计。

1）以中高档菜品为主设计的菜单。中高档菜品一般在食材的选择上都比较讲究，通常以海参、鲍鱼或者价格较高的水产品为原料来进行制作，即俗语所讲的"山珍海味"。这类菜品的特点是用料讲究，制作方法复杂，工艺精美，技术难度大，往往在装盘上也使用精美的器具，并使用食品雕刻装饰菜品，主要满足高端消费者的需求。因此，菜单的制作水平要求也要高一些。

2）以大众化菜品为主设计的菜单。大众化菜品主要指的是那些价廉物美的菜品。这类菜品的特点是用料普通，制作比较简单，价格相对经济，给顾客的感觉是实惠。所以在设计这类菜单的时候，要充分去挖掘"家常菜"、"风味菜"、"乡土菜"，满足大众消费者的饮食需求。因此，菜单的制作也可以相对简单。

（2）根据餐饮经营的类别来设计。面积大、餐位多的餐饮企业，适合接待旅游团队、会议、婚宴等。在菜单设计的时候要根据客人的消费标准设计出合适的菜单。会议和团队餐要求数量多、不浪费，每餐的搭配均不相同；宴会餐单的设计要讲究华贵，菜品的名称要喜庆、上口，给宾客留下深刻的印象。

以散客接待为主的菜单设计，要突出地方风味和经营特色。如私房菜、地方小吃、烧烤店、火锅店等。在类别上有冷菜、热菜、点心、甜品等。在食材选择上有山珍海味、畜类、禽类、水产类、蔬菜类等。在价格上要高中低档搭配，突出菜品的卖点。

总之，要根据餐饮企业自身的特点，挖掘自己的特色菜、风味菜，做到人无我有、人有我精，才能在激烈的市场竞争中站稳脚跟。

3. 烹调能力是保障

（1）设施设备水平。厨房的设施设备配备情况直接决定了菜单上菜品的内容，也关系到菜单的实用效果。比如后厨只有一个烤箱，但在菜单中设计了很多需要烤制的菜品，如"烤鸭"、"烤鸡"、"烤乳鸽"、"烤鱼"、"烤乳猪"等，这样就很难达到制作要求。可能客人点了菜单上的烤制菜品，结果等上半个小时都没能品尝到。而现在一些新型厨房设备的出现，代替一些原来人工操作的工作，厨房的出品质量和效率都有所提升。因此在菜单的设计中，一定要考虑到厨房设备的生产能力。

（2）员工技术水平。

1）后台生产员工的技术水平。在设计菜单的时候要考虑整个厨师团队的专业技术水平。比如厨房的员工人数配备本来就少，在设计菜单的时候菜品品种过多，制作难度大，工艺复杂，造成的结果就是后厨已经忙翻天，但是前台的客人也还在饿着肚子等菜。或者是厨师本身学粤菜制作，在菜单中却列出了较多的其他地方菜品，使出品的菜品口味不地道、不正宗，餐厅的服务水准也难以得到客人的认可。因此，在设计菜单的时候，必须要和餐厅总厨一起，对餐饮产品制作人员进行分析，包括年龄、性别、受教育程度、餐系（中、西餐）、菜系（川菜、粤菜等）、年龄状况等情况。

2）前台服务人员的技术水平。餐饮产品的消费过程包括了餐饮服务人员的服务，前台服务人员的服务水平也是餐饮企业菜品服务质量的重要组成部分。因此，除了掌握厨房人员的工作水平和生产效率，经营管理者也要掌握前台服务人员的服务水平高低。对前台服务人员的分析与后厨不同的是，分析重点应该放在年龄、性别、外貌、服务态度、服务技能、技巧等方面。

4. 客观因素是参考

（1）竞争环境。在设计菜单的时候，不能只考虑企业自身的特点，对餐饮消费市场环境的分析也是非常重要的。日积月累的统计数据变化会反映出餐饮的消费需求。特别在企业所处的街区附近有无同类企业，竞争对手的经营状况与菜品特色，也是制定菜单的重要参考条件。是选择同类竞争还是差异化竞争，决定了菜单上大致种类的菜品。

（2）原材料。原材料供应链条的完善程度，决定了原料采购的周期、价格。特别是一些特殊菜品、高端菜品的制作和售价及原材料的供应情况在很大程度上决定了餐厅的出品品质和价格。因此，如何在众多的原料供应商中挑选到最适合本餐厅定位的供应商，是在餐厅筹划设计菜单时就要提前考虑的问题。

5. 保持创新是关键

市场竞争日益激烈，餐饮市场的竞争也尤为激烈。不断开业的新餐饮企业会带来更新的餐饮体验，客人对新鲜口味的追求也要求经营者不断变化创新。因此，我们看到即便是一些具有优秀历史传统和风味特色的"百年老店"，也会根据竞争对手和食客的不断变化而改变。其中改变的重要部分就是菜单的内容。菜品的种类和特色不断优化，菜单的制作更精良或更具特色，做到传统菜到位、创新菜出名、看家菜规范、时令菜及时、地方菜特色。顾客感到菜品有变化、有创意，不断制造新鲜感，餐厅经营才会有生命力。

（二）菜品的选择

设计菜单时，要掌握各种餐饮企业对菜品品种数量和搭配上的不同要求。由于餐饮企业规模、各地风俗习惯、饮食习惯不同，菜单中的菜品品种数量也有很大的差异。西餐基本按冷盘、主菜、甜点三部曲来组织菜单，所以西餐经营的品种数量不多，但应该经常变化。而中餐厅必须保证有足够的品种数量才能显示出餐饮企业的经营规模。一般来说，高档品种应占菜单品种总数的 10%～20%，中档品种占 30%～40%，其余的为低档。分类之间的平衡主要取决于菜单的促销主题。

1. 各类菜单的品种数量选择

（1）零点菜单中菜品品种选择。零点菜单中菜品的品种数量相对而言比其他形式的菜单品种数量要多。

中式零点菜单分冷菜、热炒、大菜、蔬菜、点心、汤类、甜品、水聚等大类，菜品的数量总计根据餐厅的经营规模在 100～200 种不等，以便顾客有自由选择的余地。一般冷菜类、热炒类和大菜类的数量要比其他类别多。汤锅类餐厅品种数量略少一些，各种风味的锅底一般为 5～20 种不等，提供的烫食菜品 40～100 种。为满足宾客口味需求，也可增加一些凉菜和腌卤腊制品供顾客选择。

西式零点菜单分为开胃菜（Appetizer）、汤类（Soup）、鱼类（Fish）、主菜类（Main）或肉类（Meat）、冷菜或沙拉（Salad）、点心类（Dessert）、饮料类（Beverage）7 个大类，每个大类的品种为 2～4 种不等。所以菜单的更换周期比中式零点菜单要短。

（2）套餐菜单的品种比例。团体套餐菜单的品种主要根据用餐的标准和档次来决定菜品的数量和种类。一般的团体套餐的人均消费不高，在安排菜品的时候，一般冷菜为 6～10 个，荤素搭配比例约为 3∶2 或 1∶1；热菜安排 5～10 个不等，荤素搭配比例约 3∶1 或 5∶2；点心一般安排 2～4 道。

（3）宴会菜单的品种比例。宴席因菜系不同，各地风土人情、饮食习惯不同，档次高低不同，品种的搭配比例有很大差别。

水果类：宴会中的水果一般为水果拼盘，用各式水果经厨师刀工处理后摆放成优美的图案供客人享用。在高档宴会中，水果也会由后厨分成小盘，每位客人一份，在正式开餐前享用。水果的品种一般以 2～4 种为宜。

冷菜类：宴会菜单的冷菜可用拼盘，4～8 个双拼或单拼，也可以用一个艺术拼盘（主盘）加 4～10 个围碟不等。

热炒类：宴会菜单的热炒一般为 2～4 个不等，主要采用炒、爆、炸等烹调方式制成的菜品，要求菜品滑嫩脆爽，汁少味厚，便于饮酒食用。

大菜类：一般控制在 4～8 个菜不等，制作时采用烧、烩、炖、烤、焖等方法，菜品的原料一般为整只、整块、整条，盛器要大而精致。

素菜类：宴会的素菜品种一般为 1～4 种，采用的制作方法为炒、烩、扒等，原料多采用绿叶蔬菜、豆制品、各种根茎类等。

汤羹类：汤羹数量最多不超过 2 个。汤羹通常在素菜后上桌。也有的宴会根据就餐的对象，汲取了西式服务的方法，在冷菜食用后就先上汤羹。

点心及甜点类：宴会菜单中一般提供 2～6 道点心或甜点。先上点心，后上甜点，甜点的数量为 1～2 道，在宴会的最后上席。

2. 菜品的品种搭配

客人需求不同，对菜品的组合要求也会有较大的差异。我们要研究每一份菜单的共性和规律，并根据不同的菜单，在荤素搭配、菜品质量等方面做好组合。

（1）荤素搭配。无论什么菜单，荤素搭配都是首先要注意的问题。植物性原料含有较多的维生素、纤维素、矿物质等营养成分，动物性原料含有较高的脂肪和蛋白质。如果长期偏食一种类型的原料，会影响人体健康，也可能造成人体酸碱度失去平衡。虽然客人并不是每天每餐都在我们的餐厅用餐，但是一份荤素搭配、营养搭配合理的菜单，是餐饮经营者关心顾客健康、倡导健康饮食的体现。

（2）菜品质量与售价匹配。菜品的质量和售价应该成正比，首先取决于原材料和成本的高低，其次取决于设计水平和烹调水平的高低。由菜品的质量决定菜品的售价。原材料越贵的菜品在菜品设计上更要注重细节，制作更要精良，具备鲜明的特色和口味，才能标出合理的高价，使客人觉得物有所值。反之，售价低的菜品应选用普通原料，粗料细作、细料精作，保质保量。

（3）菜品设计要突出季节性。不同的季节，人的口味不一样。春季应设计偏向酸性口味，以促使人体酸碱平衡；夏天适当安排苦味食品，可以降温消暑；秋天偏向辛辣，使人增强防潮御寒能力；冬天则应以浓重口味为主，使人增味抗寒。

不同季节，人的身体对食材需求不一样。夏天应安排一些凉性食品，如水产品、新鲜蔬菜等。冬天应多安排些性暖的食品，如羊肉、狗肉、牛肉等。

不同季节应选择不同烹饪方法。夏季多用清蒸、凉拌、冻制食品，让人感觉清爽淡雅；冬天选用火锅、汤锅、砂锅和煲类菜品，给人以暖和之感。

此外，在菜品组合选择的时候还要在顾客消费心理、厨房设备、营养卫生、成本核算等方面考虑周全。

（三）菜名的设计

菜品名称直接影响就餐者点菜时的选择。菜单上的品名会在用餐客人头脑中产生联想。顾客的满意度在很大程度上也取决于阅读菜单后对菜品产生的期望值。

1. 中式菜的菜名设计

中国餐饮文化博大精深，历史悠久，中国菜单的内容也是琳琅满目，配菜方法也很多，形成了各种不同口味及富含地域特色的菜品，菜品名称设计也是各具特点。中式菜品的主要设计方法，如表4-4所示。

表4-4　中式菜的菜名设计

菜名设计方法	方法说明	菜名举例
以人名命名	菜品因某人而流传后世	东坡肉、宫保鸡丁、麻婆豆腐、钟水饺
以地名命名	用地名为符合地方特色和风格的菜品命名	北京烤鸭、台南担仔面、川北凉粉
以材料命名	主料＋配料的名称来命名	青椒肉丝、腰果虾仁、干贝萝卜球
以形状命名	以食物的形状配主菜加以命名	枇杷虾、珍珠鱼、孔雀开屏
以色彩命名	用食材的颜色或菜品呈现的色彩来命名	三色蛋、五彩虾仁、四色烧卖
以调味料命名	以调味的酱汁搭配主要的食材来命名	蒜泥白肉、酸辣汤、蜜汁火腿
以烹饪方法命名	按照食物的制作方法和技巧来命名	白灼基围虾、葱烧海参、凉拌海蜇
以盛放器皿命名	以盛放食物的用具来命名	砂锅豆腐、竹筒饭、铁板牛柳
以吉祥用语命名	在喜庆或特殊场合，美化菜名取吉祥之意	步步高升、金玉满堂、百鸟朝凤

2. 西式菜的菜名设计

西式菜一般都是写实型的命名，主要以食物的口味、材料、产地、颜色、烹调方法、供应温度来命名，如表4-5所示。

表4-5　西式菜的菜名设计

菜名设计方法	菜名举例
以口味命名	酸甜猪排、酸味苹果派、野味烧鸡
以产地命名	法式蛋卷、瑞士牛排、夏威夷鸡肉串

菜名设计方法	菜名举例
以材料命名	虾仁吐司、海鲜沙拉、奶油鸡肉笋汤
以色彩命名	黑红鱼子酱、白色点心、黑豆汤
以烹饪方法命名	炸鸡、烤马铃薯、炒蛋
以供应温度命名	冰冻苹果汁、热罗宋肉汁浓汤

（四）菜单的定价

餐饮企业经营者在定价的决策上应考虑顾客对餐饮产品品质与价值之间的联想。因为菜单的定价直接影响到顾客的购买行为和餐厅的客源。菜单价格的高低还决定了菜单产品的成本结构和成本控制，所以，菜单的定价对企业的经营效益有非常重要的影响。

1. 价格的构成

菜品或者饮品的价格由四部分构成：原材料成本、费用支出、税金和利润。在餐饮企业运营中，菜品的销量与菜品价格相乘所得的值就是这个菜品的销售额，所有菜品销售额之和就是该餐厅的总销售收入。这些销售收入用来支付原材料采购、人工、能耗、租金、行政管理费用、宣传费用、餐饮企业建设的折旧费用、国家规定的相应税金等，余下部分便是餐饮企业的利润。利润是企业追求的目标，没有利润的企业无法发展，餐饮企业经营就必须合理合法地创造更大的利润。餐饮销售必须能确保原材料成本开支、费用支出、税金支出，并能形成盈余，也就是利润。

这些项目都应分摊到每一个菜品上，因为餐饮企业就是靠菜单上每一个菜品的销售来实现收入的，所以，菜单的定价应该能够支撑这四个部分。所以，销售价格可以表述如下：

销售价格＝原材料成本＋分摊的费用支出＋税金＋利润

其中，销售价格扣除原材料成本即为菜品的毛利，原材料成本占销售价格的比例即为成本率，如：

销售价格＝原材料成本＋毛利

毛利率＝毛利/销售价格＝1－成本率

2. 菜单定价应考虑的因素

菜单定价时，除了要考虑价格构成的四个部分，以确保价格体系能支撑餐厅获得利润之外，还必须充分考虑到餐饮企业所处的竞争环境、顾客的需求与接受程度等外部因素。

（1）原材料成本和费用因素。原材料成本和费用是菜单定价的基础。原材料成本越高，售价往往就越高；反之，售价就越低。当然在某些特殊情况下，也会有例外。比如，出于营销的目的，部分菜品会出现高成本低售价的情况；还比如说，部分具有核心技术的菜品，可能其定价时，毛利甚至高于一些其他原材料成本更高的菜品。所以，餐饮企业必须充分了解并掌握自己所需原材料的价格水平以及运营过程所涉及的费用支出水平，同时在经营过程中，也要合理控制原材料的进价、加工的净料率、各项费用的合理支出尤其是人员的合理配备，这样才有可能确保餐厅菜单的合理性。否则，要么难以确保利润，要么难以确保质量和服务，最终影响利润。

（2）市场竞争因素。餐饮业是一个竞争激烈的行业，为了赢得消费者，不同的餐饮企业往往会采取各种不同的方式，这其中就包括价格策略。所以，餐饮企业经营者应充分了解市场竞争的宏观信息和微观信息，研究餐饮产品的竞争状态和趋势，在不断调整和改善经营的过程中及时采取合理的价格策略和调整手段，才能确保在竞争多变的市场环境中立于不败之地。

（3）顾客消费心理因素。大多数餐饮企业都会有一个经营上的定位，这种定位通常会有一个特定的消费群或者主要的消费类型，比如商务消费、家庭消费等。因此，充分考虑特定消费群的顾客消费心理，在菜单定价上也尤为重要。顾客消费心理大致包括：顾客的支付能力、顾客对菜品价值的认可程度以及顾客消费目的等。顾客消费心理对于价格制定非常重要。比如在定价过程中整数定价、尾数定价、吉祥数字定价的具体方法就是基于对顾客消费心理因素的考虑。

（4）其他因素。菜单定价也必须考虑各种综合的社会因素。社会导向、国家政策以及一些公共事件均会在一定程度上对餐饮企业的价格策略造成影响，比如"禽流感"疫情对于禽类及其相关菜品的价格影响，厉行节约的社会美德对于菜品定价的影响等。

3. 餐厅定价的基本方法

菜单定价的方法较多，现在介绍其中几种常用的方法。

（1）参照定价法。这是一种简单便捷的定价方法，餐厅可以按照自己的具体情况，先参照市场上相近餐厅的定价情况来为自己的菜单设定初始定价，然后结合具体的成本费用情况、竞争情况和餐厅定位等多方面的因素予以修正和调整，以最终确定出自己餐厅的菜单定价。这种方法相对比较简单，同时也能兼顾到定价的经济指标和同业的竞争性，但在实施的时候，选取的参照对象比较重要，同时还应该详细了解参照对象的菜品情况。

（2）成本定价法。制定价格前，餐厅会先设定一个基本的预期，比如，希望自己的菜品成本率为40%，也就是说毛利率为60%，那么根据这个指标，按照每一个菜品具体的成本值，倒推出它的售价，从而得到该菜品的期望售价，然后结合其他因素给予调整和修订，从而获得菜单定价。这种方式的优点是充分考虑了菜品的原材料成本并能确保一个相对的盈利空间。但是，核定菜品成本方面存在一定的复杂性，而且，在具体实施的过程中，要注意到不同类别的菜品，应该区分其毛利率预期的不同。比如，蔬菜为主的菜品与海鲜为主的菜品之间，毛利率的预期应该如何区别等。同时，还应该根据菜品的特性对价格加以优化，即使是同一类菜品，那么有竞争力的菜品（如特色菜或者招牌菜）在价格上可以适度调高，而竞争性较弱的菜品则可以适度下调。总之，按照这一方法制定价格时，必须注重菜单里不同菜品在价格上的布局和平衡，这样才有利于销售。

（3）主要成本定价法。餐厅把最重要的成本部分也就是原材料成本和人工成本作为定价的基础，然后根据餐厅经营的其他指标，包括其他的成本费用和利润率等，计算出菜品的销售价格：

销售价格 =（原材料成本 + 直接人工成本）/[1 -（非原材料和直接人工成本率 + 利润率）]

这种方法也是以成本为中心，而且考虑到餐饮业最为主要的成本因素。缺点是，这种方法对每一道菜品都采取了相同的人工成本的考虑，而实际上却完全不是这样，加工复杂的菜品必定消耗的人工成本会高于简单的菜品，所以在价格的调整上，要充分注意到这一点。

（4）综合定价法。所谓综合定价法，就是将菜品的成本、销量和盈利要求这三个因素结合起来，综合分析判断，制定出菜品价格的一种方法。按照菜品的销量和成本特性可以分为四个对象，即高成本高销量、高成本低销量、低成本高销量和低成本低销量。在制定价格时，可以参考"成本越高，毛利额应越大，销量越大，毛利可越小"这一原则来调整菜品的毛利水平，然后再根据毛利制定出价格。在这个过程中，餐厅必须充分了解消费者的需求（可表现为销售量），再结合与成本、利润之间的关系来综合定价。也就是说，有的菜品可以调低毛利，有的菜品可以适当调高毛利，有的菜品可以选取适中的毛利，经过综合考虑来制定价格。

以上为几种常用的定价方法。在实际经营中，餐厅通常是采用上述方法的组合来进行价格制定，并充分考虑到菜单价格在市场上的竞争性以及消费者的接受程度。价格制定过高将导致顾客的购买意愿降低，而价格制定过低，企业将不能获得正常利润。所以，无论哪一种或者哪几种方法，在菜单价格的制定上，终将兼顾到餐厅、市场和顾客这三个方面。

同时，菜单定价也取决于餐厅具体的价格策略。在不同的定价策略下，也会有不同的定价结果。有的餐厅为了吸引消费者，扩大市场，往往会采取低价的方式；有的餐厅为了突出其在消费者心中长期稳定的形象，往往会保持价格的稳定，不轻易调整价格，即使原材料成本上涨，也不会随时改变价格；有的餐厅会在经营中对个别菜品采取低价的方式，来带动其他菜品的销售；有的餐厅会借用高价策略，来突出餐厅菜品质量与竞争的差异性等。

（五）菜单的制作

菜单是使用频率很高的餐饮产品信息媒介，是销售者与消费者之间的桥梁。在确定了餐厅的菜品计划之后，将菜单编排印制出来，是餐厅一项重要工作。菜单的制作要经过样式的确定、内容的编排、制作材料的选择、文字的设计等诸多环节，才能为顾客设计出一份技术与艺术相结合的菜单，才能使菜单的促销功能发挥得更好。

1. 确定菜单的样式

菜单的样式多种多样，根据就餐形式、餐厅类别的不同，菜单的样式多有不同。常见的菜单样式，如表4-6所示。

表4-6　菜单的样式

菜单样式	菜单特点	适用对象
单页式	制作简单、成本低，多为一次性使用	快餐厅、咖啡厅、小吃部等
折叠式	分对折和三折，设计精美，可以竖立在桌上，装饰效果强	西餐厅、宴会厅
书本式	封面硬朗漂亮、制作精美、图文并茂、内容丰富、排列有序	零点餐厅
活页式	可以根据季节不同和市场需求变化等因素及时调整菜单内容	零点餐厅
悬挂式	悬挂于门内把手，易于被客人发现、阅读和选用	酒店客房
艺术式	具有一定艺术造型丰富多彩的菜单。如宫灯式、扇形、树状等	重大节日、美食节、主题宴会

2. 编排菜单的内容

（1）中式菜单的编排。中式菜单的内容编排应根据人们的就餐顺序和习惯来进行安排。

1）按菜品的类别来编排。冷菜类、炒菜类、大菜类、汤羹类、点心类、主食类等。

2）按烹调方法来编排。如炒类、烤类、炖类、焖类、爆类等。

3）按菜品的主料来编排。山珍类、海味类、家禽类、家畜类、河鲜类、蔬菜类等。

4）按推销方法来编排。如时令菜单、特选菜单等。

5）按宴席的类别来编排。如生日菜单、婚宴菜单、美食节菜单、商务宴席菜单等，这类菜单要根据饮食对象、规格和要求，从水果、冷菜、热菜、汤到点心等形成一整套的菜单。

（2）西式菜单的编排。西餐中，主菜的地位高，菜单设计时主菜应该尽量安排在显要的位置，根据人们的视觉习惯和餐饮同行的经验总结，菜单上主菜的位置，如图4-2所示，各类菜单中的阴影部分为主菜的理想位置。即单页式菜单上的主菜应排列在菜单的中间位置；双页式菜单主菜位置在右边页的上半部；三页式菜单主菜最好安排在中页的中间，四页式菜单的主菜安排在第二页和第三页。

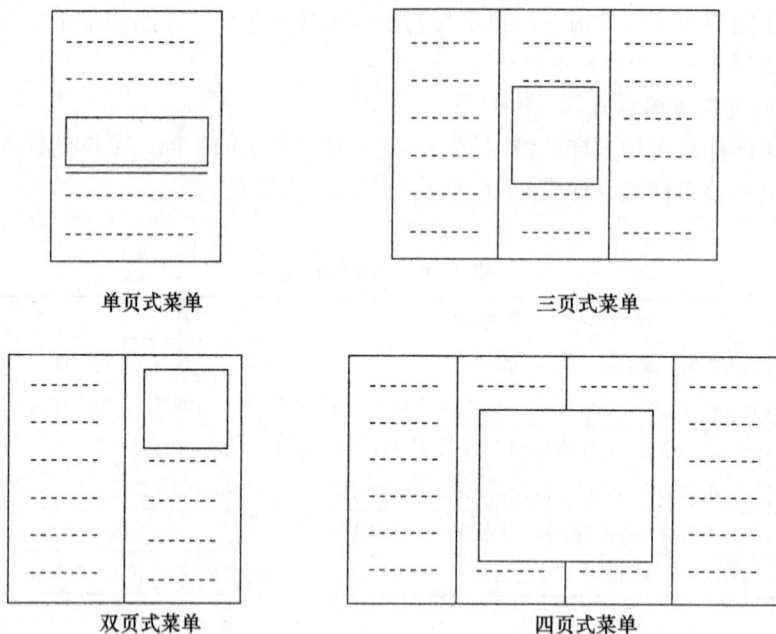

图4-2　西餐菜单中主菜位置的编排

（3）重点促销菜品的编排。重点促销菜品分为两类，一类是厨师的拿手菜、餐厅特色菜和时令菜；另一类是由积压和滞销原料制成的特别推荐菜，是经营者希望消费者多多点食的菜品。顾客总是容易留意到同类菜品的第一个和最后一个，因此在编排菜单内容的时候，可以将重点促销菜品放在这些位置。对重点促销的菜品，也可以在编排时留给它们更大的排版面，使其在菜单中占据醒目位置，获得客人的关注。另外，对这些促销菜品，也可以做成活页式或POP菜单，这样既能经常更换，也不影响原有菜单的整体安排和美观。一般的做法是，在印页式菜单中列出基本销售的产品占品种数量的70%～80%，剩下的20%～30%做成活页式、台卡式或POP式。

3. 制作菜单的细节

菜单的制作要反映餐厅的经营特色，体现餐厅的形象，漂亮的菜单会愉悦顾客的就餐情绪，并制造和谐的就餐氛围。但在制作菜单的时候，也要考虑到菜单的使用、更换频率而带来的成本。适合于餐厅档次和风格的菜单才是一份好的菜单。

（1）选择制作材料。菜单的使用是长期性还是一次性决定了菜单的制作材料选择。每日更换或一次性使用的菜单要选择印制在便宜、轻巧的纸张上；长期使用的菜单选择的纸张就要厚实耐用。

菜单的封面就如同餐厅的门脸，给顾客的印象非常深刻。在制作菜单封面的时候，要选用厚实耐用的封面。避免使用塑料来制作封面，这样显得档次低廉，有损餐厅的形象；绸类和绢料也应尽量避免，因餐厅油污多，这种材质比较容易污损，难以保洁。漆纸和漆布容易发生龟裂，也要避免在制作封面时使用。

内页的材料一般选用质地精良、高克数的厚实纸张。要求纸张具有防污、防折和耐磨的性能。印页式菜单大多会选择使用铜版纸、牙粉纸或特种纸，还要在纸张上包塑薄膜，形成具有防水防污的特点。选择纸张要考虑餐厅的档次和纸张的费用，还要考虑纸张的稳定性、不透光性、光洁度等。

（2）确定菜单尺寸。菜单的开本尺寸大小和页数要确定好，才能方便顾客的阅读。开本太大的菜单使客人拿起来和翻页都比较费劲；开本太小的菜单有时会因篇幅不够使菜单内容显得拥挤。一般单页式菜单的尺寸是 30 厘米 × 40 厘米，双页菜单的尺寸是 25 厘米 × 35 厘米，三页式菜单合上时，尺寸以 20 厘米 × 35 厘米为宜。

（3）确定字体、字号。菜单选择的字体应该和餐厅在餐垫、餐桌广告牌、餐巾纸等其他地方使用的字体一致，以体现餐厅的整体风格。仿宋体和黑体字在菜单的设计制作中使用最为广泛，隶书字体通常用作封面或对菜品的分类标题信息中。要避免使用斜体，英文菜单避免使用圆体，这两种字体印制出来后，在铜版纸的反光作用下，会使顾客阅读起来视觉模糊，比较难以看清菜单的内容。字号最宜使用的是 2 号字和 3 号字，其中 3 号字最为理想。

（4）运用插图和色彩。菜单中的文字要尽量少，对菜品的介绍也应言简意赅。因为顾客在感觉饥饿的情况下，没有时间也没有心情去阅读大段文字，为了让顾客更能把握餐厅菜品的特点，在菜单设计制作的时候要运用图片展示成品，使顾客获得最直观的感受，结合文字说明，帮助顾客做好点菜的决定。照片的印制要注意照片的质量，如果印刷质量不好，使食物失真，反而会影响菜品的销售，使客人倒胃口。菜品的图片使用也不可过多，否则会使菜单的页数增加，使菜单很厚而不便于使用。常见的配图主要是菜单上的主打菜品、推荐菜品、特色菜、大菜等，一些家常菜品如青椒肉丝、炝炒白菜等，即使没有图片，顾客在生活中对这类菜品也已非常熟悉，不会影响客人的点菜决定。

菜单整体色彩的搭配和使用要与整个餐厅的色调相匹配，要与餐厅的整体环境相协调。以淡雅高贵的灰色、褐色、蓝色、米黄等色调制作的菜单，点缀适当的菜品图片，会使人觉得餐厅很上档次。而快餐店的菜单就可以使用鲜艳的大色块、五彩标题和插图。

三、怎样分析餐饮菜单

（一）菜单工程——ME 分析法

菜单工程（Menu Engineering，ME）是菜单分析和定价过程中常用的方法之一，它不仅要考虑菜品的盈利能力，同时还必须考虑菜品的畅销程度或者受欢迎程度。ME 分析法可以解决这样的问题：通过对菜品的毛利额和销售额的准确统计与分析，企业可以找到四类不同的菜品类别，即毛利高且畅销（销售高）的菜品、毛利高但不畅销的菜品、毛利低且不畅销的菜品、毛利低但畅销的菜品。这种依据毛利和销量两个参数对菜品进行的分类分析方法就是菜单工程，所以菜单工程也称为 ME 工程。

只要实行单品定价的餐厅的菜品都适合于 ME 分析法，因为在一定的规则下，菜品总是会归入四类菜品之中，按照每类的情况不同，四类菜品又被形象地称为：明星类菜品、问题类菜品、金牛类菜品和瘦狗类菜品，如图 4-3 所示。

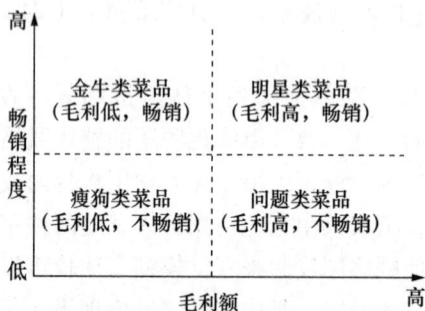

图 4-3　ME 分析法对菜品的四个分类

通常，影响菜品的受欢迎程度往往与该菜品的定价、口味有关，也与顾客的消费需求、菜品能否引起顾客注意等诸多因素有关，这些都是餐厅经营过程中非常重要的内容，也是在菜单设计时应该考虑到的要素。所以，通过这样的分析，我们自然可以针对餐厅的不同菜品来采取不同的策略。简单而言，可以通过表4-7 所述来说明。

表4-7 分类菜品的策略

类别	策略
明星类菜品	这类菜品对餐厅利润贡献意义重大，也是顾客满意度较高的菜品，在菜单设计上不仅要保留，还应加以突出。从管理的角度，也可以探讨，为什么这样的菜品能够成为明星类菜品？在定价、口味上和顾客接受度上有什么原因等，从而积极推动餐厅的菜品建设，服务于企业经营
金牛类菜品	这类菜品受到顾客欢迎，但毛利较低，是否应该对该菜品的毛利构成加以探讨？通过管理或者技术创新，在确保品质的前提下提高毛利。或者通过形象包装，在不影响顾客对价格敏感度的前提下，适度提升售价，改善毛利额？或者说，对于此类菜品，可以做出适当减少
问题类菜品	这类菜品虽然毛利高，但是不畅销，说明没有受到顾客欢迎。那么，一方面，应该注意到该类菜品的宣传和形象包装，另一方面，还应检查菜品的质量、口味以及工艺，积极加以改善，努力促进它的顾客接受度，从而推动其成为明星类菜品
瘦狗类菜品	这类菜品毛利和顾客欢迎度都不好，应该及时从菜品系列中去掉。同时可以通过对这些菜品的分析，找到餐厅在采购、加工和菜品定位等方面的不足，积极聆听顾客意见，以利于餐厅在经营上的调整和提升

大多数餐厅的菜品都不止一类，在应用ME分析法时，为了让菜品具有可比性，通常建议在餐厅菜品的同一时期、同一类别来进行分析。而且，要应用这种方法，餐厅必须要准确积累和统计菜品的毛利和销售数据，否则，这样的分析将会得到不正确的结论。餐厅菜品的类别与餐厅类型有关，比如，中餐往往可分为：凉菜、热菜、汤类、面点；西餐又可分为：开胃品、色拉、汤类、主菜、甜食、饮料；火锅分为：荤菜、素菜、海河鲜等。所以，应用ME分析法，应按照餐厅的具体菜品分类来进行。

（二）ME分析过程

现在，为具体说明ME分析过程，我们以某餐厅菜单中的凉菜为对象来进行分析。该餐厅的凉菜共有7个，在过去1个月内，它们的销量、价格、销售额情况，如表4-8所示。

表4-8 菜单分析表（一）

菜品编号	销量（份）	单价（元/份）	销售额（元）
A	300	80	24000
B	150	20	3000
C	100	40	4000

菜品编号	销量（份）	单价（元/份）	销售额（元）
D	420	25	10500
E	200	15	3000
F	600	20	12000
G	120	60	7200

按照前面所述，在 ME 分析过程中，我们是按照菜品的畅销程度和毛利额这两项指标来对菜品进行分类的，因此我们应该先确定每个菜品的顾客欢迎指数和销售指数，这两项数据可以让我们来分辨菜品的畅销度、毛利额的高与低，以及如何判定它们为"高"和"低"。

顾客欢迎指数 = 某类菜品销售量占总销售量的百分比/各菜品应售百分比

各菜品应售百分比 = 100% ÷ 被分析的菜品数量

在本表中，各菜品应售百分比 = 100% ÷ 7 = 14.3%，菜品总销量为 1890 份，所以，菜品"A"的顾客欢迎指数计算为：（300 ÷ 1890）÷ 14.3% = 1.1。按照这个公式，我们可以计算出上表各个菜品的顾客欢迎指数，如表 4-9 所示。

表 4-9　菜单分析表（二）

菜品编号	销量（份）	顾客欢迎指数	单价（元/份）	销售额（元）
A	300	1.1	80	24000
B	150	0.56	20	3000
C	100	0.37	40	4000
D	420	1.55	25	10500
E	200	0.74	15	3000
F	600	2.22	20	12000
G	120	0.44	60	7200
总　计	1890	7		63700

顾客欢迎指数越高，说明该菜品越畅销，因为，如果所有菜品受欢迎程度是完全一样的，那么，它们的销量就会相同。按照上面所述的公式我们可以知道，在这种情况下，每个菜品的顾客欢迎指数都会是 1，所以，凡是顾客欢迎指数超过 1 的，就是受顾客欢迎的菜品，超得越多，受欢迎程度越高，越畅销；反之就越低。

从上述计算中我们可以看出，菜品的顾客欢迎指数只能应用于参与计算分析的菜品之中，不能与没有参与计算分析的菜品相比较，比如，表4-9所计算出的菜品A的顾客欢迎指数为1.1，就只能与表中的其他六种菜品的顾客欢迎指数做比较。

除了分析菜品的顾客欢迎指数，也就是指该菜品在所分析的菜品系列里的畅销程度，我们还必须进行这些菜品的盈利分析，也就是计算菜品的毛利，从而判断该菜品的盈利能力。所谓菜品的"毛利"，简单讲就是指菜品的销售额减去菜品的原辅料等所消耗的成本额后，剩余的这一部分金额。毛利是构成盈利的最重要的部分。之所以采用销售额来判断菜品的盈利能力，就是因为，价格高并不一定利润就高，盈利能力还与成本息息相关，所以采用毛利来分析，才能真正反映菜品对于盈利（利润）的贡献。

菜品毛利额＝菜品销售额－菜品成本额

平均毛利额＝各个菜品的毛利额总和÷被分析的菜品数量

按照此公式，我们又计算出该餐厅7个凉菜的毛利额和它们的平均毛利额，于是我们得到表4-10。

表4-10　菜单分析表（三）

菜品编号	销量（份）	顾客欢迎指数	单价（元/份）	销售额（元）	成本额（元）	毛利额（元）
A	300	1.1	80	24000	9600	14400
B	150	0.56	20	3000	1740	1260
C	100	0.37	40	4000	2200	1800
D	420	1.55	25	10500	6825	3675
E	200	0.74	15	3000	1050	1950
F	600	2.22	20	12000	8160	3840
G	120	0.44	60	7200	3024	4176
总计	1890	7		63700	32599	31101
平均	270	1		9100	4657	4443

通过上表，我们看到该餐厅凉菜的平均毛利额为4443元，因此凡是毛利额高于这一数据的菜品，对于餐厅而言，就是毛利高的，盈利贡献大的，高得越多，盈利能力就越强；反之，低于平均毛利额的，毛利额就相对较低，盈利能力相对较弱，毛利额越低，盈利能力就越弱。

通过上述计算，我们将表4-10简化，只留下菜品名称、顾客欢迎指数和毛利额三个项目，并按照ME分析法的结论，对每个菜品进行分类，如表4-11所示。

表4-11 菜单分析表（四）

菜品编号	顾客欢迎指数	毛利额（元）	菜品类别
A	1.1	14400	畅销，高毛利的明星类菜品
B	0.56	1260	不畅销，低毛利的瘦狗类菜品
C	0.37	1800	不畅销，低毛利的瘦狗类菜品
D	1.55	3675	畅销，低毛利的金牛类菜品
E	0.74	1950	不畅销，低毛利的瘦狗类菜品
F	2.22	3840	畅销，低毛利的瘦狗类菜品
G	0.44	4176	畅销，低毛利的瘦狗类菜品

　　以上即为某餐厅7个凉菜菜品的ME分析法的基本过程。那么，当我们对菜品完成ME分析后，针对每一类不同的类别，应该采取什么样的措施呢？

　　高利润、畅销的明星类菜品，既创造了好的效益又受顾客喜欢，在经营中就必须严格地控制好质量与口味，确保菜品的供应，同时，在餐厅的菜单设计与内部营销过程中，可以加以突出，让顾客很容易就能注意到。在实际中，往往一些餐厅的招牌菜、特色菜就属于这一类，所以，管理好明星类菜品，不仅有利于餐厅的利润增长，同时对于餐厅的品牌和市场影响也有着积极的作用。

　　高利润、不畅销的问题类菜品，属于餐厅愿意销售，但顾客的接受程度却并不太高的菜品。所以，如何提升它受欢迎的程度，是很重要的。作为餐厅的管理者，应该积极寻找问题，寻找到导致其销量不高的原因，加以改善。导致菜品不被接受的原因很多，比如：味道、价格、竞争力、质量、前厅的推销、顾客的注意度等。餐厅通过调查分析，可以采用对菜品的形象包装、工艺改良、口味提升、性价比的提高等手段来解决。尤其是那种毛利很高，而销量并不是很低的菜品，更应该积极改善，因为一旦其销量上升，就有可能成为餐厅的明星类菜品，而对于那些在较长时间内销量难以改善的问题类菜品，可以考虑取消掉。

　　低利润、高销量的金牛类菜品，通常这应该是顾客喜欢但是对餐厅而言却盈利贡献相对不足的菜品。这类菜品有着很好的"群众基础"，管理这一类菜品应更注重技巧，首先要清楚，为什么顾客对它情有独钟？如果该菜品在口味上或者制作上有着其他餐厅无法超过的优势，那么可以考虑对此类菜品进行一定的包装和升级，合理地提高其价格也会是一个办法。另外，可以充分利用该类菜品的"人气"，将其应用到其他高毛利菜品的组合销售之中，作为"诱饵"，间接提高其他高利润的菜品销售。在菜单设计过程中，这类菜品可以安排在不太容易注意到的地方，老顾客自然会点，新顾客就餐时，餐厅可以将毛利较高的菜品进行推荐。金牛类菜品还应积极关注其原材料的采购，通过内部控制来降低成本提高盈利空间，通过工艺调整（如不影响品质下的原材料更换）来提高毛利。

最后，低利润、不畅销的瘦狗类菜品，通常我们要做的是应该立即考虑是否取消这个品种。迅速地了解这类产品的成本控制有没有漏洞，加工工艺有没有问题，前厅销售过程有没有不足，如果做出相应调整也毫无起色，那么就有理由将它从菜单上取消掉。

通过 ME 分析法，我们可以对餐厅的菜品做出基本的定量和定性的分析，然后采取相应措施，实现"严格管理明星类菜品，积极改善问题类菜品，巧妙利用金牛类菜品，尽量杜绝瘦狗类菜品"，这样就基本能管理好我们的菜单。当然在具体实施过程中也应有一些需要注意的地方，比如餐厅的性质不同，对待方式就会有区别，薄利多销的经营性质往往会以"畅销、低利润"的菜品为核心。再比如，在界定菜品畅销或者不畅销的问题上，每个餐厅往往会考虑一个系数，也就是说并不会把"1"作为顾客欢迎指数的分界点，国外就通常使用"0.7"。所以，掌握了 ME 分析法的基本要领，再结合具体经营实际，充分掌握餐厅运营的相关信息，才能真正管理好餐厅的菜单。

第五章 厨房生产管理与创新

一、厨房餐饮管理概述

厨房是餐饮企业的生产部门，是餐饮经营管理的一部分，其管理的好坏直接关系到菜肴质量和餐饮成本。过去餐饮经营管理比较重视餐厅的经营而忽视厨房管理，随着市场竞争的日益激烈，厨房生产管理的重要性日益凸显。因此要求管理者依照一定的规律、原则、程序和方法，对厨房的各项资源进行合理配置，从而高效率地实现企业经营目标的活动过程。

（一）厨房的人员配备

厨房中的人员配备是指通过适当而有效的选拔、培训和考评，把合适的人员安排到组织结构中规定的各个岗位上去，以保证经营目标的顺利完成。

厨房要完成各项生产计划和利润指标，除了需要先进的厨房设备和设施以及丰富、新鲜的烹饪原料外，更重要的是从事厨房工作的人员须具备良好的素质和专业技术。这是因为人是任何组织中的核心，占主导地位，如果没有一支素质良好、技术过硬的厨师队伍，就无法提高餐饮企业的知名度、保证餐饮产品的质量，更无法实现餐饮企业所规定的经营目标。

1. 厨房人员配备的原则

（1）根据厨房业务要求，寻找合适的人选。合适的人选并非是指某个人十全十美，而是指相对于某个特定的工作来说，该人选具备该生产岗位所需的某种特长。比如，炉灶上的厨师，他的优势是身材高大、体魄健壮、手臂有力，这是基础条件；如果身材过于矮小、瘦弱，是很难胜任这份工作的。再如，有些人具有较强的上进心，肯钻研业务，有文化并有一定的组织能力，如果安排到管理岗位上，就比较合适。还有一些人，工龄长、资格老、技术好，但由于其文化水平低，怕得罪人，这种人能够成为一个好厨师，但很难成为一名好的管理者。因此，在岗位人员的选择上要做到知人善任，只有这样才能真正地挖掘出每个人的潜力。

（2）采用开发岗位竞争的方法来选择人才。由于生产需要不同，厨房的工作岗位，有的劳动强度大，而有的劳动强度较小，因此就带来了这样一个问题：有的岗位许多人争着干，而有的岗位却很少有人愿意去干。对于这种状况，可以采用竞争上岗的方式，采用考核的手段择优录取。比如，某饭店为了让有才能的人充分发挥才能，就炉灶这个岗位进行了实践考核，按考核成绩排列，第一名定为头炉（即首席炉灶师傅），以下依次定为二炉、三炉、四炉……被选上的人不仅有一种自豪感，而且会有一种责任感，落选者也会努力工作，学好技术，下次再参加竞争。这种考核定岗不是终身制，会定期举行，优胜劣汰，而且如果员工在岗位上不能胜任或出现工作失误，厨师长有权随时撤换。

开展公平竞争，既可促进员工不断进取，又可增加责任感，有利于人才的开发，也有利于厨房的管理。

（3）采用人才互补的方式来加强岗位建设。从管理心理学的角度来看，把具有各种不同专长或性格各异的人合理搭配，会形成一个最佳的人才结构，从而减少内耗。互补包括年龄的互补、性格的互补、知识的互补、技能的互补等。只有使每个人各显其长、互补其短，才能构建一种理想的生产结构和管理结构。

2. 厨房人员数量的确定

合理地配备厨房人员数量，是提高劳动生产效率、降低人工成本的途径，是满足厨房生产的前提。做好厨房人数的确定工作，对于正确处理厨房人员与厨房工种之间以及厨房人员与厨房设备之间的关系，调整与改善厨房生产过程中的组织形式，合理组织各岗位之间的分工协作，加强岗位责任制，充分发挥每个员工的积极性，都有着积极的作用。

（1）确定厨房人员数量应考虑的几个因素。厨房每个岗位所需的人数，通常是由生产量决定的。对于一家新建的饭店或改造过的饭店，厨房人员的数量就应根据企业规模、标准、餐位数、餐座率、菜单、餐别、设备配置等因素来确定，以求得最佳人数，做到既不浪费人力，又能满足生产要求。

1）厨房经营规模的大小和岗位的设立。厨房的规模直接关系到设置多少岗位，厨房规模越大，生产要求越高，相对各工种分工越细，岗位设得越多，所需的人数就越多；反之则越少。岗位的多少关系到人数的确定。岗位班次的安排，更与人数有关。有的饭店厨房实行弹性工作制，厨房生产忙时，上班人数多；生产闲时，上班人数少。而有的厨房实行两班制或多班制，以岗位上的基本人数能满足厨房生产的运转为准。

2）经营档次。经营档次的高低决定着消费者的消费水平。档次越高，消费水平相对越高，菜肴的质量标准和生产制作越讲究，厨房的具体分工也越细，因此，所需的人数也就相对要多一些。

3）餐位和餐座率。厨房主要是为餐厅服务的，厨房生产出来的产品要依靠餐厅来进行推销和出售，餐厅的餐位数决定着厨房的生产量，也决定着厨房人数的多少。餐位数越多，餐座率越高，厨房生产量就越大，所需人员也就越多；反之则越少。

4）菜单内容的难易程度和品种数量的多少。菜单是厨房生产的依据，菜单的内容标志着厨房的生产水平和风格特色。如果菜单所定的菜式规格、档次高，菜肴制作的难度就大，厨房就需要有较多技术高超的厨师。因此，厨师人数的多少与菜单有着直接的关系。如果菜式品种多，制作难度大，厨师就得多一些；如果菜式的品种少或适宜大批量制作的菜肴较多，厨房的人数也就可以少一些。

5）厨房设备的完善程度等。厨房人数的确定还需考虑到厨房设备的利用和完善程度。如果厨房配有一套先进的切丝、切片机、去皮机、搅拌机等设备，在这种机械化程度高的厨房里，人数就可相对少一些；反之，员工人数就需要多一些。另外，厨房购进的烹饪原料的加工程度也对厨房人数的多少有影响。

（2）厨房人员数量的计算。

1）按岗位定人数。即根据岗位生产的需要来确定人数的多少。厨房中每一个岗位的工作量是不均等的，如炉灶上需要的人数就相对要比冷菜间所需的人数多一些。炉灶上要将厨房所提供的菜肴由生的烹制成熟的，而冷菜间一般只要负责冷菜的装盘。由于冷菜的生产量较少，因此所需人数也就相对少一些。

比如，某餐厅共有餐位200余座，其厨房提供的是江苏菜和广东菜，厨房共设置五个岗位，即炉灶、切配、加工、面点、冷菜。其中：

a. 炉灶8人（其中4名等级厨师，4名厨师助手）。

b. 切配4人（其中2名等级厨师，2名厨师助手）。

c. 加工3人（1名等级厨师，2名助手）。

d. 面点4人（3名等级厨师，1名助手）。

e. 冷菜2人（2名均为等级厨师）。

厨房共有等级厨师12人，厨师助手9人，厨师长1人，共计22人。从该厨房的人数来看，是比较合理的，因为该厨房的生产量较大，平均餐座率达80%左右。因此，在以岗位定厨房人数时，应考虑到具体岗位的工作量、劳动效率、厨师的技术力量、班次和出勤率等因素。

2）按比例确定人数。按比例确定人数就是按就餐者人数的多少来确定厨房生产人员的多少。这种计算方法一般适用于供应宴会、团队餐的厨房及一些招待所的厨房。这种按比例来计算厨房人数的方法比较简单，运用时带有一定的经验性。具体人数的配备如表5-1所示。

表 5 - 1　按比例配备人员

供餐人数（人）	厨房所需厨师的人数（人）
100	9 ~ 11
200	12 ~ 18
300	15 ~ 20
400	20 ~ 26

上述厨师人数不包括实习工、勤杂工、清洁工，也不包括脱产的厨师长及其他人员。由于该比例是按实际生产量所需的厨师人数而定的，其人数不包括休长假的人员，因此在确定人数时应考虑到这些因素，适当放宽厨房所需人员的数量。

3）参照同规模、同性质、同厨房的人数来确定本厨房的人数。这种方法比较实用、合理。但如果厨房生产功能不一，厨房设备功能不一，菜点制作难易不一，就不能盲目去仿照，必须根据本厨房的特色，综合运用以上几种方法来确定人数。

（二）厨房各岗位的职责

厨房管理的最终目的是有效地组织生产，使厨房各部门运转正常，各项工作都有具体的人员直接负责，并且有明确的操作规程。因此，在确定了组织结构及其人员编制以后，就必须将各项生产任务定性、定量地落实下去。制定岗位职责和明确生产任务就是一种最有效的方法。

制定岗位职责和任务能使各级岗位上的每个人都明确自己在组织中的位置、工作范围和工作职责，知道向谁负责，接受谁的工作督导，以及在工作中需要具备哪些技能才能完成自己的生产任务。因此，岗位职责是衡量和评估每个人工作成绩的依据，是选择岗位人员的标准，也是实现厨房高效率的保证。

1. 行政总厨师长的主要职责

（1）制定菜单，适时推出时令菜、特选菜。

（2）负责厨师的技术培训工作。

（3）负责菜肴的质量管理及成本控制。

（4）亲自为重要宾客、宴会主厨。

（5）根据客情及库存状况提出食品原料的采购计划。

（6）建立标准菜谱。

（7）协调厨房与餐厅的关系。

（8）处理客人对菜肴的投诉。

（9）验收食品原料，把好质量关。

（10）合理调配员工。

（11）负责对各作业区厨师长进行考评。

（12）出席部门例会。

2. 各作业区厨师长的主要职责

（1）做好开餐前的准备工作。

（2）指挥厨房运转。

（3）安排厨房人员的工作班次，并负责考勤。

（4）保证食品质量，控制成本消耗。

（5）组织技术交流和业务竞赛。

（6）申领物料用品。

（7）每日抽查下属的个人卫生、饮食卫生及厨房的环境卫生。

（8）对下属进行考核评估。

（9）出席部门例会。

（10）协助行政总厨不断增加菜肴的新品种和更换菜单。

（11）编制成本卡，控制毛利率。

3. 初加工厨师的主要职责

（1）负责食品原料的清洗、宰杀和加工，保证正常的供应。

（2）当好切配厨师的助手。

（3）按规格进行加工。

（4）注意原料的综合利用，保证出净率，避免浪费。

（5）做好收尾工作。

（6）按规定和程序涨发厨房所需的各类干货，如海参、鱼翅、鲍鱼、鱿鱼等。

（7）负责辅料的加工，如去蒜皮、葱皮和根等。

4. 切配厨师的主要职责

（1）负责所有菜肴的加工处理，使原料符合烹调要求。

（2）负责一切高级宴会、酒会的干货等原料的调配。

（3）根据点菜单的要求，严格按照标准食谱及时、准确配菜。

5. 冷盘厨师的主要职责

（1）按照厨师长的工作指令，制作宴会、团队餐、零点所需的冷菜品种。

（2）协助拟定成本卡，控制毛利率。

（3）安全使用和保养本岗位的各种设备。

（4）对照菜牌和客情，检查冷菜原料的质量和冷盘食品的数量。

（5）经常检查工作箱的温度，防止存放的食品霉变。

6. 炉头厨师的主要职责

（1）按照菜单和成本卡烹制菜肴，严格按照操作程序，把好质量关。

（2）了解当天的客流量、客人的要求和特点，备好当天使用的调料。

（3）熟悉和掌握各种原料的名称、产地、味型、特点、净料率、用途和加工制作方法。

（4）协调厨师长研制新菜和时令食品的推销。

（5）正确使用和保养本岗位的各种设备。

7. 点心师的主要职责

（1）制作宴会、团队餐、零点所需的各种点心。

（2）经常更新花色品种，提高餐厅的竞争力。

（3）把好点心的质量关。

（4）负责各种生熟馅料的拌制。

（5）熟悉成本核算，掌握点心的售价，控制成品的成本。

二、厨房设计与布局管理

厨房的设计与布局是否合理，将直接影响餐饮产品的质量、厨房的生产效率和厨房生产人员的工作情绪，也关系到投入的资金是否能得到充分的利用。厨房的设计是餐饮经营的第一步，只有设计合理才能谈得上布局。因此，厨房的设计与布局对厨房生产和管理来说是至关重要的一步。

（一）厨房设计与布局的要求

厨房的设计与布局应随着新产品的开发、先进烹饪设备的运用以及市场需求的变化而不断地改进和发展。厨房的结构变化逐渐由综合型向功能型发展，不同功能的厨房从设计到布局都是不一样的。影响厨房设计与布局的因素很多，比如，建筑面积的大小、生产功能的差异，以及不同的烹饪设备、不同的能源、不同的投资标准等。另外，在设计与布局厨房时，有无专业人员的参与也是很重要的。无论是厨房的生产者，还是厨房的管理者，都必须了解厨房设计与布局的基本要求，避免造成厨房布局与设计的不合理。

厨房设计与布局的基本要求有以下几点：

1. 必须保证厨房生产流程的畅通

厨房的设计与布局必须保证厨房生产流程的畅通，避免厨房内的人流、物流的交叉和碰撞。厨房生产从原料购进、加工、切配、烹调直到销售，是一个连续的流程。在这一流程中，生产人员相对集中，工种多、货物杂，操作工序复杂，因此特别要避免人员的大幅度走动，避免生产工序颠倒、货物回流等现象；更要防止厨房内行走路线的交叉、跑菜人员与厨房工作人员的碰撞等。

2. 以主厨房为中心进行设计与布局

有些饭店只有一个厨房，也有的饭店有多个厨房。所有厨房的生产都离不开一些辅助设施，如食品仓库、冷库、厨师的更衣室以及主要运输通道口等。这些设施应尽量靠近主厨房。由于主厨房的生产量大、消耗物品多，因此，在设计与布局时要以主厨房为中心。

3. 厨房要尽可能靠近餐厅

中国菜的一大特色就是热菜热吃，厨房与餐厅如间隔太远，一会影响出菜的速度，二会影响菜点成品的质量，三会造成人力的浪费。因此，厨房要尽可能地靠近餐厅。

4. 厨房各作业区应安排紧凑

厨房和作业区之间都有一定的联系，设计与布局时应将工作联系紧密、合用一种设备或工序交叉的作业区排放在一起。对于各作业区内部的布局也应安排得紧凑得当，以使各作业区的工作人员都能便利地使用各种必需的设备和工具，而不必东奔西跑地去寻找。在一些布局不合理的厨房中，厨师为了使用各种必需的设备、用具、用料，一天的行程是相当可观的。合理的布局可以减少人员流动的次数，可以节省人的体力和时间，从而提高工作效率。

5. 设施、设备的布局要合理

厨房生产间噪声较大，如果机械设备布局不妥，就会增加厨房的噪声。设备的安放要便于使用、清洁、维修和保养。厨房的设施必须根据饭店的总体规划进行设计与布局，有利于饭店实施高标准的卫生、安全、防火措施。

6. 要注重工作环境的设计与布局

厨房工作很辛苦，生产环境和生产条件的优劣都会直接影响厨房工作人员的工作情绪和工作量。更确切地说，会影响产品的质量和生产效率。厨房环境因素包括温度、湿度、通风、照明、墙壁、天花板、地面强度、颜色、噪声以及工作空间等。舒适的工作环境、现代化的设施设备可以减少厨房工作人员的体能消耗，还可以激发其工作热情。

7. 要符合卫生和安全的要求

厨房设计不仅要选好恰当的地理位置，还要从卫生和安全的角度来考虑。厨房的头等大事是卫生工作，卫生搞不好，产品质量就无从谈起。厨房卫生关系到消费者的身体健康，关系到饭店声誉，也关系到厨房的生存。厨房卫生包括环境卫生、食品卫生、工作人员个人卫生等内容。厨房安全包括三个方面：一是食品原料本身的安全；二是厨房生产过程中的安全；三是生产人员自身的安全，尤其是人身安全。设计与布局厨房时应注意电源线路的粗细及走向、电源功率的大小、设备控制系统的安装以及防火系统的设计等事项。

以上是厨房内部设计与布局的基本要求。设计与布局是否合理，设备选用是否恰当，都直接关系到餐饮经营的成败。而一旦水、电、气等管道铺设完毕，要想再改变原定的设计与布局，不仅困难，而且会造成人力、物力、财力的严重浪费。因此，在设计与布局前，必须进行详细而周密的筹划。

为了提高设计与布局的质量，可以聘请有经验、懂餐饮生产的工程顾问、从事餐饮管理多年的管理人员、厨师长等一同参与，以求得最佳的设计与布局方案。近几年来，我国有许多大饭店在厨房改造过程中，就吸取了这方面的经验，使改造后的厨房生产工艺流程畅通，环境舒适，适应了现代化饭店高标准生产的需要，也使厨房的生产效率得到了很大的提高。

目前，一些新改造的厨房已将厨房和餐厅隔开，厨房将制作好的菜点，通过传菜窗口传递到走菜处，由走菜处再送至餐厅，这样做既缩短了服务员走菜的距离，加快了出菜的速度，也避免了服务员在走菜时碰撞跌倒等事故的发生。

（二）厨房的设计

厨房设计就是根据餐饮企业的经营目标、菜单和生产要求，确定厨房总体及各部分的面积大小、建筑式样、风格特色、装修标准以及厨房各部分的相互连接等。厨房设计应在饭店总体规划的基础上制订设计方案，经有关专业人员认定后方能实施。厨房设计应注重以下几个方面：

1. 厨房位置的确定

在厨房的设计中，厨房的具体位置是首先应该考虑的。通常，中小型饭店的厨房都是具有多种功能的综合性厨房，而大型饭店的厨房通常由若干个分厨房组成，因此，在总规划的前提下，设计时应尽量将厨房安排在方便进货、领料，工作联系，生产管理的区域内。在厨房位置的设计上，要求整体与局部相协调，以达到最佳效果。具体的要求是：

（1）厨房的设计要有利于厨房生产。主厨房最好设在底楼，分厨房应靠近主厨房，这样既有利于生产管理，还可节省多种开支，有利于水、电、气等设施相对集中。

（2）厨房要尽量靠近所对应的餐厅，以缩短服务员行走的路程和时间。

（3）主厨房要靠近食品贮藏区（冷库、干货杂品库），方便领料和货物运送。

（4）厨房的地势要相对高一些，这样便于通风和采光，又便于污水的排放，便于货物的装卸。

2. 厨房面积的确定

厨房面积的大小受厨房的生产性质、厨房的种类、厨房所使用食品原料的加工程度、厨房的生产量、菜单内容等因素的制约。如厨房使用未加工过的原料，那么该厨房就必须设置初加工间。有些厨房所用的原料绝大部分是加工过的半成品，其厨房面积相对就可小一些。菜单简单或复杂，关系到厨房设备的多少。若菜肴复杂、工序多、使用设备多，厨房的面积就应相对大一些。

厨房的生产面积是指原料加工、切配、烧烤、蒸煮、烹制、冷菜和面点制作等操作所需的面积。除厨房生产所需的面积外，厨房的总面积应包括厨房工作人员使用的更衣室、卫生间，以及食品仓库、验收场所、厨师长办公室等所需的面积。

厨房面积的大小对厨房生产有着直接的影响，关系到厨房的工作效率和产品质量。厨房面积过小，会使厨房拥挤、闷热，不仅影响生产速度，还会影响员工的工作情绪及身心健康；厨房面积过大，员工工作时间内所行走的路程就可能增加，既浪费了人力和时间，又增加了清扫、照明、设施等费用。

大体来讲，确定厨房面积大小有以下四种方法：

（1）按餐座数计算厨房面积。不同类型的厨房所需的面积不一样，因为厨房面积是根据生产需要而定的。因此，不同类型的餐厅相对应的厨房面积也各不相同。一般来说，供应自助餐餐厅的生产厨房，每一个餐位所需的厨房面积为0.5～0.7平方米；供应咖啡厅简易食品的厨房，由于供应品种较少，且大部分使用半成品，因此每一个餐位所需的厨房面积约为0.4平方米。大型的宴会厅、风味厅所对应的厨房面积就要大一些，因为供应品种多、规格高、烹调过程复杂、厨房设备多，每一个餐位所需的厨房面积为0.5～0.8平方米（见表5-2）。

表5-2　各类餐厅每餐位所对应的厨房面积对照

餐厅类型	厨房面积（平方米/餐位）	后场总面积（平方米/餐位）
正餐厅	0.5～0.8	
咖啡厅	0.4～0.6	1～1.2
自助餐厅	0.5～0.7	

（2）根据就餐人数计算厨房面积。根据就餐人数来计算厨房面积并不是十分科学的，因为就餐人数是一个变量，而厨房的面积则是相对固定的。如果按餐厅年均就餐人数来定，那么准确性就高多了。因此，利用此方法来计算时，应对不同餐厅的全年就餐人数作一个综合分析，以求得适当的厨房面积（见表5-3）。

表5-3　不同就餐人数时每人所需的厨房面积对照

就餐人数（人）	平均每位用餐者所需的厨房面积（平方米）
100	0.697
250	0.48
500	0.46
750	0.37

就餐人数（人）	平均每位用餐者所需的厨房面积（平方米）
1500	0.309
2000	0.279

（3）餐饮部各部分面积的分配比例。厨房的面积在整个餐饮面积中应有一个合适的比例，餐饮企业各部门的面积分配应做到相对合理。需要指出的是，在市场货源供应充足的情况下，厨房仓库的面积可相应缩小一些，厨房的生产面积可适当扩大一些（见表5-4）。

表5-4 餐饮企业各部分面积比例

各部门名称	所占百分比（%）
餐厅	50
客用设施	7.5
厨房	25
清洗	5.5
仓库	7
员工设施	3.5
办公室	1.5

（4）厨房各作业区总面积所占比例。厨房总面积确定以后，还需要进一步确定厨房各作业区的面积比例。从表5-5中可以看出，炉灶区所占的比例最大，这是因为炉灶本身所占的面积要比其他设备所占的面积大。其次是加工区，对于加工区的面积大小，可以根据其职能的多少来确定。有些厨房的加工间只需要对烹饪原料进行初步加工（如洗涤、宰杀、摘拣等），而有些厨房的加工间不仅要对原料进行初加工，还要对各类原料进行精加工（如切割、上浆、初步熟处理等）。由于加工内容较多，相对所需的设备、用具也就越多。因此，加工间的面积应根据其职能需要来确定。

表5-5 厨房生产区域面积比例

各作业区名称	所占百分比（%）
炉灶区	32
点心区	15

各作业区名称	所占百分比（%）
加工区	23
配菜区	10
冷菜区	8
烧烤区	10
厨师长办公室	2

以上所述的几种面积计算方法，只是常规的计算法。现在的餐厅中，厨房面积有缩小的趋势。主要表现在：首先，随着社会的发展、食品加工业的兴起，厨房使用的烹饪原料也逐渐从粗料向加工料或半成品发展，这使得加工间面积可以相对缩小。其次，随着经济的发展，地皮房价成本增高，经营者要想获取更大的利润，就需要扩大餐厅面积，尽量缩小厨房面积，以达到降低成本费用的目的。最后，厨房的食品仓库也可以相对缩小，因为交通日益发达，原料供应充足方便，无须大批量进货。厨房面积、仓库面积的缩小是社会发展的需要，也促使了新型的功能性小厨房的出现。另外，如果有集中加工的中心厨房，烹调厨房的面积也可以缩小一些。

3. 厨房内部环境的设计

厨房内部的环境设计主要包括厨房的高度、墙壁、顶部、地面、门窗、通风、排水系统以及能源选择等的安排。

（1）厨房的高度。厨房应有适当的高度。如果厨房的高度不够，会使厨房的生产人员产生压抑感，也不利于通风透气，并容易导致厨房内温度的增高。反之，若厨房过高，则造价高，费用大，且清洁起来难度大。根据工程学的要求以及厨房生产的经验，厨房的高度以 3.2~3.8 米为宜。

（2）厨房的墙壁。厨房的墙壁应力求平整光洁，无裂缝凹陷，墙面处理最好用瓷砖贴面。根据旅游饭店星级划分与评定要求，四星级以上饭店的厨房墙面必须全部用瓷砖从墙脚贴至天花板。这样处理过的墙壁，既清洁卫生，又美观实用，还可防止灰尘污染。如果用石灰、涂料刷墙，由于厨房湿度高，易造成石灰、涂料的剥落，从而造成对食品的污染，不利于环境的卫生。

（3）厨房的顶部。厨房的顶部处理可采用防火、防潮、防水滴的石棉纤维材料进行吊顶处理，最好不要使用涂料。天花板也应力求平整，不应有裂缝。暴露的管道、电线要尽量掩盖掉，因为顶部裂缝中易落下灰尘，管道和电线上最容易积灰积尘，甚至滋生虫害，不利于环境的卫生。吊顶时要考虑到排风设备的安装，留出适当的位置，防止重复劳动和材料浪费。

（4）厨房的地面。厨房的地面通常要求使用耐磨、耐重压、耐高温、耐腐蚀、不积水、不掉色、防滑、易于清扫的防滑地砖。过去厨房的地面常用马赛克铺地或水磨地。这类地面有一定的优点，但由于其遇油、遇水时打滑，再加上质地太硬，易使人感觉疲劳。因此，现代厨房已基本上淘汰了上述两种材料，多改用无釉防滑地砖、硬质丙烯酸砖等材料。地面的颜色不能有强烈的对比色，也不能过于鲜艳，否则易使厨房人员感到烦躁，易产生疲劳感。另外，地面要求平整，不积污水，有一定的倾斜度，以便于冲洗。

（5）厨房的门窗。厨房的门窗都应考虑到方便进货和人员出入，防止虫害侵入。厨房应设置两道门，一道为纱门，另一道为铁门或其他质地的门，并能自动关闭。厨房的窗户一要便于通风，二要便于采光。在窗户的处理上，应设计一道安全窗、一道纱窗。有些饭店的厨房在设计时不留窗户，利用电源照明，依靠空调换气；还有一些厨房在进出门上方安装空气帘，以防止虫害侵入，同时也可防止厨房内的温度受室外温度变化的影响。

（6）厨房通风。厨房通风一般有两种方法，一是自然通风，二是机械通风。自然通风即依靠门窗进行换气，但仅靠自然通风是不够的，因为厨房内油烟气味很浓，若任其自然换气，油烟极易进入餐厅，所以需借助排风设备来换气，使厨房内呈负气压，油烟气味便不会进入餐厅。机械通风的形式有换气扇、排油烟机、空气交换器等，排油烟设备大多设计在炉灶上方，以便及时排出油烟。这里需要指出的是，机械通风设备要定期清洁保养，以防油烟污垢堆积而引发火灾。

（7）排水系统。排水系统一定要能满足生产中最大的排水量。厨房内排水道宜采用明沟，排水沟的深度要适宜，要防止水的逆流、便于冲洗，排水道必须盖严，下水口要有隔渣网，防止厨房内的杂物堵塞下水道。防止下水道堵塞主要采用以下几种方法：

1）可以在下水道内安装废料粉碎机，将下水道中收集的物料粉碎后排出。

2）在各下水道口安置隔渣网，及时处理堵塞的杂物。

3）当下水管道被堵塞后，还可以采用化学品来分解杂物，再用水冲去，进而达到疏通的目的。

（8）能源的选择。厨房的能源主要有电、煤气、油料或液化气等。能源的选择应取决于厨房生产的需求和菜单的设计。比如，烤箱、微波炉、电炸炉就可选择电能源，而炒灶、烤炉就可用煤气能源。在选择能源时，最好采用煤气设备和电力设备或其他设备相结合的办法，以避免受制于任何一种能源供应。

4. 厨房设计工作流程

厨房设计工作流程如图 5-1 所示。

| 明确技术要求 厨房现场勘测 | → | 初步设计 阶　段 | → | 协调修改 阶　段 | → | 辅助设施的 设计阶段 |

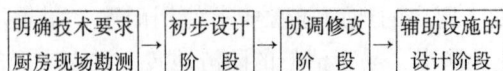

图 5-1　厨房设计工作流程

第一步：明确技术要求，厨房现场勘测。

确定厨房技术要求、提供厨房图纸和进行厨房现场勘测，企业向设计者提供详细的经营计划，提出对厨房的技术要求、所学设备、主营菜系、餐桌、餐位数量、面积使用设想、设备的档次要求、特别的技术等。

第二步：初步设计阶段。

此阶段主要是根据技术要求，进行初步流程规划与功能区域划分设计构想。在功能区域划分和设计布局的初步设计中，如发现与实际矛盾，应尽快协调，设计者与企业管理者、厨师长取得一致意见后再进行设备布局详尽设计，并对初步设计方案反复斟酌。

第三步：协调修改阶段。

根据反馈意见和讨论后取得的一致意见进行修改设计，修改后再次将方案提交审定。有时需要经过几次反复，最后才能确定方案。

第四步：辅助设施的设计阶段。

由于排烟通风系统与空调、水暖、消防、装修等，存在空间协调的矛盾，与本体建筑存在安装位置、荷载、预留烟道的问题，与周边建筑存在排放废气、噪声、安装借用空间等问题。所以，首先设计排烟通风系统。其次是上下水辅助设施，地沟、水管、阀门设计与设备位置密切相关，需要占用一定的空间。最后进行供电设施的设计。

（三）厨房的布局

厨房的合理布局就是根据厨房的建筑规模、形式、格局、生产流程及各部门作业区的关系，确定厨房各岗位的位置，以及设备和设施的分布。实施合理的布局，必须对诸多因素加以考虑，才能真正达到节省操作时间、减少生产人员的体力消耗、降低厨房的经营成本、保证餐饮产品质量的目的。

1. 布局应考虑的因素

厨房在布局时应考虑以下因素：

（1）厨房各作业区面积的大小，场地的形状、高度，门窗的位置。

（2）厨房能源管道的形状。厨房所用的能源关系到设备的选择和安装的位置，厨房管道现状也关系到设备和格局的合理性和安全性。

（3）厨房的投资费用。对厨房的投资多少直接影响布局的标准和设备的选用。

（4）厨房的生产功能。先要确定厨房的生产形式，是加工厨房还是烹调厨房，是中餐厨房还是西餐厨房，是宴会厨房还是快餐厨房，是制作粤菜还是川菜的厨房，不同的生产功能应有不同的布局要求。

（5）厨房所需的生产设备。厨房需要的设备的种类、型号、功能以及所需能源、占地面积、颜色等情况，决定着设备摆放的位置，影响着厨房的基本格局。

（6）应遵循有关法令和法规。比如，《中华人民共和国食品卫生法》对餐饮生产企业提出的卫生防疫、消防安全、环境卫生等方面的规定对厨房布局也有影响。

2. 实施布局的要求

厨房在实施布局时必须保证厨房布局的科学性、合理性与适用性。为此必须达到如下要求：

（1）保障生产流程的顺畅合理。在厨房的生产中，各道加工程序都应按顺序流向下一道工序走，应避免回流和交叉。

（2）保证厨房的生产人员能便利地使用各种必需的设备和用具，简化操作程序，缩短员工在生产中行走的路线。

（3）加强环境布置。要能为职工提供一个卫生、安全、舒适的工作场所，符合卫生法规、劳动保护和安全的要求。

（4）设备和设备的布局要便于清洁、维修和保养。

（5）保证生产不受特殊情况的影响。在能源的选择上，要尽可能地使用两种或两种以上的能源，以便替换使用。例如，在煤气管道因检修而停气时，要有其他能源保证生产的正常进行；在一条线路停电后，另一条线路要能保证正常的照明等。

（6）从长远的生产考虑，在整体布局时，对厨房的面积、内部的格局以及设备的选择等要根据发展规划留有一定的余地。

3. 厨房的具体布局和整体布局

（1）厨房的具体布局。厨房的具体布局是确定厨房生产各部门的具体位置，同时把根据生产需要所选定的设备、工具合理地组合到每一个操作点并分布在厨房内的过程。厨房布局是否科学与合理，关键在于厨房的有效功能的连接。主厨房是负责各分厨房所需原料的加工场所。各分厨房可根据生产计划书及菜单向主厨房领取净料或半成品。因此，主厨房要与原料的进货、验收、食品仓库、各类配套厨房、餐厅等有效地连接起来，以达到合理布局的要求。

布局时还要考虑到厨房的操作流程。只有这样才能真正保证厨房的各道工序的顺畅。

有效连接与操作流程畅通，都强调合理性。有效连接就是要把相关的部门有效地安排在一个连接点上，避免生产路线的交叉和物品的回流。操作流程畅通可以减少原料在生产过程中的囤积，减少人员和原料的流动距离，减少厨房工作人员对原料、用具、设备的使用次数和时间。强调操作流程的畅通，是为了充分地利用设备和厨房的空间，加强对各环节的控制，从而降低生产成本。

（2）厨房的整体布局。厨房的整体布局是对厨房整个生产系统的规划。中小型饭店的厨房通常是一个多功能的综合厨房；而大型饭店的厨房则由若干个分厨房组成，每一个分厨房既相互联系又相互独立。由于大型饭店分工较细，厨房的布局也大不一样。

厨房的整体布局应考虑以下几个方面：

1）人流走向。从员工上班、更衣到进入岗位，这条路线必须是畅通的。

2）物流走向。从原料的进货、验收、贮藏，到领料、发料、加工、切配、烹调，直至走菜，这条物流线也必须是畅通的。

3）各作业区的布局。后文会详细介绍。

4）厨房与餐厅的连接。厨房将菜肴烹制好后送至备餐间，再由服务员送上餐桌。在这一过程中，备餐间是不可忽视的，它是沟通前后的连接点。备餐间可放置一台制冰机和一台保温车，制冰机可以方便餐厅和厨房使用冰块，保温车用来对某些菜肴成品进行临时保温。洗涤区承担双重任务，一是洗涤烹调用具，二是洗涤餐厅用具。洗涤区并不一定要安排在备餐间，只要能达到方便服务员运送餐具、厨房用具洗涤等目的就可以。

5）食品仓库与验收处。食品仓库应尽可能靠近厨房，特别是验收处，以便于发料和贮存。有些原料（鲜活原料）无须进仓库，就直接进入厨房，因此，验收处应安排在路口或方便进货的地方。

6）厨师长办公室。厨师长办公室应尽量设在厨房内，其位置要能便利地观察到每一个作业区的工作状况，目的是：及时发现问题，并及时解决；便于在工作中进行指挥和协调；有效地控制食品成本；有效地填补各种工作程序漏洞。

4. 功能性作业区的布局

厨房生产系统是由若干个功能性的作业区组成的。各作业区由于生产功能的不同，其内部布局、所需设备等也不一样。因此，在对各作业区进行布局时，首先要考虑到各作业区的面积大小、场地的形状、设备的摆放位置，其次要考虑人员进出的通道、物流的方向等。

（1）加工贮藏区。厨房的加工贮藏区，是专门负责各厨房所需原料加工和贮藏的作业区。将验收、贮藏、加工安排在一条流程上，不仅缩短了货物的搬运距离，也方便了货物的贮藏、领料和加工。在加工区域的布局中将原料的精加工与初加工分开，将蔬菜加工与水产、禽肉类加工分开，可以防止交叉污染，提高工作效率。加工和切配应挨得近一些，以便于操作。

（2）点心制作区。点心制作区应紧靠炉灶区的蒸锅和烤炉，以便于点心的蒸制和烤制。

（3）炉灶区。炉灶的布局常见的有直线形布局、L形布局以及相对或相背形布局等。

1）直线形布局。直线形布局适用于中小型餐饮企业的厨房，所有主要的烹调工具、设备均作直线形布局，通常是依墙排列，置于一个长方形的通风排气罩下。直线形布局的厨房中，每位厨师按分工专门负责某一类菜肴的烹制，如粤菜厨房中分头炉、二炉、三炉……依次排列。这样布局的厨房既可以大大提高生产率，又可以保证菜肴的质量。目前，这种布局已被广泛地采用。

2）L形布局。当厨房面积、形状不便于对厨房的设备作直线形布局时，往往采用L形布局，炒灶、炖灶、低灶（用于制汤和摆放汤锅、汤桶的一种较低的炉灶）在一边，烤炉、蒸锅在另一边。这种布局能充分利用空间，节省厨房空间，同时厨师能便利地使用每一组设备，缩短行走路线。

3）相对或相背形布局。该类布局就是把炉灶和烹调用具背靠背地组合在厨房内，厨师相对而站进行操作，工作台安置在厨师的背后。这种布局下由于烹调设备相对比较集中，可以只使用一个通风排气罩，因而比较经济。但是，由于厨师在操作时需多次转身去取工具和原料，必须多走路才能使用其他设备等，因此这种布局不甚理想。

在经营实践中，由于受不同的企业规模、生产量的高低、厨房的功能和面积等因素的限制，厨房布局千变万化。但是，无论怎样进行布局，都必须以方便生产、降低投资费用、提高生产率和降低员工体能消耗为出发点。

5. 厨房具体环境的布局

厨房布局如果合理，厨师的工作效率就高。但是，厨房布局不仅要注意整体和局部的布局，而且要考虑到照明要求、室内温度控制、噪声控制和设备的摆放等具体环境的布局。

（1）照明要求。厨房在生产时，操作人员需要有充足的照明才能顺利地进行工作。特别是炉灶上，若照明不足，不仅会损害厨师的视力、降低生产质量，还会导致工伤事故的发生。良好的照明应该达到以下标准：

1）照度。整个厨房区域的照度不低于100勒克斯，主要工作区为200勒克斯。

2）光线分布。灯的安装必须注意光线分布，避免产生阴影，特别要注意当某些设备的顶盖掀起或打开柜门时不能遮住光线。灯光的颜色要自然，以免厨房员工看物品时失真。光线要稳定且柔和。

3）防止炫光。厨房设备光洁的表面在灯光下常常会产生耀眼的光线。应使用间接照明和漫射灯光，这样可以有效防止炫光。

4）安全、易清洁、易维修。厨房的照明，大多要安装保护罩，特别是炉灶区，灯管或灯泡瞬间受热易发生爆裂。因此，要经常仔细检查和维修照明灯具。在选择灯具时，还应该考虑到便于清洁和维修。

（2）室内温度控制。厨房的温度控制是布局中必须考虑到的一个因素。闷热的环境会导致厨房员工工作耐力的下降，容易使人感到疲劳且体力消耗大，还会使员工容易暴怒。一些饭店管理者已经对此予以关注，并采取了相应措施。比如，将中央空调安装在厨房（一些小厨房则安装分体空调），厨房的温度适宜，员工的生产效率自然会有很大的提高。

降低厨房温度还可在厨房设备和布局上下功夫。一是在厨房内安装抽风机、排油烟机、排风扇等，将厨房内的热空气、油烟气体及时排出；二是将烧烤间、蒸煮间与炉灶间相隔开，分散厨房散发的热量。但是，厨房内的温度过低也是不利的，如果厨师手脚受冻麻木，工作效率也会下降。厨房的适宜温度应为20℃左右。

（3）噪声控制。厨房是一个比较嘈杂的地方。噪声的来源主要有：一是炉灶上方排风扇的声响，二是炉灶内鼓风机的声响，三是餐具的碰撞声，四是各种敲打声，五是冷藏设备的机器工作声。噪声会分散人的注意力，使人血压升高，心情烦躁，听力下降，容易疲劳，从而使得工作效率降低，严重的会影响人的身体健康。消除噪声的措施是在墙壁或天花板上砌上消音砖或涂上消音漆，也可以改进厨房内的设备，以此降低噪声。降低噪声可以有效地提高生产率，降低事故的发生率，从而提高产品质量。

（4）设备的摆放。厨房各作业区的布局和设备的摆放既要考虑到生产流程的畅通，也要考虑到厨房人员身体的伸展幅度，以保证每位厨师拥有足够的工作空间并能便利地使用设备。一般来说，厨师在操作时，双手左右正常伸展幅度为1.15米，最大伸展幅度为1.75米左右。因此，工作台的大小、工具、用具的摆放位置都不应超出人体正常伸展的范围。

厨房设备的摆放除要考虑到使用方便、易于清洁保养外，还要考虑到厨房通道的位置和距离。厨房内的主要通道的宽度通常为1.6～1.8米，一般的通道不得窄于0.75米；如果要蹲下从柜台底下取东西，其通道不得窄于0.9～1米；如果通道的两侧都有人站在固定的位置上干活，其通道不得窄于1.6～2米。

三、厨房设备与生产管理

（一）厨房设备选购的原则

工欲善其事，必先利其器。厨房是食物制备的场所，所有加工、切割、烹调、储藏所需的各种设备都应配备齐全，以方便使用。厨房设备先进、齐全是厨师们的愿望，也为高品质菜肴生产所必需。因此，掌握厨房设备选择原则，了解各类设备性能，便成了现代厨房管理的必备内容。

厨房设备有的坚固耐用，有的细巧花俏，有的方便实用。因此，厨房设备选择应掌握安全、实用便利、经济可靠、发展革新等原则。

1. 安全性原则

安全是厨房生产的前提。厨房设备安全主要有以下三方面的含义：

第一，厨房环境即设备布局的环境决定了选择厨房设备必须充分考虑安全因素。厨房环境相对较差，大多厨房还免不了水、蒸汽、煤气以及空气湿度等对设备的不利影响。因此，厨房设备要选择防水、防火、耐高温，甚至防湿气干扰、防侵蚀性能先进的设备。

第二，厨房设备的安全性，要在设备牢靠、质量稳定的前提下，充分考虑厨师操作的安全。厨房设备不比客房、餐厅设备，使用人员大多为厨房员工。厨房员工大多是体力劳动者，劳动强度大，干活动作猛，力气大。因此，厨房设备要功能先进，操作简便，自身安全系数高，一般操作不易损坏才行。

第三，厨房设备要符合卫生安全的要求。厨房设备大多直接接触食品，其卫生安全对消费者的健康直接构成影响。因此，设备的用材、设备的操作及运用，都要考虑到对食品不构成直接或间接的污染。

2. 实用、便利性原则

实用、便利性是指选配厨房设备不应只注重外表新颖，或功能特别全面，而要考虑餐饮企业厨房的实际需要。设备应简单并可有效发挥其功能。设备的功能以实用、适用为原则，同时兼顾设备使用和维修保养的便利性。

3. 经济、可靠性原则

购置厨房设备必须考虑经济适用性。特别要对同类型厨房设备进行收益性分析和设备费用效益分析，力求以适当的投入，购置到效用最好、最适合本餐饮企业生产使用的设备。

4. 发展、革新原则

进入 21 世纪，选择配备的厨房设备应该有时代概念，选择功能适当超前的设备，切不可配备已经落伍、即将淘汰的设备。厨房选择的设备还要考虑到随着科学技术的不断进步、发展，能对其进行功能改造，升级换代。

（二）厨房主要设备

厨房设备按其功能来划分，可分为加工设备、加热设备、冷藏设备、排风设备、清洗设备、面点制作设备及其他设备。

1. 加工设备

（1）绞肉机。绞肉机是将整块肉料加工成肉末的机器，除了可以用于绞各种肉、鱼、虾外，还可用来绞蔬菜、面包粉等多种物料。

（2）切片机。切片机就是将原料加工成不同厚度的片形的一种加工机器，还可用于切肉片、鱼片、土豆片、姜片、面包片等。

（3）去皮机。去皮机是利用砂盘高速旋转打磨原料表面使其脱皮的机器，可用来加工土豆、生姜、芋头等，其优点是工效高、浪费小。

（4）锯骨机。锯骨机是用来分割大块带骨原料的机器。可用来分割火腿、大排、肋排、脚爪、牛排等带骨原料及冰冻大块原料。

（5）切碎机。切碎机又称多功能粉碎机，配有多种刀具，可以快速切出片、块等多种形状，还可以进行切剁、揉搓、粉碎等工作。用于加工肉片、肉蓉、鱼蓉、面包粉等。

2. 加热设备

（1）煤气炉灶。煤气炉灶其热源为煤气，现代厨房中中餐炉灶都由不锈钢材料制作，上下水道齐全，方便操作。

（2）汤灶。又称低灶，汤汁的火眼较低，灶面上设有放置汤锅的架子，汤锅为不锈钢或铝制的桶。该灶火势稳定，易于控制，适用于吊汤及煮制食物等。

（3）蒸汽灶。蒸汽灶一般由不锈钢底座、蒸汽盘管、蒸笼组成。蒸汽灶的气压便于调节，适用于蒸制各种菜肴和点心，也可用于食品保温。

（4）电烤箱。电烤箱是厨房中一种既卫生又方便的常用烹饪设备，具有工效高、耗电少、散热均衡、操作简便等特点。用途广泛，可用来烘、烤、蒸、煮、烧多种食品。

（5）微波炉。微波炉发热原理是利用磁控管产生高频微波振荡，使置于其中的食物分子变成持有正电荷与负电荷的双极子，并随着电场方向的高频变化而不断改变其排列方向。

3. 冷藏设备

（1）活动式冷库。饭店的冷库以活动式冷库居多，采用风冷式制冷原理。冷藏空间大，食品经速冻后保存期较长。

（2）冰箱。冰箱根据制冷的方式和制冷温度的不同，又可分为速冻柜、冷藏柜和冻藏柜等类型，以供储藏不同的食品。

（3）兼带工作台的冰箱。这类冰箱上面是不锈钢工作台，下面是冰箱，该类冰箱在冷菜间、配菜间等工作点常常见到，具有使用方便、易于清洁、节省厨房空间等优点。

（4）冷藏陈列柜。冷藏陈列柜又称冷藏展示柜，其柜门是用透明保温玻璃制成的，柜门两边有照明灯管，从外面可以直接看到内部的储存食物。这种冷柜一般温度在 2～5℃，多用于储存水果、糕点、冷菜及酒水等食品。

4. 通风排气设备

（1）气帘式排油烟罩。这种设备在抽吸油烟蒸汽的同时，在炉灶上方靠近操作人员处往下输出新鲜空气，形成"气帘"，防止油烟向外扩散，以增加排气效果。

（2）带循环水式排油烟罩。该设备顶部有一块为45度左右倾角的不锈钢板，循环自来水从板的背面流过，当高温的油烟和蒸汽被抽吸向上升腾时，遇到温度相对较低的不锈钢板，会凝结在其表面，形成油滴和水滴，沿倾斜的不锈钢板流进油污收集槽内被排出。

（三）厨房设备的管理措施

厨房设备管理的优劣不仅关系到设备的使用寿命、餐饮产品的质量和生产效率，同时还关系到使用者的人身安全及能源的节约。

1. 建立健全岗位责任制

厨房设备的管理应该做到定人、定岗、定部门，本着谁使用，谁负责清洁保养的原则。

2. 严格遵守操作规程

厨房设备的种类繁多，使用频率也很高，管理者应根据设备的不同特点和各种要求，对其使用方法、操作规程及注意事项做出规定。

3. 采取可靠的安全措施

（1）对厨房中不安全的工作部位要安装防护装置。如切片机的刀片、绞肉机的料斗等。

（2）在以电源作动力源或热源的设备上，要安装可靠的接地线和专用保险闸，以防触电等事故。

（3）在加热设备中，可安装温度自控装置，以免发生火灾。

（4）要定期检查和修理，及时更换易损零件，消除隐患（设备部件非专业人员不得随便拆卸）。

（5）对新上岗的人员应进行设备知识培训和安全教育，以免违章操作而发生事故。

（四）厨房生产管理

厨房产品的生产具有多工序、多环节的特点，这就要求必须加强厨房生产管理，根据生产不同阶段的特点，制定操作程序、操作标准，按序操作、按规格出品，及时灵活地对生产中出现的各类问题加以协调督导，以保证生产高效、有序地进行。厨房生产流程如图 5 - 2 所示。

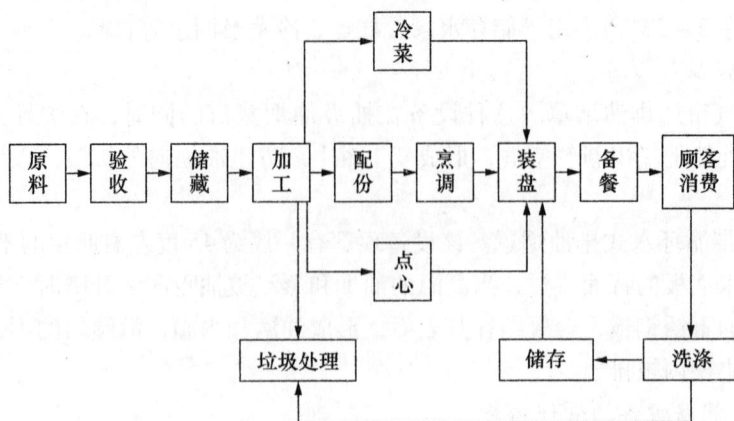

图 5 - 2　厨房生产流程

1. 原料加工阶段的管理

（1）原料加工质量管理。原料加工质量管理主要针对冰冻原料的解冻质量、原料的加工出净率。

冰冻原料解冻是指对冰冻状态的原料通过采取适当方法，将其恢复到新鲜、软嫩的状态，从而便于烹饪。解冻媒质温度要尽量低且要使解冻后的原料尽量减少汁液流失，保持其风味和营养。

原料加工出净率一般包括鲜活原料的净料率和干货原料的涨发率。原料的净料率、涨发率越高，原料的利用率也就越高。因此应提高原料加工出净率，降低菜肴单位成本。

原料加工质量直接影响菜肴成品的色、香、味、形及营养和卫生状况，同时还决定原料出净率的高低，对厨房菜点的成本产生直接影响。因此，应加强原料加工的质量管理。

（2）加工原料数量管理。加工数量应以销售预测为依据，以满足生产为前提，留有适当的储存周转量，避免加工过多而造成质量降低。

加工原料数量的确定过程主要是指：各配份、烹调厨房根据下餐或次日预订和客情预测提出加工成品数量要求；加工厨房收集、分类汇总各配份厨房加工原料，按各类原料的出净率、涨发率，推算出原始原料（即市场可购买状况原料）的数量，进而代表整个厨房向仓库或向采购部门申购。

2. 配份、烹调阶段的管理

（1）配份、烹调阶段的质量管理。菜肴配份与烹调同在一间厨房，是热菜成熟、成形阶段，虽属于两个岗位，可联系相当密切，沟通特别频繁。

配份就是将加工好的原料，包括已上浆的原料，按照主、配、调料的形式进行组合，并严格按照既定的数量标准进行搭配。配份阶段是决定每份菜肴的用料及其成本的关键，甚至生产的无用功（产品出去了，而无销售收入）也会在这里出现。因此，配份阶段的管理既为保证出品质量所需要，也为经营盈利所需要。

烹调阶段则是将已经配份好的主料、配料、料头，按照烹调程序进行烹制，使菜肴由原料阶段变成成品。烹调阶段是确定菜肴色泽、口味、形态、质地的关键，控制得好，出品质量可靠，节奏适宜；控制不力，出菜秩序紊乱，客人投诉增多，菜肴回炉返工率增加。因此烹调质量管理主要应从烹调厨师的操作规范、烹制数量、出菜速度、成菜口味、质地、温度，以及对失手菜肴的处理等几个方面加以督导、控制。

（2）配份、烹调阶段的数量管理。配份数量控制充分依靠、利用标准食谱规定的配份规格，养成用秤称量、论个计数的习惯。配份数量控制具有两方面的意义：一方面，它可以保证每份配出的菜肴数量合乎规格，成品饱满而不超标，既保证就餐顾客利益，又对企业的经营负责；另一方面，它又是成本控制的核心。

3. 冷菜、点心的生产管理

（1）冷菜、点心的质量与出品管理。中餐冷菜和西餐冷菜，都具有开胃、佐酒的功能，因此，对冷菜的风味和口味要求都比较高。

冷菜的风味要正，口味要准确，味美可口；为保持冷菜口味的一致性，有些品种的冷菜可以采用预先调制统一规格比例的冷菜调味汁、冷沙司的做法；冷菜装盘造型和色彩的搭配等要求很高，不同规格的宴会，冷菜应有不同的盛器及拼摆装盘方法，给客人以丰富多彩、不断变化的印象，同时也可突出宴请主题，调节就餐气氛。

点心对口味、造型要求较高，要求口味纯正，造型栩栩如生、玲珑别致。要求对点心质量加以严格控制，确保出品符合规定的质量标准，起到应有的效果。

冷菜与点心出品手续控制要健全，要按配菜出菜制度执行，严格防止和堵塞漏洞。开餐结束以后，所有出品订单，都应收集汇总，交至厨师长处，用以备查。

（2）冷菜、点心的数量管理。冷菜一般多以小型餐具盛装，其菜量并非越少就越细致美好，应以适量、饱满为宜。点心的分量和数量包括每份点心的个数和每份点心的用料及其主料、配料的配比。前者直接妨碍点心成本控制，后者随时影响点心的风味和质量，因此加强点心生产的分量和数量控制也是十分重要的。

控制冷菜、点心分量有效的做法是测试、规定各类冷菜及点心的生产和装盘规格标准，并督导执行。

4. 标准食谱的管理

标准食谱是以菜谱的形式，列出菜肴的用料配方，规定制作程序，明确装盘规格，标明成品的特点及质量标准。是厨房每道菜点生产全面的技术规定，是不同时期用于核算菜肴或点心成本的可靠依据。标准食谱如表5-6所示。

表5-6　标准食谱

食品名称			生产厨房	总分量	每份规格	日期
用料	单位	数量	日期：		日期：	
			单位成本	合计	单位成本	合计
合计						
菜式之预备及做法				特点及质量标准		

（1）标准食谱的内容。标准食谱的内容主要包括菜肴名称、原料名称、原料数量、制作程序、成品质量要求、盛器、装饰、成本、售价、使用设备、烹饪方法、制作批量、类别、序号等。

（2）标准食谱的作用。标准食谱的作用具体来讲，主要是预示产量、减少督导、高效率安排生产、减少劳动成本、可以随时测算每个菜的成本、程序书面化、分量标准、减少对存货控制的依靠等。

（3）标准食谱的制定步骤。标准食谱的制定步骤具体包括：确定主、配料原料及数量；规定调味料品种，试验确定每份用量；根据主、配、调味料用量，计算成本、毛利及售价；规定加工制作步骤；选定盛器，落实盘饰用料及式样；

明确产品特点及质量标准；填制标准食谱；按标准食谱培训员工，统一生产出品标准。

5. 厨房生产运作流程

厨房生产运作流程如图 5-3 所示。

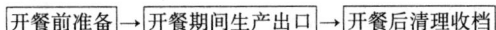

开餐前准备 → 开餐期间生产出口 → 开餐后清理收档

图 5-3　厨房生产运作流程

第一步：开餐前准备。

厨房进行有效、周到的开餐前准备是餐厅准时开餐、厨房及时提供优质出品的前提。调料、汤料添足、备齐；菜点装饰、点缀品到位；开餐餐具准备归位；检查炉火、照明、排烟状况，确保运行良好；垃圾用具清洁到位；员工衣帽穿戴整齐。

开餐期间列入菜单供应品种时常缺售，最直接的原因是餐前原料准备不充分、不到位。因此，应检查、落实厨房列入菜单经营品种的原料、半成品备量。当餐缺售和需要推销的菜品及时通报餐厅。

第二步：开餐期间生产出品。

检查、控制出品速度与次序，检查关照重点客情，督导配份规格与摆放，检查关注菜肴质量，检查协调冷菜、热菜、点心的出品衔接，督察出品手续与订单的妥善收管，强化餐中炉灶、工作台整洁与操作卫生管理，督导厨房出品与传菜部的配合，及时进行退换菜点处理，解决可能出现的推销和估清问题，抽查果盘质量。

第三步：开餐后清理收档。

收齐并上交所有出品订单，检查落实下一餐的准备工作，调料、汤料及时妥善收藏，对配菜所用的水养原料进行换水处理，检查水产品活养状况，防止原料变质，检查确保冰箱正常运行，督察炉灶、餐具的处理，及时进行彻底的垃圾及地沟等卫生处理，关闭水、电、气阀门，关锁门窗。

6. 厨房生产注意事项

（1）开餐前注意事项。在开餐前，厨房应向所有厨师通报客源情况，公布菜单；合理安排员工的工作；检查各班组的准备工作完成情况，发现问题及时解决。各班组应做的工作有：

1）加工组。将当日所需的蔬菜、禽类、水产等原料加工、分类、分级备用。

2）切配组。将已经预订的菜肴（如宴会、团队用餐等）及常用的零点菜肴切配好，并将常用的一些原料加工成丝、片、块、丁、花、茸等以作备用。

3）炉灶组。备齐烹制加工所需的各种调料，负责半成品和汤的制作。

4）冷菜组。制备熟食，切制待用冷菜，拼摆花色冷盘，准备所需的调配料。

5）点心组。制备常用的点心，备足当天所需的面和馅。

（2）开餐中注意事项。开餐过程中，厨房应遵循"以餐厅需要为依据，以炉灶为中心"的指导思想，根据客人需求及时烹制美味可口的菜肴。餐饮企业菜肴质量控制的措施主要有以下几方面：

1）提高厨师的质量意识。厨师的质量意识至关重要。较强的质量意识可以提高厨师的工作责任心并改善其工作态度。因此，餐饮企业必须定期开展质量教育，使所有的厨房工作人员树立标准化和专业化的观念并具有创新观念。

2）加强检查的力度。餐饮企业的各级管理人员在开餐时应抽查菜肴质量，发现问题及时解决。同时，餐厅的传菜员在取菜时应检查菜点质量，做到"五不取"，即数量不足的不取，温度不适的不取，颜色不正的不取，调、配料不全的不取，器皿不洁、破损或不符合规格的不取。应避免让菜肴的质量问题暴露在客人面前。

3）建立投诉反馈制度。一旦遇到客人投诉菜肴的质量问题，餐厅应该及时将问题反馈至厨房。厨房应先解决客人的问题，在此之后必须分析出现质量问题的原因，并提出解决问题的方法，以免今后出现类似的问题。

（3）要做好成本的核算与控制。厨房应根据核定的毛利率控制餐饮成本，在保证客人利益的前提下，尽量节约成本，并减少浪费。厨房工作人员应对所有原、辅材料进行成本核算，并对产品生产全过程进行成本控制。

四、厨房菜品的创新管理

菜品创新是餐饮业体现创新最直接的方式。创新是解决问题的方向，没有创新就不可能有发展。特别是在现代这种高速发展，资讯越来越平等的时代环境中，创新应该成为餐饮业界永恒的主题。对于餐饮企业来说，创新是它的活力之源，是其在激烈市场竞争中求生存、求发展的必然选择，更是其立身之本。餐饮企业在菜品创新过程中一定要遵循菜品创新的原则、菜品创新方法以及建立完善的菜品创新制度。

餐饮企业为了吸引客人和创造更多的利润，为了在激烈的竞争中站稳脚跟，就必须与时俱进，不断创新。但是，创新并不能想当然，菜品创新，途径很多，企业要根据自身情况具体分析，进行周密的规划和准备。

（一）菜品创新含义及原则

创新菜品随着社会的需要，在全国各地发展迅速，相当一部分创新菜点以新颖的造型、别致的口味被广泛应用，获得了良好的经济效益和社会效益，充分显示了创新菜存在和发展的价值。创新菜品除在原料、调料、调味手段以及名、形、味、器等方面要有突破外，同时要注意营养的合理性，使菜品更具有科学性和食用性。

1. 菜品创新的含义

菜品创新是在菜品研发过程中新构思、新观念的产生和运用的结果，是利用创造性思维，进行全面观察、研究、分析，并对收集的材料加以选择、提炼、设计、构思，再利用一定的原料和烹饪技法，通过加工创造出的新菜品。

2. 菜品创新的原则

（1）关注市场需求。市场是检验菜品的唯一标准，餐饮企业菜品创新应该以社会和市场的需求为前提，被社会和市场所认可，从而实现自身的价值和使用价值。在创新菜点的酝酿、研制阶段，首先要考虑到当前顾客比较感兴趣的东西。研制古代菜、乡土菜，要符合现代人的饮食需求；传统菜的翻新、民间菜的推出，要考虑到目标顾客的需要。在开发创新菜点时，也要从餐饮发展趋势、菜点消费走向上做文章。同时，要准确分析、预测未来饮食潮流，做好相应的开发工作，这就要求餐饮企业烹调工作人员要时刻研究消费者的价值观念、消费观念的变化趋势，去设计、创造，引导消费。

（2）关注顾客需求。对于餐饮业来说顾客就是市场，顾客是最权威、最直接的评判专家，厨师要跟着管理者走，管理者跟着市场走，以顾客的需求为导向进行菜品的创新。经调查，绝大多数顾客是坚持大众化的，为大多数消费者服务，这是菜肴创新的方向问题，创新菜的推出要坚持以大众化原料为基础。因此，创新菜的推广要立足于一些易取原料，要价廉物美，广大老百姓能够接受，其影响力必将十分深远。如近几年家常菜的风行，许多厨师在家常风味、大众菜肴上开辟新思路，创制出一系列的新品佳肴，如三鲜锅仔、黄豆猪手、双足煲、麻辣烫、剁椒鱼头、芦蒿炒臭干等，受到了各地客人的喜爱。

（3）食用为先，注重营养。可食性是菜品内在的主要特点。作为餐饮企业的创新菜品，只有消费者感到好吃，才有食用价值，而且越吃越想吃的菜，才会有生命力。不论什么菜，从选料、配菜到烹制的整个过程，都要考虑菜品做好后的可食性程度，应以适应顾客的口味为宗旨。

营养卫生是食品的最基本的条件，对于创新菜品更是应该首先考虑的。创新菜必须是卫生的、营养的。如今，饮食平衡、营养的观点已经深入人心，餐饮企业在设计创新菜品时，应充分利用营养配餐的原则，把设计创新成功的健康菜品作为吸引顾客的手段。

（4）易于操作。随着社会的发展，人们发现食品经过于繁复的工序、长时间的手工处理或加热处理后，食品的营养卫生大打折扣，因此创新菜品的烹制应简易，尽量减少工时耗费。另外，从经营的角度来看，过于繁复的工序也不适应现代经营的需要，现在的生活节奏加快了，客人在餐厅没有耐心等很长时间，菜品制作速度快，餐厅翻台率高，座次率自然上升。所以，创新菜的制作一定要考虑到简易省时，这样生产的效率才高，如上海的"糟钵头"、福建的"佛跳墙"、无锡的"酱汁排骨"等，都是经不断改良而满足现代经营需要的。

（二）菜品创新的类型

菜品创新的类型主要有全新的新菜品、改进的新菜品和仿制的新菜品，而对于大多数餐饮企业来讲，是以改进现有菜品为主要创新菜品。

1. 全新的新菜品

全新的新菜品是指采用新技术、新原料、新设备等开发出的崭新菜品，在市场上还没有可以与之相比较的菜品。这样的菜品虽然具有极强的竞争优势，但开发成本较高，耗费时间较长，而且由于菜品无专利保护，易于模仿。如传统菜"佛跳墙"最初产生时属于全新的新菜品。

2. 改进的新菜品

改进的新菜品是指在原有菜品的基础上，部分采用新原料或新技术、新造型等，使菜品的色、香、味、形有重大突破的菜品。改良的新菜品具有投入少、见效快等特点，且制作方便并能快速生产。如各类中西结合菜、地方菜融合菜品等属于改进的新菜品。

3. 仿制的新菜品

仿制的新菜品是指对市场上已经出现的产品引进或模仿，研制生产出的菜品。开发这种产品不需要太多的资金和高端的技术，因此研制起来要相对容易得多。但餐饮企业应注意对原产品的某些缺陷和不足及时加以改进，而不应全盘照抄。

（三）菜品创新的方法

1. 菜品原料的创新

烹饪原料是菜肴的物质基础，因此研发创新菜肴可以从原料的开发与选择入手。随着改革开放的步伐，烹饪原料不断从国际引进，有些菜品原料的搭配也要不断深化改革，一般要打破旧的传统观念，采用新、奇、特的烹饪原料，以突出原料创新菜。可以反映出操作者标新立异、独具匠心的创意观念。如"火烧冰激凌"，外脆里冻，外酥里软，深受欢迎。

2. 烹饪技法创新

烹饪技法几十种，每种都有不同的特点和区别，菜肴的色、香、味、形等主要靠烹调技法来实现。如精妙绝伦的中国刀工，手法灵活，形态多变；雕镂细刻，更是举世无双。利用刀工技法的变化，是研发创新菜品的一个途径。

3. 风味形态的创新

五味调和百味香，构成菜肴风味指标很多，改变其中任何一个风味指标，都可产生新的产品。风味创新一种是利用原料本身的味道，还有一种是采用多种原料复合的味道，一种是利用中西餐各种复合调味品改变原料的滋味，复合成美味菜肴。如四川的"水煮鳝片"到了江苏，厨师们降低了麻辣味的烈度，减少了辣油的用量，便形成了江苏的"水煮鳝片"。只要敢于变化，大胆设想，就能产生新、奇、特的风味菜品。

4. 组合搭配创新

原料组配形式和方法的变化，必然会导致菜肴的风味、形态等方面的变化。因此，对菜肴的研发创新要注重组配工艺的调节作用，发挥厨师的创造才能，实现菜肴品种的多样化。组配工艺是菜肴创新的基本手段，是一种十分活跃的创新方法。如利用更换配料、添加茶叶、添加水果、菜点组配等方法创新菜品。

5. 器皿创新

菜肴离不开器皿，而器皿衬托菜肴，菜肴千姿百态，而器皿也应随着菜肴变化无穷。从菜品器皿的变化中探讨创新的思路，打破传统的器皿配置方法，同样可以产生新菜品。企业可以利用菜品器具的变化、盛装方法的变化，利用特异的象形餐具等方面进行创新。如"雪花蜗牛斗"、"鹬蚌相争"，就是利用特异的象形餐具创新的菜品。

6. 装饰美化创新

当菜肴装盘后，如不能达到色、香、味、形的和谐统一，就需要对其进行美化处理。一盘美味的菜肴配上精美的器具，运用合理的装饰手法，可使整盘菜肴熠熠生辉，给消费者留下深刻的印象。因此，那些与众不同、精巧美观、惟妙惟肖的盘饰包装也是创新的一种途径。

（四）菜品创新的制度

现在很多企业的经营管理者都在强调一个主题——创新。这个主题虽然被反反复复的强调，却始终没有什么突破，归根结底是因为企业没有建立良好的创新制度。餐饮企业的厨师或研发人员创新了一道菜后并没有让企业的工作人员进行品尝，而是直接把客人当成试验品。

1. 建立奖赏制度

餐饮企业首先应该设计一个日常统计表，专门记录顾客满意或不满意的菜谱，以及各个菜品的销量、点击率等。统计的结果直接与厨师的奖罚挂钩。只要符合创新菜品，并在本店推出销售的，就应一次性地给予数量不等的奖励，作为企业购买新科技成果给予员工的补偿；对于一些销售效果特别突出的新菜品，该菜品赢得了较高的社会效益，企业应拿出丰厚的经济报酬作为奖励。

2. 建立看台制度

看台制度是指每餐必看。客人在就餐的时候，会与餐厅服务员沟通，服务员应该把客人的意见认真地记录下来，然后及时反馈给厨师长，收到信息之后应及时制定对策。如厨师长应与主力厨师分析顾客吃剩的菜品，等下次那位客人再次光临的时候，可请客人免费品尝改良之后的那道菜，让客人帮忙进行鉴定，让其再次提出菜品的不足与建议，企业再根据客人的建议进行完善。

3. 建立交流学习制度

餐饮企业应坚持把"引进来"、"走出去"与进修自学三者结合起来，以拓宽视野、提高素质，充实内功。如企业对于那些创新菜品成果突出的厨师，除了给予一定的奖励外，还优先安排公费到外地参加学习，参加各种类型的培训班，以提高业务水平。

4. 建立定期创新菜品制度

餐饮企业每位厨师每月应至少创新一至两道菜品，并接受顾客检验，企业对优秀厨师应给予大力表扬和物质鼓励，以此来鼓励厨师不断创新菜品。

（五）菜品创新的程序

菜品创新研发的一般程序如图 5－4 所示。

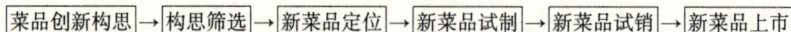

菜品创新构思 → 构思筛选 → 新菜品定位 → 新菜品试制 → 新菜品试销 → 新菜品上市

图 5－4　菜品创新研发的一般程序

第一步：菜品创新构思。

构思是菜肴创新研发的第一步，是餐饮企业根据市场需求和企业自身条件，充分考虑消费者的食用要求和竞争对手的动向等，有针对性地在一定范围内首次提出研发新菜品的设想。同时，要求管理者具备创新思维，其构思符合市场需求。

第二步：构思筛选。

构思筛选应根据新菜品开发的目标和所有实际开发能力，进行挑选、择优的一个工作过程。取得足够创意构思后，有必要对这些创意加以评估，研究其可行性。

第三步：新菜品定位。

新菜品构思通过筛选后，继续研究，使其进一步发展成菜品概念，对菜品概念进行测试，并了解消费者的反应，从中选择最佳产品概念。新菜品的设计定位直接影响到菜品的质量、成本、效益等方面，进而影响到餐饮企业菜品的竞争力。

第四步：新菜品试制。

所谓试制，就是由厨师等技术人员根据构思采用新的原料或烹饪方法，尝试着在外观、口感、营养等方面有所突破的新菜品。试制阶段是研发的主体阶段，是能否出新菜的关键时期。

第五步：新菜品试销。

新菜品试制成功后，需要投入市场，及时了解消费者的反应。此阶段就是将研发出的新菜品投入某个餐厅进行销售，然后观察市场反应，通过餐厅传达的信息，供制作者参考、分析和不断完善。经过试销反映好的菜品就可以正式生产和投放市场。

第六步：新菜品上市。

在试销阶段，消费者反应较好的新菜品就可以列入企业菜单，正式对外销售。但新菜品上市后，应加强跟踪管理，观察统计其销售情况，通过多种渠道搜集资料，根据信息和资料分析菜品存在的问题，不断完善新菜品。

第六章　厨房卫生与安全管理

一、厨房卫生管理

厨房卫生管理就是要保证食品在选择、生产和销售的全过程中都处于安全状态。由于厨房加工生产的菜品是供就餐客人直接食用的，如果不能保持菜肴、面点等食品的良好卫生状况，会在进餐者食用时产生种种不良的影响，其结果是可想而知的。因此，厨房的卫生管理与控制必须是全方位的、严格的，不能有半点马虎。从厨房的环境卫生到厨房的设备设施卫生以及厨师的个人卫生，都应该始终如一地保持清洁、无菌、无毒的良好状态。为了保证厨房生产出来的产品具有安全性，采购的食品原料必须是未受污染、不带病菌的，食品原料须在卫生许可的条件下贮藏；厨房在食品生产的过程中必须符合卫生条件；厨房环境设备等要求清洁，厨房生产人员须达到相关的健康标准。在销售过程中，要时刻防止污染，将食品安全可靠地提供给客人。因此，一切接触食品的有关人员和管理者，在食品生产过程中必须自始至终地遵守卫生准则。

（一）厨房环境的卫生控制

厨房环境的卫生是指菜品加工过程中的空间环境，一般包括室内卫生、废弃物处理情况、员工洗手间和厨房室外的环境卫生等，如果厨房环境清洁处理达不到卫生标准，不仅会造成菜品加工过程的污染，也会影响加工人员的身体健康。

（1）在选址时，要考虑以下两个因素：一是要注意防止周围企业对厨房环境的污染，尽量避开排放"三废"（废水、废渣、废气）的企业；二是厨房最好不要设在地下室，因为地下室不利于通风、采光、排放烟尘和防潮，食品也极易霉烂变质。

（2）厨房要有消除苍蝇、老鼠、蟑螂和其他有害昆虫及其滋生条件的措施。

（3）每一个厨房对垃圾和废物的处理都必须符合卫生的规程。室外的垃圾箱要易于清理，要防止虫、鼠的进入，防止污水的渗漏，并按时处理，以保护周围环境不受气味、害虫和细菌的污染。厨房内的垃圾桶（箱）必须加盖，并要有足够的容量来盛装垃圾，必须按照卫生要求进行袋装化管理，并及时清理和清洗，桶、箱内外要用热水、清洁剂清洗。这项工作要安排在适当的时间进行。

（4）室内建筑环境卫生。室内建筑环境包括地面、天花、墙壁、下水道、门窗等与建筑紧密结合的设施。这些设施如果不能保持良好的卫生状况，就会对厨房的整体卫生产生严重的影响，甚至对食品的加工卫生构成威胁。因此，厨房室内必须要经常进行清洁、清洗和消毒处理。

（5）厨房环境卫生指标。这里所说的厨房环境指标是指对厨房卫生直接产生影响的一些因素，如设备的摆放与卫生，通风照明、温度湿度及对空气、细菌含量等方面的规定。而厨房卫生指标是指国家有关部门对厨房内食品加工的一些具体的卫生要求。

（二）厨房各作业区的卫生控制

1. 炉灶作业区

（1）每日开餐前彻底清洗炒锅、手勺、笊篱、抹布等用品，检查调味罐内的调料是否变质。淀粉要经常换水；油钵要每日过滤一次；新油、老油（使用时间较长、油色深黄或发黑的油）要分开存放；酱油、醋、料酒等调味罐不可一次投放过多，常用常添，以防变质及挥发；精盐、食糖、味精等要注意防潮、防污染，开餐结束后调味容器都应加盖。

（2）食品原料在符合菜肴烹调要求的前提下，要充分烧透、煮透，防止外熟里生，达不到杀灭细菌的目的。

（3）切配和烹调要实行双盘制。配菜应使用专用配菜盘、碗，当原料下锅后应当及时撤掉，换用消毒后的盘、碗盛装烹调成熟后的菜肴。

（4）在烹调操作时，试尝口味应使用小碗和汤匙，尝后余汁切忌倒入锅内。用手勺尝味时，手勺须清洁后再用。

（5）营业结束后，清洁用具，归位摆放，清洗汤锅，清理调料。

（6）每日用洗涤剂擦拭、清洗吸烟罩和灶面的油渍与污垢，做到卫生、光洁、无油腻。清理烤箱、蒸笼内的剩余食品，去除烤盘内的油污，放尽蒸笼锅内的水。

2. 配菜间

（1）每日开餐前，彻底清理所属冰箱，检查原料是否变质。

（2）刀、砧板、抹布、配菜盘等用具要清洁，做到无污迹，无异味。

（3）配料、小料要分别盛装，摆放整齐，配料的水盆要定时换水。需冷藏保鲜的食品原料应放置在相应的冰箱内。

（4）在开启罐头食品时，首先要把罐头表面清洁一下，再用专用开启刀打开，切忌用其他工具开启罐头，以免金属或玻璃碎片掉入。玻璃罐头食品若开启时玻璃破碎，则不能食用。

（5）配菜过程中，随时注意食品原料的新鲜度及卫生状况，认真配菜，严格把关。

（6）营业结束后，各种用具要及时清洁，归位放置，剩余的食品原料按不同的贮藏要求分别储存。

3. 冷菜间

（1）冷菜间要做到专人、专用具、专用冰箱，并要有紫外线消毒设备。防蝇、防尘设备要健全且良好。

（2）每日清理所属冰箱，注意食品的卫生状况，生、熟食品要分别放置。

（3）刀、砧板、抹布、餐具等用具要彻底清洗，消毒后再使用，抹布要经常搓洗，不能一布多用，以免交叉污染。

（4）要严格操作规程，做到生、熟食品的刀、砧板、盛器、抹布等严格分开，不能混用。尤其在制作凉拌菜、冷荤菜时，一定要用经过消毒处理的专用工具制作，防止交叉污染。员工在进行冷盘切配操作时应戴口罩。

（5）营业结束后，各种调味汁和食品原料要放置在相应的冰箱内贮藏，用具彻底清洗，归位摆放，工作台应保持清洁、光亮、无油污。一些机械设备如切片机要拆卸清洗，彻底清除食物残渣，以防机械损坏和设备污染。

4. 点心间

（1）保证各种原料和馅料的新鲜、卫生，定时检查所属冰箱。

（2）刀、砧板、面案要保持清洁，抹布白净，各种花色模具、面杖应随随清洁，以防面粉、油渍等残留物腐败而影响使用寿命和污染食品。

（3）营业结束后，清洗各类用具，归位摆放。放尽蒸笼锅内的水，取出剩余食物，用干净的布擦净油污和水分，清除滴入笼底的油脂。切断烤箱电源，取出剩余食物，清洗烤盘，擦干水。清理灶面上的调料和用具，清洁灶面、吸烟罩。各类馅料、原料按不同贮藏要求分别放入冰箱。

5. 粗加工间

（1）刀、砧板、工作台面、抹布要保持清洁，及时清除解冻水池、洗涤水池的物料和垃圾，以防堵塞。

（2）购进的各类食品原料，要按不同要求分类加工，对于容易腐败变质的原料，应尽量缩短其加工和暴露在高温下的时间。解冻原料时，要注意以下三点：一是要采用正确的方法；二是要迅速解冻；三是各类食品的原料应分别解冻，切不可混在一起解冻。加工后的原料应分别盛装，再用保鲜膜封存，放入相应的冷库待用。

（3）食品原料放入冷库后，应分类摆放在不同的食品架上，以便于取用。冷库要及时清除地面的污渍、积水，定时整理食品架，食物不得超期存放。一般来说，当天需取用的原料应存放于冷藏库（2℃~5℃），存放时间不得超过24小时；贮存较长时间的原料则应标明日期存放于冻藏库（−18℃～−23℃）。取用原料时，应遵循"先存先用"的原则，不得随意取用。

（4）各类食品机械如锯骨机、刨片机、绞肉机、去皮机等，使用完毕后，应去除食物残渣，及时清洁，使之处于最佳使用状态。

（三）厨房生产设备与用具卫生

1. 厨房设备设施卫生

厨房是企业用于一切菜品加工的主要场所。厨房是加工菜品的地方，厨房环境的好坏、烹饪设备与用具等的卫生安全程度都会直接对菜品的卫生安全产生影响。因此，厨房的环境卫生、烹饪设备及各种用具的卫生就显得非常重要。厨房设备设施卫生主要包括以下几个方面：

（1）下水通道的卫生；

（2）油烟排风设备卫生；

（3）备餐间卫生；

（4）冰柜使用卫生。

2. 厨房用具卫生要求

厨房内有各种各样的用具，如果管理或使用不当，同样会使本来干净的菜品原料被有害物质污染，因此，烹饪用具的卫生安全也是不可忽视的一个环节。

厨房里的烹饪用具种类繁多、用途不一，主要有灶台用具、砧板用具以及划菜台和其他用具。灶台用具如调料盆罐、手勺、炊帚、锅铲、漏网、漏勺等，砧板使用的用具如木墩、案板、各种刀具、配菜盘等，在每次使用结束后都要进行洗净与消毒处理。

（1）灶上用具卫生。炉灶特别是炒菜灶上的烹饪用具，品种比较繁多，常用的就有炒锅（或勺）、锅铲、铁筷子、漏勺（漏网）、锅垫、油缸等，一般都是金属制品，所以是比较容易清洗的。

（2）调理台用具卫生。调理台的用具也很多，有盛装生料的料盘及盛装各种调味品的料罐。这些用具是非常容易形成交叉污染的，因此每餐用后一定要进行严格的清洗消毒处理。特别是盛装调料的盆罐，收台时，必须将剩余的调料倒出，把料罐进行认真的清洗，消毒后放置专门的柜内存放。

（3）砧板卫生。用于切割食品原料的砧板，也叫菜墩、菜板，若是使用不当，或者未清洗干净，很容易导致食品原料与饭菜成品污染，尤其会导致交叉污染，因此必须加强对砧板的卫生清洁管理。

（4）餐具卫生。所有的餐具不仅要经过清洗冲刷，还必须经过严格的消毒处理，尤其是尚未使用洗碗机的厨房更要严格执行消毒管理。

（5）抹布卫生。在厨房所有的工具中，厨师手中的抹布是使用频率最高，也是卫生状况最差的。抹布是厨师手中最容易造成微生物传播与污染的用具，厨房有些菜品形成的有害物质的交叉污染就有很多是由厨师手中的抹布引起的，因此必须保证抹布的清洁卫生，一定要严格执行消毒管理。

（6）卫生用具卫生。所谓卫生用具是指厨房在整理打扫卫生所使用的各种工具，这些卫生工具如毛刷、拖把、笤帚、铁簸箕、洗涤剂等如不能妥善处理，也会造成污染。因此，厨房所使用的各种卫生工具必须由专人负责管理，每次用完后一定要清洗干净、消毒后晾干，于厨房以外的专门位置存放，不得放在厨房内。

（四）菜点食品卫生

1. 菜品原料腐败变质的概念

细菌污染食品及引起的腐败变质，是食品卫生工作中经常遇到的问题。

所谓腐败变质是指食品在微生物为主的各种因素的作用下，降低或失去食用价值的一切变化，称为食品的腐败变质。

从狭义的专业层面看，腐败变质是指在厌氧菌的作用下，食品中的蛋白质分解产生臭恶气味为主的变化过程。而在食品加工、菜品加工范畴内，是泛指一切使食品臭恶、霉烂，导致不能食用的变化过程。

2. 菜品原料腐败变质的原因

原料腐败变质的原因是多方面的，一般可从食品本身、微生物污染和环境因素三个方面来考虑。

3. 食品腐败变质的危害

食品腐败变质时，因组织的改变与崩溃会产生黏液，出现颜色异常或强烈的刺激气味与特殊的味道等。如蛋白质腐败形成的有机胺类、硫化氢、粪臭等。但腐败变质的食品对人体健康的威胁，主要是微生物污染的问题。腐败变质的食品有可能存在大量的病原菌，包括致病菌或致病性大肠杆菌或产毒霉菌等，食用后会引起食物中毒或消化道传染病等。

此外，食品腐败变质过程中，其他一些分解产物，如一些鱼类的组织胺也可引起食物中毒，因此，应该重视食品腐败变质对人体健康的危害性。

4. 防止食品腐败变质的措施

控制食品腐败变质的预防措施，主要是减少或消除微生物的污染和控制微生物的繁殖。为此，在食品生产、加工、运输、储存和销售的各个环节中，要保证食品所接触的环境清洁、卫生，尽可能地减少微生物对食品污染的机会，对食品采取抑菌或灭菌的措施，抑制酶活动等，以达到防止或延缓食品质量的变化。

（五）菜品加工过程的卫生要求

菜品制作过程中的卫生要求，一方面要注意最大限度地减少污染，同时还要避免异物的混入，另一方面要注意保护原料的营养元素不受破坏。具体要求如下：

1. 对原料进行严格的卫生质量检验

餐饮业应对准备加工的食品原料、半成品进行感官检查，必要的时候要对批量的食品原料进行理化检验，不符合国家卫生标准的原料一律不能进行烹调加工。虽然，近几年来国家有关部门和许多地方的行政管理部门对食品原料中的一些有害物质的含量进行了严格的限制，但对于餐饮企业来说，还应在严格执行的基础上，把好控制关。

2. 科学解冻食品原料

冷冻的食品原料目前在餐饮业中使用极为广泛，但有些从业人员在原料的解冻过程中存在许多问题。一般来说，解冻冷冻的食品原料是一个十分缓慢的过程，解冻后的食品原料应一次使用完，不准二次冻结，以免影响原料的质量。

3. 加热过程严格控制火候

菜品在烹制加热过程中，是最容易形成有害物质的，因此要特别注意控制加热时火力的强弱与加热时间的长短，要尽可能注意不要把菜品烧焦或烤煳，以防止化学性污染物的形成。如果不慎将菜品烧焦，应在食用前除去烧焦部位。

4. 菜品加热时用火均匀

菜品制作加热时，应使原料均匀受热，尤其要注意块大、形整及较厚的菜品，一定要烧熟煎透，防止外熟里生，甚至外焦煳而内不熟的现象发生，不得使半生半熟的菜品过夜，从根本上保证菜品的卫生质量。

5. 生、熟食品分开存放

无论是菜品的加工烹制，还是菜品原料及菜品成品的存放，都应严格执行生熟食品隔离的原则，以防止食品的交叉污染，避免熟的菜品食品被生的食品原料污染。另外，熟的菜品食品与半成品在存放时还要用天然冰分开。

6. 尽量缩短加工时间

有些菜品的制作过程比较复杂，有时需要很长的时间，如冷荤菜肴的拼摆过程往往需要几个小时。由于菜品食品长时间暴露在空气中，加之手工操作与各种工具的使用，会使菜品在过长的加工时间中被污染。因此，从业人员应特别注意菜品的加工时间，使其尽可能缩短，尤其是冷荤菜肴的制作。要做到随制随销、现做现卖、以销定产的原则，有的必须隔夜的菜品制品或半成品，在食用前必须充分加热，经严格的杀菌消毒后才能销售或食用。

7. 保持良好的环境卫生

做好菜品加工制作场地和用具的清洁消毒工作，保持室内空气新鲜，严防尘土飞扬，熟食品存放时应加罩或盖，以防微生物污染，凡接触过或盛放过熟食制品的用具和盛器，要做到每使用一次消毒一次。

8. 严格装盘时的卫生要求

菜品食品装盘之前，盛器必须经过严格的洗净消毒处理，装盘时手要保持清洁，并且不要与菜肴发生接触，装盘时还要防止菜肴和卤汁外溢，如果溢出盘外，一般不要用抹布擦拭盘边，正确的处理方法是另换一只盘盛装。

9. 妥善保管剩余原料

对已打开的并已使用的经过严格卫生包装的食品原料及半成品，以及冲制后的蛋、乳制品及其糊浆、调料汁等原料，预制时尽可能根据当天业务量的需要加工，有些允许现制现用的可以随时根据需要加工或开启包装，应一次使用完为妥。对剩余的部分原料应对其清理油渍或复加热后，盛专用设备中入冰箱保管，防止变味变质。

10. 加强从业人员个人卫生管理

所有从事菜品加工的烹饪工作人员都应树立良好的职业道德观念，坚持客人安全第一的理念，在进行菜品加工的过程中，一定要把个人的卫生保持好，严格要求自己，加强个人的卫生管理，以确保菜品的卫生质量与就餐者的健康安全。

（六）厨房工作人员的卫生要求

由于厨房工作人员的作业对象是菜品等食品的加工或是菜品消费过程的服务，其中心点是围绕以菜品等食品为内容从事的活动，因此，当厨房工作人员自身的卫生不达标或在从事菜品加工过程中不能按规定的卫生安全标准去执行时，就会首先使菜品的卫生受到影响，甚至造成菜品被直接或间接污染，给消费者的身体健康或安全带来危害。所以，对厨房工作人员的卫生安全标准必须做出严格而明确的规定，并使厨房工作人员在从事厨房工作时能得到落实与执行。

1. 厨房工作人员的卫生要求

一般来说，对厨房工作人员的卫生要求是最为严格的，因为厨房工作人员，也就是厨师在工作中每时每刻都在与菜品等食品打交道，对菜品的卫生影响最为直接。为确保就餐客人的就餐卫生安全，必须对厨房工作人员的卫生要求做出严格的规定。

（1）厨房工作人员必须持有国家卫生防疫部门颁发的健康证书。

（2）熟悉《中华人民共和国食品卫生法》的相关内容，并能在工作中严格执行。

（3）养成良好的个人卫生习惯，加强个人卫生管理。良好的个人卫生习惯包括以下几点：

1）每天洗澡、换衣服；

2）每天刷牙，并尽量在每次用餐后刷牙；

3）工作时，头发必须清洁、无异味和无头屑；

4）必须养成经常洗手的习惯，并严格按科学的洗手方法进行；

5）能够很好地保持手部的干净卫生，如剪指甲等；

6）要改掉工作中挖耳朵、摸鼻子、搔头发等不良习惯；

7）不在厨房里吸烟等。

（4）加强操作规程中的卫生管理，确保菜品符合卫生要求。

2. 加强个人卫生健康管理

厨房工作人员的个人卫生健康管理，是厨房卫生安全的基础内容，也是厨房卫生健全发展的基本点。《中华人民共和国食品卫生法》中的第二十六条对此有明确的规定，"食品生产经营人员每年必须进行健康检查；新参加工作和临时参加工作的食品生产经营人员必须进行健康检查，取得健康证明后方可参加工作"。本条款还明确规定："凡患有痢疾、伤寒、病毒性肝炎等消化道传染病（包括病原携带者），活动性肺结核，化脓性或者渗出性皮肤病以及其他有碍食品卫生的疾病，不得参加接触直接入口食品的工作。"

这就非常明确地规定了所有食品和厨房工作人员必须接受国家卫生防疫管理监督机构的健康查体，而且工作人员的健康查体还分为新进人员的查体和对原从事食品行业人员的定期健康检查。只有这样才能使工作人员随时了解自己的健康状况，保证厨房工作人员自身的身体健康，进而确保厨房消费者的卫生安全。

3. 培养良好的工作卫生习惯

从严格的卫生安全意义上看，从事厨房菜品加工的工作人员，必须养成良好的工作卫生习惯。厨房则应该加强对工作人员卫生的管理，这样可以防止工作人员因不良的工作习惯与意外疏忽而导致菜品、餐具、器具等遭受有害物质的污染，确保菜品的卫生安全。

（七）其他环节的卫生控制

（1）采购人员必须对所采购的物品负责。保证食品原料处于良好的卫生状态，没有腐败变质和受到污染。食品的来源必须符合有关卫生标准和要求，凡不是正式食品加工机构加工的罐头、袋装或密封的食品，禁止购买，禁止使用。对无商标、无生产厂家、无生产日期的食品也应禁止采购。

（2）建立严格的验收制度，指定专人负责验收，当发现有不符合卫生要求的原料时，应拒绝接受，并追究采购人员的责任。

（3）合理贮藏，保证原料质量。贮藏室的卫生要做到"四勤"（勤打扫、勤检查、勤整理、勤翻晒），"五无"（无虫蝇、无鼠害、无蟑螂、无蜘蛛网和灰尘、无污水），"二分开"（生熟分开、干湿分开），防止污染。

（4）厨房工作人员要做到不领用、不加工腐败变质的食品原料，烹调时严格遵守卫生要求，保证菜品质量。

（5）原料加工场地要与生产和销售场地隔离，杜绝交叉污染。

（6）用具、餐具、炊具都必须进行严格的消毒。要求做到"一刮、二洗、三冲、四消毒、五保洁"：一刮是指要刮去残羹剩料；二洗是指要用洗涤剂洗去油污；三冲是指用清水冲洗；四消毒是指要用沸水、蒸汽、电子消毒箱或药物进行消毒；五保洁是指防尘、防污染。

（7）禁止闲杂人员进入厨房。

（八）卫生管理的其他内容

（1）认真落实卫生责任制，层层把好卫生关。管理者要经常进行检查和监督，及时处理违反卫生条例的行为。

（2）正确处理卫生工作与生产经营获利之间的关系。

（3）加强卫生监测手段，充分发挥食品化验室的作用。

（4）长期开展卫生培训，学习国家卫生法规，开展职业道德教育，增强卫生意识，对新员工要进行上岗前的卫生培训，经考核且成绩合格者才能正式上岗工作。

二、厨房安全管理

厨房安全通常是指避免任何有害于企业、宾客及员工的事故发生。事故一般都是因人们粗心大意而造成的，事故往往具有不可估计和不可预料性，执行安全措施，提高安全意识，可以减少或避免事故的发生。因此，无论是管理者还是每一位员工，都必须努力遵守安全操作规程，并具有承担维护安全的义务。

（一）厨房安全管理的目的

厨房安全管理的目的就是要消除不安全因素、事故的隐患，保障厨房工作人员的人身安全和厨房的财产不受损失。厨房不安全因素主要来自主、客观两个方面：主观方面是指员工思想上的麻痹，违反安全操作规程及管理混乱；客观方面是指厨房本身工作环境较差，设备、器具繁杂无序。针对上述情况，可以从以下几个方面来加强安全管理：

（1）加强对员工的安全知识培训，克服主观麻痹思想，强化安全意识。未经培训的员工不得上岗操作。

（2）建立健全各项安全制度，使各项安全措施制度化、程序化。特别是要建立防火安全制度，做到有章可循，责任到人。

（3）保持工作区域的环境卫生，保证设备处于最佳运行状态。对各种厨房设备采用定位管理等科学管理方法，保证工作程序的规范化、科学化。

（二）厨房安全管理的主要任务

厨房安全管理的任务就是实施安全监督和检查机制。通过细致的监督和检查使员工养成安全操作的习惯，确保厨房设备和设施的正确运行，以避免事故的发生。安全检查工作的重点可以放在厨房安全操作程序检查和厨房设备检查这两个方面。

使用厨房安全检查表（见表6-1），既便于管理者在工作中进行督导，也便

表6-1　厨房安全检查

区域	检查内容	是	否	备注
加工区域	地面是否平整、光滑，有无积水			
	下水道上的铁盖板是否俱全			
	水池是否畅通，水龙头是否漏水或损坏			
	垃圾箱是否有盖，是否每天有专人倾倒和清理			
	工作台、货架是否摆放平稳			
	砧板是否每天清洁并摆放好			
	各种加工设备是否已清洁、保养			
	电灯光照是否全面，检查亮度和高度的情况			
	员工的各种刀具是否安全存放			
烹调操作区	各种煤气炉灶的阀门、开关是否漏气			
	电器设备是否有专用的插座，电线的容量是否够用			
	机械设备是否妥善接通地线，开关、插座有无漏电			
	电器开关、插座是否安装在使用较方便处			
	厨房地面是否平整、清洁、干燥			
	员工是否学会操作各种机械设备			
	员工是否遵守安全操作规程			
	员工是否按规定着装上班			
	厨房过道上有无障碍物			
	各种厨房用具是否安全摆放到位			
	厨房内使用的清洁剂是否有专柜存放			
	员工是否知晓清洁剂的使用方法			
	烹调操作间的电灯有无安全罩，光照亮度是否充足			
	厨房的门窗是否开启自如，有无松动或掉落的可能			
	厨房到餐厅的过道门是否完好，进出门是否分开			
	厨房内各种消防器材是否齐备，是否够用			
	消防器材有无专人保管，是否定期进行检查			
	每位员工对消防器材是否熟悉，是否会用			
	厨房火灾报警器是否安装，是否有效			
	厨房煤气阀、煤气罐附近是否有醒目的防火标记			
	厨房的能源阀门、开关、插头等是否有专人负责检查			
	厨房内有无医疗箱，常见的外用药品是否齐备			
	厨房的各种钥匙是否有专人保管			

于新老员工较快地掌握检查内容，在思想上引起高度的重视，从而在日常的工作中自觉地遵守安全规程，服从安全检查。

各厨房可以根据实际情况，制定更细致、更全面的厨房安全检查表，以督促、规范员工的工作。事实上，厨房的安全工作还需要工程部、安全保卫部等各部门的密切配合，从"大处着眼，小处着手"，持之以恒，常抓不懈，才能真正达到预期的效果。

（三）常见事故的预防

厨房的常见事故有割伤、跌伤、砸伤、扭伤、烧烫伤、触电、盗窃、火灾等。

1. 防割伤

割伤，通常是因使用刀具和电动设备不当或不正确而造成的。具体的预防措施如下：

（1）在使用各种刀具时，注意力要集中，方法要正确。

（2）刀具等所有切割工具应当保持锋利。在实际工作中，钝刀更容易伤手。

（3）操作时，不得用刀具指东划西，不得将刀具随意乱放，更不能拿着刀具边走路边甩动膀子，以免刀口划伤人。

（4）不要将刀具放在工作台或砧板的边缘，以免因震动滑落而砸到脚。一旦发现刀具掉落，切不可用手去接拿。

（5）清洗刀具时，要一件件进行，切不可将刀具浸没在放满水的洗涤池中。

（6）禁止拿着刀具打闹。

（7）在没有学会如何使用某一机械设备之前，不要随意地开动它。

（8）在使用具有危险性的设备（如绞肉机或搅拌机）之前，必须先明确设备装置是否到位。

（9）在清洗设备时，要先切断电源再清洗，清洁锐利的刀片时要格外谨慎，洗擦时要将抹布折叠到一定的厚度，由里向外擦。

（10）厨房内如有破碎的玻璃器具和陶瓷器皿，要及时用扫帚处理掉，不要用手去清理。

（11）发现工作区域有暴露的铁皮角、金属丝头、铁钉之类的东西，要及时敲掉或取下，以免划伤人。

2. 防跌伤和砸伤

由于厨房内地面潮湿、油腻、行走通道狭窄、搬运的货物较重等因素，非常容易造成跌伤和砸伤事故。具体的预防措施如下：

（1）工作区域及周围地面要保持清洁、干燥。油、汤、水洒在地面后，要立即擦掉，尤其是在炉灶操作区。

（2）厨师的工作鞋要有防滑功能，不得穿薄底鞋、已磨损的鞋、高跟鞋、拖鞋、凉鞋。平时所穿的鞋，脚趾、脚后跟不得外露，鞋带要系紧。

（3）所有通道和工作区域内应没有障碍物，橱柜的抽屉和柜门应当关闭。

（4）不要把较重的箱子、盒子或砖块等留在可能掉下来会砸伤人的地方。

（5）厨房内员工来回行走的路线要明确，尽量避免交叉相撞等。

（6）存取高处物品时，应当使用专门的梯子，用纸箱或椅子来代替是不安全的。过重的物品不能放在高处。

3. 防扭伤

扭伤也是厨房较常见的一种事故，大多数是因搬运超重的货物或搬运方法不恰当而造成的。具体的预防措施如下：

（1）搬运重物前，要先估计自己是否能搬动，搬不动应请人帮忙或使用搬运工具，切忌勉强或逞能。

（2）抬举重物时，背部要挺直，膝盖弯曲，要用腿力来支撑，而不能用背力。

（3）抬举重物时，要缓缓举起，使所举物件紧靠身体，不要骤然一下猛举。

（4）抬举重物时，如有必要可以小步挪动脚步，最好不要扭转身体，以防扭腰。

（5）搬运时要当心手被挤伤或压伤。

（6）尽可能借助搬运工具来搬运。

4. 防烧烫伤

烧烫伤通常是因员工接触高温食物或设备、用具时不注意防护而引起的。具体的预防措施如下：

（1）在烤、烧、蒸、煮等设备的周围应留出足够的空间，以免因空间拥挤、避让不及而烫伤。

（2）在拿取温度较高的烤盘、铁锅或其他工具时，手上应垫上一层厚抹布。同时，双手要清洁且无油腻，以免打滑。撤下的热烫的烤盘、铁锅等工具应及时作降温处理，不得随意放置。

（3）在使用油锅或油炸炉时，特别当油温较高时，不能有水滴入油锅，否则热油飞溅极易烫伤人，热油冷却时应单独放置并设有一定的标志。

（4）在蒸笼内拿取食物时，应先关闭气阀，打开笼盖，让蒸汽散发后再使用抹布拿取，以防被蒸汽灼伤。

（5）使用烤箱、蒸笼等加热设备时，应避免人体过分靠近炉体或灶体。

（6）在炉灶上操作时，应注意用具的摆放，炒锅、手勺、漏勺、铁筷等用具如果摆放不当，就极易被炉灶上的火焰烤烫，也容易引发烫伤事故。

（7）烹制菜肴时，要正确掌握油温和操作程序，防止因油温过高、原料投入过多、油溢出锅沿流入炉膛使火焰加大等造成烧烫伤事故。

（8）在端离热油锅或热大锅菜时，要大声提醒其他员工注意或避让，切勿发生碰撞。

（9）在清洗加热设备时，要冷却后再进行。

（10）禁止在炉灶及热源区域打闹。

5. 防电击伤

电击伤通常是因员工违反安全操作规程或设备出现故障而引起的。具体的预防措施如下：

（1）使用机电设备前，先要了解其安全操作规程，并按规程操作，如不懂设备的操作规程，不得违章操作。

（2）设备使用过程中，如发现有冒烟、焦味、电火花等异常现象，应立即停止使用并申报维修，不得强行继续使用。

（3）厨房员工不得随意拆卸、更换设备内的零部件和线路。

（4）清洁设备前先要切断电源。当手上沾有油或水时，尽量不要去触摸电源插头、开关等部件，以防电击伤事故的发生。

6. 厨房防盗

厨房盗窃的主要目标物有两个：一是贵重食品原料，二是高档餐具。要防止盗窃，就要加强安全防卫措施。

（1）食品仓库的防卫措施。

1）挂警示牌。仓库的大门上要挂上"仓库重地，闲人莫入"的牌子，以示提醒。要限制进出仓库的人员，未经许可，任何人不得进入贮藏区。通常允许进入仓库的人员有：饭店总经理、财务总监、饮食总监、成本会计、总厨师长、当日值班经理、管辖仓库区域的人员。仓库管理员只能在本管辖区内进出，不得随意串岗或打听其他库存的消息。

2）仓库环境的防护。仓库的门钩、锁扣等都必须牢固，墙壁应坚实，门窗上均要有防护设备、报警器等。有条件的仓库还要装上闭路电视监控器。仓库的周围禁止堆放易燃、易爆、易污染的物品。

3）仓库钥匙的管理。仓库钥匙的管理应有专人负责，不可随意放置或交予他人代管，工作结束后应立即上锁。对于存放贵重原料的仓库，除由专人负责外，还要加强门锁的管理。只有在需要领料时才能打开仓库门，领完料后立即上锁。仓库的钥匙不能随意存放，更不能由仓库管理员私自带回家。仓库钥匙的管理程序是：仓库管理员在下班之前必须将仓库的所有钥匙收齐，并放入一个特制的信封内，当着饭店保安人员的面点清钥匙的把数，再贴上标有日期的封条。仓库管理员必须在信封上签字，并写清交钥匙的时间，接收钥匙的保安人员也必须在信封上签字，表示收到，然后由保安人员放入保险箱。第二天仓库管理员来上班时，到保安处领回钥匙，并检查一下信封是否被开启过，如有可疑，应立即向上级报告。另外，一旦钥匙丢失，应立即报告，不得随意配制钥匙。

（2）厨房内的防卫措施。

1）厨房各作业区的工作人员下班前要清点和整理本作业区内的炊事用具，有些较贵重的用具一定要放入橱柜中，上锁保管。

2）剩余的食品原料，尤其是贵重食品原料，在供应结束后必须妥善放置。须冷藏的放进冰箱，无须冷藏的放入小仓库内，仓库、冰箱的钥匙应由专人保管。

3）厨房各部分的钥匙，下班后集中交给饭店安全部，由保安人员统一放入保险箱内保管，厨房员工次日来上班时，到保安处签字领取钥匙。

4）加强门卫监督。加强厨房内部的相互监督，发现问题，及时汇报，及时查处，切不可隐瞒事故，以防后患。

7. 消防安全

造成厨房火灾的主要原因有：电器失火、烹调起火、抽烟失火、管道起火、加热设备起火以及其他人为因素。为了避免火灾的发生，应采取以下预防措施：

（1）厨房各种电器设备的使用和操作必须有相应的安全操作规程，并要求厨房工作人员严格执行。

（2）厨房的各种电器设备的安装和使用必须符合防火安全要求，严禁野蛮操作。各种电器绝缘要好，接头要牢，要有严格的保险装置。

（3）厨房内的煤气管道及各种灶具附近不准堆放可燃、易燃、易爆物品。煤气罐与燃烧器及其他火源的距离不得小于1.5米。

（4）各种灶具及煤气罐的维修与保养应指定专人负责。液化石油气罐即使在气体用完后，罐内的水也不能乱倒，否则极易引起火灾和环境污染。因此，在使用液化石油气时，要由专职人员负责开关阀门和换气。

（5）炉灶要保持清洁，排油烟罩要定期擦洗、保养，保证设备正常运转工作。

（6）厨房在油炸、烘烤各种食物时，油锅及烤箱温度应控制得当，油锅内的油量不得超过最大限度的容量。

（7）正在使用火源的工作人员，不得随意离开自己的岗位，不得粗心大意，以防发生意外。

（8）厨房工作人员在下班前，各岗位要有专人负责关闭能源阀门及开关，负责检查火种是否已全部熄灭。

（9）厨房一般不使用瓶装液化石油气。煤气管道也应从室外单独引入，不得穿过客房或其他房间。

（10）消防器材要在固定位置存放。员工应学会正确使用各种消防器材。

（四）厨房食品安全

菜品食材从生产加工到销售的整个过程，有很多情况和因素可能使菜品成为具有"毒性"的食品。使食品产生"毒性"的有害物质是多种多样的，菜品食品被污染的方式和程度也是非常复杂的。虽然，这些"有毒"的菜品食材对人体健康所造成的危害程度和性质各不相同，但对我们的身体健康和人身安全却构成了很大的威胁，因而，必须引起人们的足够重视，并加强预防措施。

1. 食物中毒的概念

人们在日常生活中由于吃了被细菌、细菌毒素、化学物质或有毒性物质污染的食物，而引起的一种急性疾病，就是食物中毒。

因此摄取不可食状态的食品、摄取非正常数量的食品（如暴饮暴食而引起的急性胃肠炎）、非经口摄取而由其他方式引入体内，且食用者是特异体质对某种食品（如鱼虾、牛奶等）发生反应性疾病、经食物而感染的肠道传染病（如伤寒、痢疾等）和寄生虫病（如旋毛虫病、囊虫病等），这些都不属于食物中毒的范围，也不能把这些引起发病的食品认为是有毒食品。所以，正确理解有毒食品和食物中毒的概念，对于病人是否按食物中毒患者急救治疗，对于引起发病的食物是否按有毒的食物进行处理，是否按《中华人民共和国食品卫生法》追究责任，在实际工作中有重要意义。

2. 食物中毒的特点

（1）有共同的致病食物。所有的病人都在相近的时间内吃过某种相同的致病食物，与食物关系比较明显，没有进食这种食物的人，即使同桌进餐或同屋居住也不发病。发病范围局限在食用该种有毒食物的人群中，停止食用这种有毒食物后，发病就会很快停止。

（2）潜伏期短。发病呈急性暴发过程，集体暴发食物中毒时，很多人在短时间内同时或先后相继发病，在短时间内达到高峰。一般潜伏期在 24～48 小时以内。

（3）患者的临床表现和治疗方法大致相同。大部分病人的症状相似，大多为急性胃肠炎症状。

（4）没有传染性。停止食用有毒食物或污染源被清除后不再出现新的患者，人与人之间就不会直接被传染。

3. 产生食物中毒的因素

（1）食物原料被细菌污染。

（2）食物原料被有毒的化学物质污染。

（3）食物原料本身含有有毒成分。

（4）食物原料本身没有毒，由于存放或管理不当，使食物原料产生了有毒物质。

（5）误食外形相似的有毒食物。

（6）掺杂、掺假、伪劣使食品产生毒素。

凡是吃了以上这些"有毒食物"，均可能引起食物中毒。

4. 食物中毒的预防措施

减少或完全杜绝餐饮业在经营中引发食物中毒，关键是在加工、保存、销售菜肴食品的过程中做好预防工作，尤其是厨房工作人员，更应把食物中毒的预防工作放在首要地位。

预防食物中毒的三个主要方面如下：

（1）清洁：厨房加工人员在开始烹饪前，一定要把手彻底洗干净。餐具、砧板、抹布等厨房用品应该以水或消毒药水洗涤，砧板在洗干后晒太阳也很有效。抹布必须经常用清洁剂充分洗净后保持干燥，否则消毒过的餐具用脏的抹布来擦拭，就会被污染。手指如果有伤口或脓疮的话，应该套上手套或指套后再从事烹饪工作，否则伤口或脓疮里面的细菌会污染食品而引起食品中毒。食品应该注意保存，以免受到老鼠、蟑螂、苍蝇等病媒的接触而被污染。

（2）迅速：食品买回来以后，不要放得太久，应该尽快烹饪供食，尤其是生食的食品原料越快处理越好，做好的食品也要赶快吃掉。由于细菌需要一段时间才能够繁殖到引起食品中毒的程度，所以时间越短越可以避免食品中毒。烹饪后的食品很容易繁殖细菌，所以最好不要做得太多，以每次能够吃完的量为限。

（3）加热与冷藏：细菌通常不耐热，加热到70℃以上，大部分的细菌都会死掉，因此把食品加热以后再食用比较安全。细菌比较耐冷，虽然冷却以后不一定会全部死亡，但是不容易繁殖。防止细菌繁殖的温度是5℃以下。

第七章 宴会接待与酒水服务

一、宴会管理概述

（一）宴会的含义

宴会是政府机关、社会团体、企事业单位、公司或个人之间为了表示欢迎、答谢、祝贺、喜庆等社交活动的需要，根据接待规格和礼仪程序而举行的一种隆重、正式的聚餐活动。

宴会是酒店餐饮部的重要经营项目，也是酒店最重要的经济收入来源之一。宴会工作人员通过研究宾客的需求，结合承办酒店的物质条件和技术条件，对宴会场景、宴会台面、宴会菜单及宴会服务程序等进行统筹规划，并拟出实施方案和细则，用来营造宴会气氛，指导宴会的整体运行。做好宴会服务工作，对于提升宴会档次和宴会销售具有重要意义。

（二）宴会的特点

宴会具有社交性、聚餐性、规格性和礼仪性等特点。

1. 社交性

社交性是宴会的一个重要特征。众所周知，宴会可以说是美食汇展的橱窗，它既可以使人心情愉悦、健身强体、满足口腹之欲，又能使人受到精神文化的熏陶，并得到精神上、艺术上的享受。但从另外一个角度看，国内外的任何宴会均有它举办的目的。大到国家政府举办的国宴，小到民间举办的家宴，远到唐代举办的烧尾宴，近到一年一度举办的迎春宴，都有一定的主题。它们或纪念节日、欢庆盛典，或者洽谈事务、开展公关，或者接风洗尘、欢迎、酬谢，或者为了和平与友谊，或者为了亲情和友情等。总之，人们聚在一起围绕宴会主题，在品佳肴、饮琼浆、促膝谈心交朋友的过程中疏通关系、增进了解、加强情谊，解决一些其他场合不容易或不便于解决的问题，从而实现社交的目的，这也正是宴席自产生以来几千年长盛不衰、普遍受到就餐者的重视并广为利用的一个重要原因。

2. 聚餐性

聚餐性是宴会很重要的一个特征，它主要指宴会的形式。中国宴会自产生以来都是在多人围坐、亲切交谈的氛围中进行的，它一般采用合餐制，其中十人一桌的形式最为常见，喻义十全十美，有吉祥祝福之意。餐桌大都选用大圆桌，也象征团团圆圆、和和美美。赴宴者通常由主人、副主人、主宾、副主宾及陪客组成，桌次也有首席、主桌、次桌之分。虽然席位有主次，座位有高低，但大家都在同一时间、同一地点、品尝同样的菜肴，享受同样的服务，更重要的是大家都是为了同一目的而聚集一堂，特别是围桌宴饮时很容易沟通，缩短宾主、客人之间的距离，所以聚餐饮食是宴会的一个基本特征。

3. 规格性

规格性是宴会内容上的一个重要特征。宴会之所以不同于一般的便餐、大众快餐和零点就餐，就在于它的规格性和档次。一般便餐、大众快餐等是以吃饱为主，在进餐环境、菜肴组合、服务水平及就餐礼仪上都无过多的要求，但宴会则要求进餐环境幽雅、布置得当；就餐礼仪要求高；全部菜品应制作精美、营养均衡；盛器、食具等精美、华贵、典雅，上菜程序井然，显示出了宴会的规格性。

4. 礼仪性

礼是指一种秩序和规范。礼不仅是一种表现形式，更是一种精神文化和内在的伦理道德。宴会的礼仪性有两层意思：一是指饮宴礼仪，要求每位赴宴者都要遵守。所谓"设宴待嘉宾，无礼不成席"就是这个意思，历代的席礼、酒礼、茶礼等均由此而来；第二层意思则是从服务人员的角度去理解的。凡是举行宴席，主人都希望他所请的客人得到无微不至的照顾，都希望享受到与宴席菜品质量相匹配的服务，所以为宴会服务的人员要经过严格的挑选，不但要求基本操作技能过硬，还要有系统的理论知识和丰富的实践经验，使他们为客人提供的服务遵循一定的程序，讲究礼节礼仪，服务好每道特殊菜肴，同时要尊重客人的风俗习惯和饮食禁忌，满足客人就餐时追求食品卫生、安全、尊重等各种需求，从而提高本饭店的知名度。

（三）宴会的经营特点

宴会是餐饮行业中一个重要的经营项目。

1. 宴会活动的多功能性

宴会经营项目主要有四大类：

（1）以餐饮为主的宴会活动，有中西餐宴会、酒会等。

（2）以会议为主的宴会活动。

（3）以娱乐为主的宴会活动，有舞会、文艺演出、时装表演等。

（4）外卖宴会服务，承办酒店外各种形式的就餐活动。

2. 消费标准的差异性

尽管宴会形式多样，但其主要还是以销售食品、酒水为主。消费标准高低不一，宴会管理要适应多层次的消费需要。

3. 宴会组织工作的复杂性

根据宴会的不同规模、主题、消费标准，客人所需的宴会产品也不尽相同。整个组织接待涉及部门广泛，如美工环境设计、采购部原料组织、厨房加工、宴会厅服务、财务收入核算、公关宣传等。因此，宴会整体接待任务的完成需要酒店各部门的支持与通力合作。

（四）宴会经营的重要性

宴会经营是酒店所有经营活动中的一个重要部分，而且是具有较大潜力的创利增收项目，宴会产品的特色和质量是酒店总体管理水平和经营特色的重要体现。

1. 宴会是饭店经济收入的重要来源

宴会是餐饮产品销售的重要表现形式。宴会厅营业面积大，接待人数多，就餐标准高，毛利率也高，是餐饮部创收的主要来源。

2. 宴会是提高饭店知名度的重要手段

宴会大多是伴随着商业、社交和特殊需要举行的，如新闻发布会、招待国内外重要政府官员的各种会议、庆祝活动等，因此宴会常常是新闻报道的焦点。如果出席宴会的客人身份、地位较高，饭店也会以接待此类客人为荣，因为尊贵的客人提升了饭店的知名度。

3. 宴会是人们社会交往的一种特殊形式

在宴会上，人们可边品尝美酒佳肴，边叙谈友谊、洽谈业务，这既增加了人脉，还提高了洽谈的成功率。

4. 宴会是提高厨师烹饪技艺的重要方式

宴会以销售高档菜肴为主，花色品种多，对菜肴的色、香、味、形、器、营养等要求高。这必然促使厨师团队的建设，深化培训内涵，提高烹饪水平，不断创造出名、优、新、特的烹饪产品。

5. 宴会是促进餐饮服务水平的重要动力

宴会服务水平是饭店服务档次的最高表现形式，它要求较高、涉及面广、管理复杂。通过大中型宴会的组织和接待，可以提高各部门的协同能力和服务水平。

（五）宴会的种类

1. 按宴会菜式特点划分

（1）中餐宴会。中餐宴会遵从中国的饮食习惯，供应中国名菜美点，饮中国名酒，用中国家具，行中国礼仪，装饰布局、台面布置等都体现了中国饮食文化特点。

（2）西餐宴会。按照西方国家礼节、习俗举办的宴会。一般摆长条桌，饮西洋酒，品西式菜肴，用西式餐具，进餐中伴有音乐。

（3）中西合璧宴会。中西合璧宴会是指根据某种特定的需要，将中餐宴会和西餐宴会结合起来的宴会。它的用餐方法是按中餐制作方法制作菜肴，而菜品装盘、上菜顺序完全按照西餐的方法和要求，用餐时，可以用刀叉也可以用筷子。这是一种比较新的中餐宴会的用餐形式，并有逐步推广的趋势。

2. 按宴会规格划分

（1）国宴。国宴是国家元首或政府首脑为国家的庆典或为外国元首、政府首脑来访而举行的正式宴会。国宴是国际交往中的一种重要的礼仪形式，是各类宴请活动中规格最高、最为隆重的一种宴请形式。

国宴的主要标志是以国家的名义举行。一是以国家名义举行的庆祝国家重大节日如国庆节等宴会，由党和国家领导人主持，邀请驻华使节、外国驻华的重要机构、记者及国家各有关部门的负责人，还有人大、政协、群众团体代表、劳动模范等出席，宴会厅内悬挂国徽；二是以国家名义邀请来访的国家元首或政府首脑出席的宴会，宴会厅内悬挂双方国旗，设乐队，奏国歌，席间致辞，菜单和座席卡上均印有国徽。

特点：宴会厅悬挂国旗、徽标；乐队演奏两国国歌及席间乐，席间有祝词或祝酒；菜单和席位卡上均印有国徽；宾主按身份排位就座，礼仪严格；餐具、酒水、菜肴的选择必须体现本国特色；宴会厅的布置体现庄重、热烈的气氛。

（2）正式宴会。政府和团体为欢迎应邀来访的客人，或客人答谢主人而举办的宴会。不挂国旗，宾主按身份排位就座。许多国家的正式宴会也十分讲究，在请柬上注明对宾客服饰的要求，对餐具、酒水、菜肴、服务等有严格要求。

（3）便宴。这是一种非正式宴会。它不拘于严格的礼仪，主要用于招待亲朋好友。

（六）宴会的发展趋势

中国宴会由于悠久历史文明的哺育，从宴席构成、宴会礼仪、宴会布置、餐具放置、食礼和食趣、环境气氛的调运等都具有极其丰富的文化内涵，同时也经历了改革、创新、再改革、再创新的演变和发展历程，未来的中国宴会将呈现以下发展趋势：

1. 合理配膳，注重营养

步入市场经济后，宴会作为饮食文明的重要举措，合理配膳也越来越受到人们的关注，在此背景下，现行宴会的饮食结构已发生了很大的变化：变重荤轻素为荤素并举；变重菜肴轻主食为主副食并重；变猎奇求珍为欣赏烹饪技艺与品尝风味并行。人们喜欢食用既有味觉吸引力，又富有营养、低胆固醇、低脂肪、低盐的食物。仅从色、香、味、形的角度来考虑宴会食物的搭配已不能满足市场的需求，宴会食物结构必然朝着营养化的趋势发展，绿色食品、保健食品将会越来越多地出现在宴会餐桌上，膳食的营养价值将成为衡量宴会食品质量的一项重要标准。

2. 讲究卫生，文明进餐

宴会的讲究卫生趋势表现在食品原料及就餐方式上。食品卫生越来越受到重视，分餐制是一种科学的进食方式，是值得大力提倡的现代社会文明的就餐方式，因此分餐制势在必行。其他的如宴会间吸烟、唾液横飞的劝酒、盛情的布菜等不卫生、不文明的习惯都将被摒弃。

3. 杜绝浪费，绿色环保

传统的中国宴会重"宴"而轻"会"，强调菜肴珍贵丰盛，量多有余，而且以菜肴酒水的贵贱和多少来衡量办宴者情理之深浅，办宴者和赴宴者都要保持食而有余，结果导致浪费惊人。现代宴会菜点设计要力戒追求排场，力求讲究实惠，本着去繁就简、节约时间、量少精作的几条原则来设计制作宴会菜点。量力而行的宴会新风会被更多的社会各界人士所接受，也符合我国政府倡导的发展低碳经济的科学理念。

4. 菜品精致，科学设计

宴会的精致化趋势是指菜点的数量与质量。新式宴会设计越来越注重菜肴口味与质地的精益求精，重视宴席气氛。这就要适当控制菜点的数量与用量，防止堆盘叠碗的现象发生，改进烹调技艺，克服粗制滥造的弊端。其中，口味和质地最为重要，应在确保口味和质地的前提下，再考虑其他因素。此外，宴会设计越来越讲究菜点的上席顺序，先冷后热、先咸后甜、先酒菜、后饭菜，最后是汤。质优价贵的菜先上席，大件菜间隔上席，鲜、辣、甜味菜肴后上席，这样的上席顺序可使宴席气氛由高潮转入低潮，再转入高潮，犹如一部乐章，抑、扬、顿、挫，显示宴席的丰富多彩。

5. 追求特色，文化创新

特色化趋势是指宴会具有地方风情和民族特色，能反映酒店、地区、城市、国家、民族所具有的地域文化、民族特色，使宴会呈现精彩纷呈、百花齐放的局面。不少中高档饭店的宴会菜单，既安排有乡土菜，又穿插有西式菜肴或东南亚风味菜肴；既有传统菜又有改良菜。不同风格的菜肴组合成一桌宴席，品尝时就好像欣赏一幅巧妙构思、风格迥异的组合图画。这些菜肴风韵独特，满足了客人求新、求异的消费心理，达到了出奇制胜的效果。客人的需要就是宴会的经营方向。过去传统形式的风味宴，现已普遍形成了"东西南北大融会，锅碗瓢盆交响曲"的"百味宴"。宴会菜肴口味鲜美、常变常新，已成为经营者和消费者关注的焦点。

6. 形式多样，贴近自然

在经济日趋发达的现代化社会里，宴会的形式越来越多，正确、合理地选用宴会方式，有利于人们之间思想、感情、信息的交流和公共关系的改进、发展，宴会方式的多样化是大势所趋。所谓多样化，即宴会的形式因客人的不同需求、时间的不同、地点的不同而灵活变化。宴会的地点、场所会进一步向大自然靠拢，举办的场所尽可能选择在室外的湖边、草地上、树林里，即使在室内，也要求布置更多的绿叶、花卉来体现自然环境，让人们感受大自然的温馨，满足人们对自然的渴望。

7. 环境幽美，浪漫祥和

随着人们价值观的改变和消费能力的提高，他们不仅对宴会食品的要求提高，对就餐环境的要求也越来越高。饭店能否吸引客人，给他们留下美好的印象，与就餐的环境和气氛有密切的联系。因此，举办宴会时，要精心设计宴会环境，在宴会厅的选用、场面气氛的控制、服务节奏的掌握、空间布局的安排、餐桌的摆放、台面的布置、花台的设计、环境的装点、服务员的服饰、餐具的配套、菜肴的搭配等，都要紧紧围绕宴会主题来进行，力求调动一切因素，创造理想的宴会艺术境界，保持宴会祥和、欢快、轻松、浪漫的旋律，给宾客以美的艺术享受。

8. 追求情趣，享受生活

宴会的食趣化趋势是指客人在享用宴会时，更加注重宴会情趣，体现民族饮食文化的风采，陶冶情操，净化心灵。

9. 讲求高效，形式灵活

宴会的快速化趋势则是指通过控制和掌握宴会的时间，使宴会不冗长也不拖沓，做到内容丰富、节奏紧凑、中心突出、食品适量、品种适可、时间适当。随着菜肴数量的减少，上菜速度的加快以及各种宴会形式的灵活选用，特别是宴会所使用的原料或某些菜肴，会更多地采用集约化生产方式，半成品乃至成品原料将摆上宴会的餐桌，使宴会时间得到控制。

10. 国际接轨，友好合作

所谓国际化，即宴会的形式与国际接轨。当今世界许多国家，特别是现代科学文明发达的国家，其宴会观念也趋于现代化。他们举办宴会，重在"会"上，即着重创造一个与交往目标相称的宴会氛围，着重利用宴会这种特定的聚会方式，表达礼仪和交流感情。而对宴会食品则强调适量、精美和特色。随着东西方烹饪文化的交流，西方文明、先进的宴会观念必将对中国传统宴会产生深远的影响，这是改革开放的必然结果，也是迎合各国旅游者、商务客人需要的必然选择。烹饪文化的国际交流会给中国烹饪文化的发展带来新的活力，各国间相互的融会贯通会对人类的相互理解、友好合作以及世界和平发挥积极的作用。

二、宴会设计管理

（一）什么是宴会设计

宴会设计是根据宾客的要求和承办酒店的物质条件与技术条件，对宴会场景、宴会台面、宴会菜单及宴会服务程序等进行统筹规划，并拟出实施方案和细则的创造过程。

（二）宴会设计的作用

1. 计划作用

宴会设计方案就是宴会活动的计划书，它对宴会活动的内容、程序、形式等起到了计划作用。举办一场宴会，要做的事情很多，从环境的布置、餐桌的排列到灯光音响、菜品设计、酒水服务等涉及餐饮部甚至酒店其他部门和岗位的工作，如果事前没有一个计划，就有可能会因缺少协调，工作中出现漏洞，造成质量事故。

2. 指挥作用

宴会设计就像一根指挥棒，指挥着所有宴会工作人员的操作行为和服务规范。经宴会设计产生的实施方案，一旦审定，对于生产和服务过程而言，就是具有高度约束力的技术性文件。各相关岗位要根据宴会设计的规定和要求做好各项准备工作。原材料采购计划要保证原材料品种、数量符合质量要求、按时购进；对于切配而言，要保证切制要求、组合形式；对于烹调而言，要保证每一道菜肴的烹调方法、味型、成菜标准、造型样式符合设计要求。

3. 保证作用

宴会设计方案实际上是一个产品质量保证书，也是检查和衡量产品质量的标准。宴会设计实施方案和细则将每一方面的工作都落到了实处，各岗位按照设计要求进行生产，提供服务，确保宴会质量。

（三）宴会设计的要求

1. 突出主题

根据不同宴会目的，突出不同宴会的主题，是宴会设计的起码要求。如国宴的目的是想通过宴会达到国家间相互沟通、友好交往，因而在宴会设计上突出热烈、友好、和睦的主题气氛。婚宴的目的是庆贺喜结良缘，在设计时要突出吉祥、喜庆的主题意境。

2. 特色鲜明

宴会设计贵在特色，可以通过菜品花样、酒水种类、服务程序、娱乐项目、场景布局或者台面设计表现出来。

3. 安全舒适

宴会活动中的安全、舒适是所有赴宴者的需要。优美的环境、清新的空气、适宜的温度、可口的饭菜、悦耳的音乐、柔和的灯光会给赴宴者带来舒适感。同时，宴会设计时要考虑客人的人身和财产安全，以此避免诸如盗窃、火灾、食品安全等事故的发生。

4. 美观和谐

宴会设计是一项创造美的活动。宴会场景、台面设计、菜品组合乃至服务人员的容貌和装束，都包含着许多美学的内容。宴会设计就是将这些审美的元素，进行有机的组合，协调一致，达到美观和谐的要求。

5. 效益最佳

宴会设计从目的来看，可分为效果设计和成本设计。前四个方面是围绕效果设计提出的。从成本角度来看，作为客人代表的宴会设计师要站在客人的立场上，避免浪费，用好每一分钱，物有所值，达到性价比最高。同时，还要严格执行酒店规定的财务核算制度，保证宴会的正常盈利。

（四）宴会设计的内容

1. 场景设计

宴会环境包括大环境和小环境两种。大环境就是宴会所处的特殊的自然环境，如海滨、船上、草原蒙古包等，小环境就是指宴会举办场地。宴会场景设计对宴会主题的渲染和衬托具有十分重要的作用。

2. 台面设计

台面设计要根据宴会主题和宴会档次，依托装饰物品和餐具，进行组合造型，达到烘托宴会气氛的目的。

3. 菜单设计

科学、合理地设计宴会菜单是宴会设计的核心。要以用餐标准为前提，以客人需要为中心，以酒店技术力量为基础做好菜单设计。菜单设计包括营养设计、味型设计、色泽设计、烹调方法设计等。

4. 酒水设计

酒水是宴会当中必不可少的内容。

（1）酒水的档次应与宴会的档次相一致，如国宴上选用茅台。

（2）酒水的来源应与宴会席面的特色相一致。一般中餐选用中国白酒、葡萄酒、啤酒、饮料等。西餐宴会选用外国酒、葡萄酒、鸡尾酒等。宴会用酒也应注重地域性，如民间婚宴多选用当地的特色酒。

（3）酒水搭配应与宴会对象相一致。女士多选用无酒精饮料或低度酒。

5. 服务程序设计

在宴会服务中，服务程序是否科学会对整个宴会的过程起到推动作用或负面影响。宴会服务程序设计就是宴会整个服务的策划。在会议举办前，根据相关的信息资料和客人的要求，编制出主题鲜明、科学合理、客人满意的宴会服务计划。

宴会服务设计主要围绕着宴会的三个阶段开展：

（1）餐前准备工作。主要包括按要求布置场地、设计台形和座次、准备餐具用具等。

（2）宴会就餐服务。餐中的入席、上菜、分菜、酒水服务的程序以及服务方式方法的设计。

（3）宴会收尾工作。宴会结束时，要迅速统计消费情况，为客人准确结账。同时及时清理宴会场地，检查是否有客人遗留物品等。

6. 宴会娱乐设计

宴会的娱乐设计形式很多，有书法、绘画、杂技、歌舞、器乐伴奏等。不同主题的宴会在娱乐设计时，采用的形式不太相同。国宴、正式宴会体现隆重、热烈的气氛；婚宴、寿宴等，体现喜庆的氛围等。

（五）宴会场景设计

宴会场景设计就是利用灯光、色彩、装饰物、声音、温湿度、绿色植物等为客人创造理想的宴会氛围。

1. 宴会场景设计的原则

（1）满足宾客需求。宾客需求是行动的最高指南。宴会场景设计人员必须树立宾客导向意识，与宴会的主办者充分沟通，认真了解对方的要求和意图，并根据宴会的性质、规模、主题等有针对性地设计。

（2）与宴会主题一致。宴会的主题种类繁多，宴会场景布置风格也多种多样，有中国传统风格、地方风格、少数民族风格、西洋古典风格、中世纪风格、现代风格等。只有将宴会的主题与宴会的装饰风格协调一致，才能创造出特定的意境和品位。如婚宴，要求吉庆祥和、热烈隆重，在环境布置时，要热烈、吉祥。一对龙凤呈祥雕刻、一幅鸳鸯戏水图，会起到画龙点睛、渲染气氛、强化主题意境的作用。

（3）突出特色。宴会的特色不但体现在菜肴、服务方式等方面，宴会场景布置设计也往往给宾客留下难忘的印象。

2. 宴会场景设计的内容

宴会场景设计除了固定的设施、家具、照明设备外，还包括与宴会相适应的色彩、饰物、灯光、音乐等设计。

（1）色彩运用。世界上的物体都是有颜色的，物体的颜色和周围的颜色可能相互协调或相互排斥，也可能混合反射，这样就会引起视觉的不同感受。这种引起主观感受变化的客观条件可称为色彩的物理效果，也就是说色彩的混色效果可以引起人对物体的形状、体积、温度、距离上的感觉变化。这种变化往往对宴会厅场景设计效果有着决定性的影响。

色彩是宴会场景设计的重要因素和表现手法。不同主题的宴会对色彩的要求也有很大的不同。比如圣诞主题宴会，应以金色、白色、红色为永恒的色调，突出圣诞文化和欢乐气氛；中式婚宴设计中，红色作为中国人心中吉祥喜庆的色彩，给新人和来宾以幸福美满的喜悦感。

（2）天花板、墙面、地面装饰。天花板与地面是形成空间的两个水平面，天花板在人的上方，对空间的影响比地面大，因此天花板处理是否得当，对整个空间起决定性作用。天花板不仅和结构的关系密切，而且是灯具和通风口所依附的地方，所以设计天花板装饰时应全盘考虑各方面的因素。宴会的天花板装饰有平整式、凹凸式、悬吊式、井格式、结构式、透明式、帷幔式等形式。宴会设计者可以根据宴会的主题和场地情况加以选择。

墙面与天花板、地面相互衬托，与宴会家具、台面相互配合，形成宴会厅空间构图的主体和气氛。宴会墙面装饰布置的基本要求是：主题鲜明、美观大方、清新明快。宴会墙面设计分为主墙面和侧墙面两类设计。主墙面决定宴会装饰的主题和风格，要切合宴会的主题，起到画龙点睛的作用，侧墙面宜简单装饰为主，宜少不宜多，宜简不宜繁。

地面是宴会厅最直接、最经常接触的空间维护体。在地面装饰上可以从遮蔽和强调两个方面着手。原来的地面与宴会气氛不协调，可以借用物品进行遮蔽；对需要强调或者着重塑造的地方，可以借用物品加以强调。比如可以在走道上铺设红地毯，直达主席台，显示隆重热烈、气势宏大的气氛。

（3）人工布景。人工布景就是借用人造的某种特定的微型景观，突出宴会的主题风格和特定意境。

1）大型隆重的宴会，一般要在宴会厅周围摆放盆景花草，或在主台后面用花坛画屏、大型青枝、翠树、盆景作装饰，以增加宴会隆重热烈的气氛。

2）国宴，要在宴会厅正面并列悬挂两国国旗，国旗的悬挂按国际惯例以右为上，左为下。我国政府宴请外宾时，中国国旗挂在左边；来访或答谢宴会应相互调换国旗位置。

3）正式宴会，致辞台一般放在主席台的后面或右侧，装有麦克风，台前用鲜花围住。

4）一般婚宴，在靠近主席台的墙壁上挂双喜字，贴对联；寿宴，挂寿字，贴对联等烘托喜庆气氛。

5）节日宴会，要布置烘托节日气氛的装饰物。比如圣诞节可以摆设一棵圣诞树。

（4）灯光照明。灯光照明是室内的重点装饰，起着控制整个室内空间气氛的作用。良好的灯光照明艺术可以渲染宴会气氛，突出宴会情调，提升装饰美化功能和食品展示效果。可根据宴会主题的不同，选择适宜的光照艺术。

（5）温度与湿度。温度、湿度和气味是宴会场景的重要组成部分，它会直接影响客人的舒适度。客人因职业、性别、年龄的不同而对宴会厅的温度湿度有不同的要求。通常，女士喜欢的温度高于男士，活跃人士喜欢较低的温度。此外，季节不同，客人对温度的感受也不一样。宴会厅的温度要注意保持稳定，且应与室外气温相适应，室内外温差不高于10℃为宜。一般来说，宴会厅的温度保持在23℃~26℃。

（6）宴会背景音乐。宴会背景音乐设计是通过声音的传播来影响宾客的心理，使其产生对宴会预期的遐想。

背景音乐所表现出来的民俗风情、自然景色、精神内涵、历史文化是其他表现形式所无法替代的。例如，国宴上乐队演奏的两国国歌，婚宴上的《婚礼进行曲》、生日宴会上的《祝你生日快乐》、春节宴会上选用的《步步高》、《喜洋洋》等。另外，背景音乐要与宴会的进程相一致，如迎宾时的《迎宾曲》、祝酒时的《祝酒歌》和送客时的《欢送进行曲》。

宴会厅的音乐属于典型的背景音乐，其音量的大小控制应以不影响两人对面轻声交谈为宜。

（7）宴会台面设计。台面设计是宴会设计的重要环节，将在下面内容详细介绍。

（六）宴会台面设计

优雅大方的就餐环境与实用美观、富有创意的宴会台面设计，将为客人营造出良好的就餐氛围。

1. 宴会台面类型

（1）按餐饮风格分。

1）中餐宴会台面。中餐宴会台面一般用圆形桌面和中式餐具摆设，台面造型图案多为中国传统吉祥图饰，如大红喜字、鸳鸯、仙鹤等。

2）西餐宴会台面。西餐宴会台面用于西餐宴会。常用方形、长条形、半圆形等。一般摆设西式餐具。

3）中西合璧台面。针对赴宴者既有中国人又有外宾，一些宴会采用中菜西吃的方式。在台面摆设采取了中西餐交融的摆设方法，既有中餐的特点也有西式宴会的特点。

（2）按台面的用途分类。

1）餐台。餐台也叫素台，在餐饮服务行业里也叫正摆台。特点是从实用出发，根据客人就餐人数的多少、进餐的实际需要、菜单的编排和宴会标准配备餐具。各种餐具的摆放应相对集中、简洁适用、美观大方。

2）看台。看台又称观赏台面。按宴会的性质、内容，用各种小件物品和装饰物摆成多种图案，供客人在用餐前观赏。在开宴时，将各种装饰物撤掉，再摆上餐具。这种台面多用于民间宴席和风味宴席。

3）花台。花台顾名思义就是用鲜花、绢花、盆景、花篮以及各种工艺美术品和雕刻等装饰成的台面，它将看台和餐台合二为一。这种设计要符合宴会的主题，色彩要鲜艳醒目，造型要新颖独特。

2. 宴会台面设计的作用

（1）烘托宴会气氛。餐桌设计和装饰是营造宴会气氛的重要手段。当客人走进宴会厅，看到餐桌上造型别致的餐具、新颖独特的餐巾折花、色彩悦目的插花时，便能感受到隆重、高雅的宴会气氛。

（2）反映宴会主题。通过宴会台面设计，可以巧妙地将宴会主题和主人的愿望展现给客人。如孔雀迎宾、青松白鹤等台面，分别反映了喜迎嘉宾、健康长寿的宴会主题。

（3）表明宴会档次。宴会档次与台面设计成正比。档次低的宴会，台面布置简洁、实用、朴素；高档宴会要求台面布置富丽、高雅、奢华。

（4）方便客人就座。通过餐桌用品的布置，可以明确告知主人和主要客人的席位，其他客人也方便就座。

3. 宴会台面设计的要求

（1）按宴会的主题进行设计。台面设计要紧扣主题，有些台面设计虽然有特色，但放错了宴会就会显得不伦不类。比如"青松白鹤"图案一般放在寿宴上，如果出现在一些年轻客人的生日宴会上就会成为笑谈。

（2）按菜单和酒水特点进行设计。吃什么菜配什么餐具，喝什么酒配什么酒杯；高档宴会配金器、银器的餐具。宴会菜单和酒水单好比音乐会的"乐谱"，宴会设计者在设计台面时，要以"乐谱"为依据，否则"音乐会"中就会出现杂音，破坏了整体的协调性，给餐中服务带来很多不和谐因素。

（3）按照美观性的要求进行设计。宴会台面设计的一个重要目的是美化台面，宴会设计者应结合文化传统、美学原理进行创新设计，起到烘托宴会气氛的作用。

（4）按照民族风格和饮食习惯设计。选用餐具应符合民族饮食习惯，图案要考虑参加者的宗教信仰、生活禁忌、色彩偏好等因素。

（5）按卫生要求进行设计。客人用餐需要使用台面餐具、餐巾等，在台面设计时，不要一味地追求独特而忽视对台面卫生的要求。

4. 宴会台面设计的步骤与方法

成功的宴会台面设计就像一件艺术品，创造的过程要遵循一定的步骤与方法。

（1）确定台面设计方案。宴会台面设计要依据赴宴者的消费目的、年龄、消费习俗、消费标准等因素，确定台面设计方案。例如，为开业庆典而设计的台面与婚宴、寿宴、答谢宴会的台面有很大的不同。

（2）为台面设计命名。大多成功的台面设计都要根据宴会主题，起一个典雅的名字，这便是台面命名。一个恰当的名字可以突出宴会主题，暗示台面设计艺术手法，从而增加宴会的气氛。其具体命名如珠联璧合宴、蟠桃庆寿宴、圣诞欢乐宴等。

（3）规划台型。宴会场地和台型安排，原则上要根据宴会厅的类型、宴会主题、就餐形式、宴会厅的形状大小、用餐人数以及组织者的要求等因素，决定宴会台型的设计。

（4）布置台面。餐台台面的布置分为以下几个方面：

1）台布和台裙的装饰。台布、台裙的颜色、款式的选择要根据宴会的主题来确定。台裙常选择制作好的成品台裙，也可以根据实际需要，选择一些丝织或其他材料现场制作。

2）餐具的选择和搭配。餐具的种类各种各样，不尽相同，主要有中式、西式、日式、韩式等风格，餐具的质地、形状、档次上也有很大差异，宴会设计者要根据宴会主题和饭店的实际状况选用适当的餐具，强化宴会主题氛围。

3）餐巾折花造型。台面所选用的餐巾必须与宴会设计的其他要素色调和谐一致，突出主题，渲染宴请气氛。同时宴会规模大小也会影响餐巾折花的选择，一般大型宴会采用简单、快捷、挺括的花型，小型的可选择较为复杂的花型。不管选择什么样的花型，要整齐美观、便于识别、卫生方便，同时不要出现赴宴者忌讳的花型。

4）花台造型。根据不同类型的宴会设计出不同的花型，既美化环境又增加宴会的和谐气氛。布置花台要根据主题立意选择花材，设计造型。由于鲜花费用较高，不环保，甚至有污染食品的危险，很多酒店采用了谷物或其他环保物品设计花台，符合当前低碳经济要求。

5）餐垫、筷套、台号、席位卡的布置。餐垫、筷套、台号、席位卡的作用不可忽视，设计者必须根据宴会的主题风格、花台的造型、餐具的档次、宴会的规格、宾客的要求精心策划与制作。

6）餐椅装饰。餐椅在餐厅中相对比较固定，设计师们经常采用更换椅套的色调与风格的方式，使其与整体相协调。

三、中餐宴会服务

中餐宴会是指使用中国餐具、吃中国菜肴、摆中国式台面、采用中国服务、反映中国宴饮习俗的宴会。中餐宴会具有文化底蕴深厚、讲究礼节礼仪、追求丰盛精致、采用聚餐方式、突出享乐的特点。

（一）中餐宴会前的组织准备工作

中餐宴会前的组织准备工作是宴会顺利召开的前提条件，一次成功的宴会首功在于前期的组织准备工作。宴会全体工作人员要分工协作，对方方面面的工作都要落实到位、精心准备。

1. 掌握情况

接到宴会通知单后，餐厅管理人员和服务人员应掌握与宴会有关的下列内容：

（1）做到"八知"，即知台数、知人数、知宴会标准、知开宴时间、知菜式品种和酒水要求、知主办单位或个人信息、知付款方式、知主人和主宾身份。

（2）做到"三了解"，即了解宾客的风俗习惯、宾客的生活忌讳、宾客的喜好及特殊要求。

（3）对于较高规格的宴会，还应掌握宴会的目的和性质、宴会的正式名称、有无席次牌、有无席位卡、有无音乐或文艺表演、有无主办方的具体要求、有关司机接待方式及费用等情况。

2. 明确分工

（1）对于规模较大的宴会，要明确总指挥人员，总指挥在准备阶段要向服务员交任务、讲意义、提要求，宣布人员分工和注意事项。

（2）在人员分工方面，要根据宴会要求，对迎宾、值台、传菜、供酒及衣帽间、贵宾室等岗位，都要有明确分工和具体任务，将责任落实到人。

（3）做好人力和物力的充分准备，要求所有服务人员思想重视、措施落实，保证宴会善始善终。

3. 宴会厅布置

宴会厅布置包括场景布置与台型布置两方面内容。

（1）宴会厅场景布置。宴会厅场景布置根据宴会的性质、主题和规格的高低来进行，既要体现出隆重、热烈、美观大方，又要具有我国传统的民族特色。

1）举行隆重大型的正式宴会时，一般在宴会厅周围摆放盆景花草，或在主席台后面用花坛、画屏、大型青枝翠树、盆景装饰，用以增加宴会隆重、热烈的气氛。

2）一般的婚宴或寿宴应在靠近主台的墙壁上挂"喜"字或"寿"字来烘托气氛。

3）国宴和正式宴会不需要张灯结彩，做过多的装饰，而要突出严肃、庄重、大方的气氛。国宴活动要在宴会厅的正面悬挂两国国旗，正式宴会应根据外交部的规定决定是否悬挂国旗。

4）宴会厅的照明、音响要有专人负责，宴会前必须认真检查一切照明设备及线路，保证不发生事故。

5）宴会厅的室温注意保持稳定，且与室外气温相适应。一般冬季保持在18℃～20℃，夏季保持在22℃～24℃。

（2）宴会厅台型布置。

1）根据宴会厅的面积、形状及宴会要求，按照"中心第一，先右后左，高近低远"的基本原则来设计台型。

2）强调主桌位置，应面向餐厅主门，能够纵观全厅；主桌的台布、餐椅、餐具、花草等也应与其他餐桌有所区别。

3）留出合理的通道：主通道更宽敞、突出；桌与桌之间的距离不小于2米。

4）致词台一般放在主台附近的后面或右侧，装有麦克风，台前用鲜花装饰。

5）工作台应根据服务区域的划分合理设立，一般采用临时搭设的方法，围桌裙，放在餐厅的四周，既方便操作，又不影响整体的美观。

6）酒吧台、礼品台、贵宾休息台等要根据宴会的需要和宴会厅的具体情况灵活安排。

7）在整个宴会厅台型布局上，要求整齐划一、美观大方。

8）合理使用宴会场地。宴会如安排文艺演出或乐队演奏，在设计餐台时应为之留出一定的场地。

4. 熟悉菜单

服务员应熟悉宴会菜单和主要菜肴的风味特色，做好上菜、派菜和解答宾客对菜点提出询问的思想准备。同时，应了解每道菜点的服务程序，保证准确无误地进行上菜服务。

对菜单应做到：能准确地说出每道菜的名称；能准确描述每道菜的风味特色；能准确讲出每道菜肴的配菜和配食佐料；能准确知道每道菜肴的制作方法；能准确服务每道菜肴。

5. 准备物品

根据菜单的服务要求，准备好摆台所需的各项物品，对客服务时所用到的各种服务用具，以及餐配用的调味作料等。

在重要宴会上，需要给宾客赠送宴会纪念品，也要按要求提前准备到位。

6. 铺设餐台

按要求提前摆设餐桌，铺设台布，摆设餐具，安排座椅，美化席面。中餐宴会席面的布置既要突出主题、富有创意，又要体现艺术性和实用性，同时所有物品均应符合安全、卫生的要求。

工作台的铺设应统一、规范、合理。同时，将准备好的服务用具及备餐用品按使用顺序科学地摆放在工作台上。

7. 安排席位

凡正式宴请，每位宾客座位前都应放席位卡，卡片上写有参加者的姓名，便于对号入座。座次的安排一般依身份而定。

8. 开宴彩排

大型隆重、高规格的宴会活动通常都要进行开宴彩排。其内容包括开宴上菜仪式、奏乐队列排序、服务规范模拟等。

9. 摆设冷盘

大型宴会开始前 15 分钟摆上冷盘，需要冷食的海鲜类菜肴则应在宴会开始时才能摆放。酒水应视情况可提前 10 分钟斟倒。

在摆设冷盘时，根据菜点的品种和数量，注意菜点色调的分布、荤素的搭配、菜型的正反、刀口的逆顺、菜盘间距等，为宾客带来赏心悦目的艺术享受。

准备工作全部就绪后，所有人员要做一次全面检查，包括管理人员的抽查、服务人员的自查，做到有备无患，并保证宴会按时进行。

（二）中餐宴会接待程序和服务要求

1. 热情迎宾

根据宴会的入场时间，宴会主管人员和迎宾员应提前在宴会厅门口迎候宾客，值台服务员应站在各自负责的餐台旁准备为宾客服务。

宾客到达时，要热情迎接，微笑问好，用手示意宾客进入，并引领宾客入座，协助值台服务员为宾客拉椅。

2. 贵宾室服务

贵宾室应分派专人提供服务。当迎宾员引领宾客抵达贵宾室后，按照先宾后主的次序提供小毛巾及茶水服务。

宾客谈话期间，服务员不得在厅内随意走动，应站立在贵宾室门口，做好随时服务的准备。当宾客离开贵宾室进入宴会厅后，服务员应及时进行贵宾室的整理工作，恢复原状，并负责妥善看管 VIP 的衣物。

3. 接挂衣帽服务

大型宴会需设衣帽间，凭牌存取衣帽。接挂衣帽时，应握衣领，切勿倒提，以防衣袋内的物品倒出。衣服要用衣架挂好，以防走样。重要宾客的衣物要凭记忆进行准确的服务，贵重物品请宾客自己保管。

小型宴会只需在宴会厅房门前或宴会厅内放置衣帽架，由服务员照顾宾客宽衣并接挂衣帽即可。

4. 入席服务

开宴前，值台服务员应站在各自负责的餐台旁，面向宴会厅，迎候宾客。当宾客来到席前，值台服务员应礼貌问候，主动为宾客拉椅让座，迅速撤掉筷套、打开餐巾，主动询问宾客需要什么饮料，及时斟倒。当宾客坐齐后，应撤掉台号牌。

5. 斟酒服务

为宾客斟倒酒水时，服务员要先征求宾客意见，根据宾客的要求斟倒他们各自喜欢的酒水饮料，如宾客提出不需要，应将宾客位前的空杯撤走。

斟酒时应从主宾位开始，然后按顺时针方向依次斟倒。例如，有两位服务员为同一桌宾客斟酒时，一个从主宾开始，另一个就从副主宾开始斟酒，然后按顺时针方向进行。

宾客互相祝酒讲话前，服务员应斟好所有来宾的酒或其他饮料。

6. 菜肴服务

大型宴会上菜肴服务以主桌为准，全场统一，上菜顺序以宴会菜单为标准，菜与菜的间隔时间可根据宴会进程或主办人的意见而定。

服务员要选择正确的上菜位置为宾客上菜，操作时站在与主人呈 90°的译陪人员之间进行。

为宾客分、让菜肴时，要动作轻稳、胆大心细、掌握好分数和分量；带有配料或调料的菜肴，应先上齐配料、调料，然后再上菜。

7. 席间服务

在宴会进行中，服务员应始终保持主动、热情、耐心、周到的服务态度。做到勤巡视、勤斟酒、勤换餐具、勤清理台面。当宾客席间离座时，及时为宾客拉椅、整理餐巾，回座时拉椅让座，递铺餐巾。

冷静果断地处理席间的突发事件，真正做到"心中有客、眼中有活"。

8. 结账服务

大型宴会的结账工作一般有专人负责，值台服务员应根据宴请通知单的要求，在宴会结束前，清点好消费酒水的总数及菜单以外的各种消费，及时送到收银处，保证准确无误，不能漏账。

小型宴会可由值台服务员直接为宾客办理结账服务。

9. 送客服务

主人宣布宴会结束，值台服务员要提醒宾客带齐携来的物品。当宾客起身离座时，要主动为其拉开座椅，视具体情况目送或随送宾客至餐厅门口，向宾客致谢道别。

宾客出餐厅时，衣帽间的服务员根据取衣牌号码，及时准确地将衣帽取递给宾客。

大型宴会在结束时一般会安排相关服务人员在宴会厅大门两侧列队欢送。

10. 收尾工作

在宾客离席的同时，值台服务员要迅速检查席面上是否有未熄灭的烟头，是否有客人遗忘的物品。首先清点贵重餐具，其次清理台面。各类开餐用具要按规定位置复位，重新摆放整齐。餐厅应按要求重新布置，以备下次使用。

收尾工作做完，经管理人员检查完毕后，全部人员方可离开或下班。宴会主管要对任务完成情况进行小结，以利于不断提高服务质量和服务水平。

（三）中餐宴会服务注意事项

（1）服务操作时，注意三轻，严防打碎餐具和碰翻酒瓶、酒杯，从而影响场内气氛。

（2）当宾主席间讲话致辞或国宴演奏国歌时，服务员要停止操作，迅速退至工作台两侧肃立，姿势端正，厅内保持安静。

（3）宾主到各桌敬酒时，应安排专门服务人员跟随，准备随时斟酒。

（4）宴会人数临时增减时，服务人员应迅速调整餐具和餐位，方便宾客就座和就餐。

（5）席间如有人有事或打电话找客人，要略欠身，低声告知宾客，不可以语调过高，影响其他宾客。如找身份较高的主宾或主人，应通过主办单位的人员告知。

（6）席间若有宾客突感身体不适，要立即请医务室帮助并向领导汇报，并将食物原样保存，留待化验。

（7）如宾客不慎将酒水杯碰翻，服务人员要立即上前为宾客清理台面，动作要轻，不要影响其他宾客。

（8）宴会结束后，应主动征求宾客和陪同人员对服务和菜品的意见，客气地与宾客道别。当宾客主动与自己握手表示感谢时，视宾客神态适当地握手。

另外，在宴会举行过程中难免会发生一些重大问题与突发事件，这就需要工作人员在策划宴会服务实施方案时，还应考虑到应急预案的制订，及时对突发事件进行有效控制和解决，保证宴会活动的顺利进行。

四、西餐宴会服务

西餐宴会是采用欧美国家宴会的布置形式、用餐方式、风味菜点的方法而举行的一种宴请活动。西餐宴会摆西餐台面，用西餐餐具，吃西式菜点，采取分食制并按西餐礼仪进行服务，席间播放背景音乐。

（一）西餐宴会前的组织准备工作

1. 掌握情况与明确分工

（1）接到西餐宴会通知单后，管理人员应清楚地了解宴会的举办单位和规格、人数和标准、菜单内容和开宴时间、宾主身份、来宾国籍、宗教信仰、饮食禁忌和特殊需要、付款方式和服务要求等情况。

（2）宴会管理人员负责召开宴前工作会，交代工作任务，宣布人员分工，明确工作职责，提出具体要求和注意事项。

2. 宴会厅布置与整理

按照宴会要求进行宴会厅布置和卫生清洁工作，清洁区域包括过道、楼梯、卫生间、休息室等地方。

（1）休息室布置。西餐宴会厅休息室的布置与中餐宴会厅大致相同，但根据西餐习惯，最好分设男宾休息室和女宾休息室，以方便不同性别宾客的交谈。

（2）宴会厅布置。西餐宴会厅的环境布置应具有欧美文化和西方艺术特色，它包括陈设、墙饰、灯光、绿化等方面。

3. 台形布置与席位安排

台形布置与席位安排要根据主办单位的具体要求和遵循西餐宴会的安排原则来进行。

（1）台形布置。西餐宴会主要台形有"一"字形、"T"字形、"U"字形、"回"字形等，其中以"一"字形最为常用。现在也有一些西餐宴会用圆桌来设计台形。西餐宴会的台形应根据宴会厅形状、宴会规模及主办单位的要求灵活设计。总体要求是美观适用、左右对称、出入方便、具有整体感，并注意宴会厅的布局。

（2）席位安排。西餐宴会的席位安排也遵循"先右后左，高近低远"的原则。"一"字形台的席位安排有两种方式，如图7-1所示；其他台形席位安排相似，大都是主人坐在餐台中央，主宾在主人右侧，其他来宾离主人越近，表示其身份地位越高。

4. 搭设工作台与物品准备

依据宴会厅内台型的大小、多少、设置位置，搭设工作台。一般来说，同一餐厅的工作台的规格、样式应统一。开餐前，服务员应确保工作台的清洁卫生。

```
    5 1     主人     3 7              3   7   10  6   2
  ┌─────────────────────┐      ┌───────────────────────────┐
                              主人                          副主人
  └─────────────────────┘      └───────────────────────────┘
    8 4    副主人    2 6              1   5   9   8   4
         (a)                               (b)
```

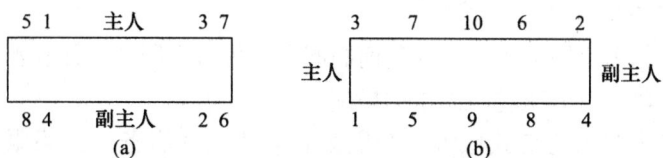

图 7 - 1　西餐宴会席位安排

以本场宴会的菜单为标准，根据人数备齐所有摆台物品、开餐用具、备餐餐具等。

5. 西餐宴会摆台

依据本场宴会菜单，按要求进行餐台布置：铺上台布、摆上餐具、酒具及用具，最后摆上鲜花、烛台等装饰物品，美化席面。

6. 准备酒水饮料、果品、黄油及面包

根据宴会要求设置酒吧。酒吧一般应该设在休息室或宴会厅的一侧，吧台备齐调酒用具并安排专业调酒师。

备好果仁等佐酒小食品。按宴会要求领取酒水、茶和果品。酒水要逐瓶检查，需冰镇的要按时冰镇好。果品要挑选检查并清洗干净，需要去皮的要准备好去皮、去壳工具。

在备餐间备好与菜品跟配的辅助佐料和黄油、面包等。黄油、面包可提前10 分钟摆放在黄油碟和面包盘中。

准备工作全部就绪后，所有人员要做一次全面检查，包括管理人员的抽查、服务人员的自查，做到有备无患，并保证宴会按时进行。

（二）西餐宴会接待程序和服务要求

1. 迎宾及休息室服务

迎宾员主动问候，热情迎接，引领宾客到休息室休息。根据宾客的要求送上餐前饮料或餐前酒品。待宾客到齐后，主人表示可以入席时，领位员要引领宾客入席。

2. 宴会前的鸡尾酒服务

西餐宴会可以在开始前 30 分钟，在宴会厅的一侧或门前酒廊设餐前酒会。当宾客陆续到来时，先到厅内聚会交谈，由服务员用托盘端上鸡尾酒、饮料巡回请宾客选用。主宾到达时，由主人陪同其进入休息厅与其他宾客见面，随后进入宴会厅，宴会即正式开始。

3. 引宾入席服务

领位员引领宾客到席位上就座，按先女士后男士、先宾后主的顺序主动为宾客拉椅让座，递铺餐巾。

4. 酒水及菜肴服务

西餐宴会的酒水服务主要分为餐前酒服务、佐餐酒服务、甜食酒服务和餐后酒服务四个阶段，讲究菜肴与酒水的搭配。

菜肴服务大多采用美式服务，个别菜肴采用法式服务。上菜服务程序是头盆、汤、副菜、主菜、甜品、咖啡或茶。上菜时，要严格遵循宾主顺序，按照女士优先的原则，从宾客右侧上菜进行服务。上每一道菜之前，服务员都应将前一道菜用完后的餐具撤下。

（1）餐前酒。宾客落座后根据宾客的需要按照先女宾后男宾的顺序为宾客斟倒餐前酒。

（2）头盆。又称开胃品，分为冷、热两种。如果是冷头盆可在宴会前10分钟左右事先上好。根据头盆配用的酒类，服务员应先为女主宾斟酒。宾客用完头盆后，服务员应从主宾右侧开始撤盘，连同刀叉一起撤下。

（3）汤。上汤时应加垫盘，从宾客右侧送上。喝汤时一般不喝酒，但如安排了酒类，则应先斟酒，再上汤。当宾客用完汤后，即可从宾客右侧连同汤匙一起撤下汤盆。

（4）副菜。副菜主要指海鲜类的菜肴，一般称为白肉。服务员在服务时，应先斟好白葡萄酒，再为客人从右侧上鱼类菜肴。当客人吃完鱼类菜肴后，即可从客人右侧撤下鱼盘及刀、叉。

（5）主菜。上主菜前，服务员应先斟好红葡萄酒。主菜菜肴的服务程序为：①服务员从宾客的右侧撤下装饰盘，摆上餐盘；②服务员在左侧为宾客分主菜，应将菜肴的主要部分靠近宾客；③另一名服务员随后从宾客的左侧为宾客分派沙司；④若配有色拉，服务员也应从左侧为宾客一次送上。

（6）甜品。宾客用完主菜后，服务员应撤下桌上除酒杯以外的餐具，摆好甜品叉匙。先斟倒甜酒，也可继续饮用配主菜的酒水，再从宾客左侧分派甜点。分派水果也应从宾客的左侧进行，并跟上洗手盅和水果刀叉。

（7）咖啡或茶。上咖啡或茶时，服务员应送上糖罐、淡奶壶、咖啡壶（或茶壶）。在宾客的右手边放置咖啡具或茶具，然后用咖啡壶或茶壶依次斟上。宾客饮用咖啡或茶时，服务员应向宾客推销餐后甜酒或雪茄。

（8）餐后甜酒和雪茄。餐后甜酒指的是在用完餐之后，用来以助消化的酒水，最常见的餐后甜酒是利口酒。根据客人的需要及时斟倒餐后酒，并随后开列订单。如果客人点了雪茄，则要帮助客人点燃。

（9）结账服务。宴会接近尾声时，服务员应清点所用的饮料，如收费标准不包括饮料费用，则要立即开出所耗用的饮料订单，交收款员算出总账单。宴会结束时，由宴请的主人或助手负责结账。

（10）送客服务。当宾客起身离座时，应为其拉椅，以方便其走出，要送宾客至宴会厅门口，并帮助宾客取递衣帽。

（11）结束工作。宾客离席后，应及时收拾台面、清理现场。根据下次宴会情况，在下班前准备好宴会的餐桌摆台。

主管应依据宴会的完成情况和宾主的意见，召开工作总结会，克服缺点，发扬优点，不断提高服务质量和服务水平。

（三）西餐宴会服务注意事项

（1）服务过程中应始终遵循先宾后主、女士优先的服务原则。

（2）宴会厅全场撤盘、上菜时间应一致；有多桌时，以主桌为主。

（3）在撤餐具时，动作要轻稳。西餐撤盘一般都是徒手操作，所以一次不应拿得太多，以免失手摔破。

（4）西餐晚宴需摆放烛台来烘托进餐气氛。

（5）当席间宾客将刀叉呈"八"字形搭放在盘边，刀口朝向里侧，表明还要继续食用；如用餐完毕，并将刀叉并排放于盘中则暗示服务员可以撤盘。

五、酒吧服务管理

（一）酒吧营业前的组织准备工作

酒吧营业前的组织准备工作俗称开吧，属于准备性工作，管理者应当为酒吧服务人员留出完成这些工作的时间，这样他们才能将酒吧收拾妥当，做好接待宾客的前期准备。

1. 班前例会

在酒吧开始营业前，酒吧经理或主管要组织召开班前例会，主要对昨天的工作做小结，根据当日情况对人员进行具体工作分工，通告当日酒吧的特色活动及推出的特价酒水品种、品牌等，以便向宾客介绍推荐。检查全体人员的仪容仪表是否符合酒吧的规范要求。

班前例会结束后，各岗位人员应迅速进入工作岗位，并按照班前例会的具体分工和要求，做好营业前的各项准备工作。

2. 清洁卫生工作

（1）吧台的清洁。吧台包括前吧台、工作吧台和后吧台三部分。

前吧台台面通常由大理石或硬木制成，每天应先用湿布，后用洁净的干布擦拭干净，必要时可喷上上光蜡，再使用洁净的干布擦拭光亮即可。

多数酒吧的工作吧台以不锈钢作为台面，可直接以清洁剂擦拭，清洁干净后用干布擦干。

后吧台位于前吧台的正前方，主要用于陈列和展示酒水及酒具等物品。应先将酒架擦拭干净，再逐一擦拭酒瓶，要求瓶体干净、商标无破损；打开瓶盖后，瓶口应干爽、不黏滑。整个吧台应干净、无尘、无水渍。

（2）酒杯、工具的清洁。工作人员每天都应严格地对酒杯和调酒用具进行清洁、消毒，即使对没有使用过的器具也不应例外。另外，在清洁酒杯、调酒用具的同时，认真检查酒杯有无破损，如有应立即剔除，并填写报损清单。

（3）冷藏柜的清洁。工作人员每天应对冷藏柜的外部除尘，每三天应对冷藏柜的内部进行清洁一次，先用湿布和清洁剂擦洗污迹，再用清水抹干净。

（4）地面的清洁。酒吧内的地面常用石质材料或地板砖铺砌而成，营业前应使用拖把将地面擦洗干净。

（5）服务区的清洁。酒吧服务区的清洁工作一般由酒吧接待服务员完成，主要包括酒吧门厅、地面、宾客座位及台面的清洁卫生工作。同时，还包括服务用具及客用物品的准备及摆放，并要求环境清洁、物品摆放整齐。

3. 领货工作

（1）领取酒水。每天依据酒吧营业所需领用的酒水数量及上班缺货记录单填写酒水领货单，送交酒吧经理签名，持签过名的酒水领货单到货仓提货；在领取酒水时应认真核对酒水名称和清点酒水数量，以免产生差错；领货人在酒水领货单上签名后领回酒水。

（2）领取酒杯和器具。酒杯和一些器具容易破损，及时领用和补充是日常要做的工作。在领用时，要按用量和规格填写领货单，送交酒吧经理签名后，到货仓提货。酒杯和器具领回酒吧后要先清洗消毒才能使用。

（3）领取易耗品。酒吧易耗品是指杯垫、吸管、鸡尾酒签、餐巾纸、各种表格等物品。一般每周领取一两次，领用时也需酒吧经理签名后才能到货仓提货。

（4）酒水、物品记录。将酒吧每日的存货、领用酒水物品的数量、售出的数量及结存的具体数量，认真地记录在酒水记录簿，以便核查。

4. 酒水、原料的补充与酒水、酒杯的摆设

（1）补充酒水、原料。将领回的酒水、原料分类并按其饮用要求放置在合理的位置，啤酒、矿泉水、碳酸饮料、瓶装或听装果汁及白葡萄酒应擦拭干净后放入冷藏柜冰镇。补充酒水时一定要遵循"先进先出"的原则，特别是保质期短的原料。所有酒水在擦拭酒瓶后方可放入柜中或摆上酒架。在酒水补充完毕后，将酒吧内的制冰机启动，以保障在营业期间内冰块的正常供应。

（2）摆设酒水。酒水摆设主要是指瓶装酒的摆设，摆设前应先检查酒架是否干净、无水渍，再将酒水按要求逐一摆放。摆放时所有酒瓶与酒瓶之间要有间隙，所有酒标都应正面朝向宾客；名贵酒应放在酒架高处，进价贵的酒与便宜的

酒应分开摆放；不同类别的酒应分开摆放；酒吧常用酒与陈列酒要分开摆放，常用酒应放在操作台前伸手可及的位置上。总体来讲，要美观大方、富有吸引力、方便工作和专业性强。

（3）摆设酒杯。酒吧内酒杯的摆设采用悬挂与摆放两种方式。悬挂式摆设是指将酒杯悬挂于吧台面上部的杯架内，一般这类酒杯不使用（因为取拿不方便），只起到装饰作用。摆放式摆设是指将酒杯分类整齐地码放在操作台上，这样可以方便调酒师工作时取拿。

酒杯是酒吧最主要的服务器皿，其清洁卫生状况的好坏直接影响到宾客的健康和饮用情绪。酒吧应严格遵循酒杯的清洁、消毒程序，为宾客提供晶莹剔透、清洁卫生的杯具。

5. 服务准备

（1）调酒师的准备。

1）制备冰块。用大号冰铲将冰块从制冰机中取出放入工作台的冰块池中备用。如酒吧没有冰块池，可以将取出的冰块放入有盖子的冰桶内，以备营业期间使用。冰铲与冰块要分开摆放。

2）备好辅料及调味类配料。软饮料等辅料应备好放入冷藏柜；佐餐小食品要准备充足；豆蔻、精盐、砂糖、辣酱油、丁香等各种调味类配料应按照酒水供应的配套要求，提前准备充足，以备营业期间使用。

3）制备装饰性配料。酒吧常用装饰物的原料包括鲜橙、柠檬、青柠檬、菠萝、草莓、蜜饯樱桃、西柚、小甜瓜、薄荷叶、橄榄等。调酒师应先将所用水果清洗干净，再进行切配、组装，做好的装饰物摆放在碟子里，用保鲜膜封好；也可放在饰物盒内存放。在一般情况下，切配好的水果装饰物的保质时间为24小时，隔天不再使用。

4）其他材料。杯垫架内的杯垫应补充齐全，吸管、调酒棒、鸡尾酒签、小花伞等应按酒吧规定放入专用器皿中并在工作台上摆放整齐。

（2）服务员。

1）准备好托盘、餐巾纸、烟缸、酒水单、点酒单、笔等服务用具。

2）整理好桌椅及工作台，并在桌面上摆放好花瓶、酒水单、桌号牌等用品。

3）迎宾员负责迎宾台的清洁与整理，提前做好迎宾准备。

6. 营业前检查

营业前，调酒师及服务员应对各自负责区域的卫生及物品准备进行全面检查，如发现不符合要求的应立即改正，同时整理个人仪表仪容，并站在规定位置上迎候客人的到来。当班主管或经理应对工作区域及人员进行检查或抽查。

（二）酒吧服务流程

1. 引领宾客入座

当宾客来到酒吧时，要热情迎宾，主动问候，问清人数后将宾客引领入座。一般单个的宾客喜欢坐在酒吧台前的酒吧椅上消费，而两个或两个以上的宾客则应引领至沙发或小台落座。引领时应遵从宾客的意愿和喜好，不可强行安排座位。

如果是夜晚营业，要将小台上的烛台点燃以营造温馨浪漫的气氛。待宾客落座后向宾客呈递打开的酒水单，如果酒吧采取台卡式酒水单，则应从台面上将酒水台卡拿起再递给宾客。

2. 点酒水服务

酒水单呈递给宾客后，要稍候片刻再上前询问宾客需要点什么。服务员或调酒师应主动向宾客介绍酒吧的酒水和特选鸡尾酒，并推介本酒吧的酒水促销方案，以供宾客选择。在向宾客提出建议时，要权衡宾客的喜好及配饮原则。

当宾客点酒水时，服务员或调酒师要为宾客开具酒水单，并记录清晰，包括台号、座号、点单时间、服务员或调酒师姓名、酒水饮料品种、规格、数量及特殊要求等。

点酒水完毕后应向宾客复述内容，进行确认。确认无误后，将酒水单的空余部分用笔画掉，再将酒水单分别交送吧台及收银台。服务员应记住每位宾客所点的酒水，以免送酒水时混淆。

3. 酒水服务

（1）鸡尾酒调制。鸡尾酒是以蒸馏酒为基酒，再配以果汁、汽水、餐后甜酒等辅料调制而成的，是一种色、香、味、形俱佳的艺术酒品。

关于鸡尾酒的定义，《韦氏辞典》的解释为："鸡尾酒是一种量少而冰镇的酒，它是以金酒、威士忌、朗姆酒或其他烈性酒、葡萄酒为基酒，再配以其他辅助材料，如果汁、牛奶、鸡蛋、苦精、冰块、糖浆、汽水等，以搅拌或摇荡的方法调制而成的混合饮品，最后再饰以柠檬片或薄荷叶等。"

1）鸡尾酒调制的方法。

鸡尾酒调制的方法主要有四种：兑和法、调和法、摇和法及搅和法。

a. 兑和法。兑和法是将配方中的酒水按分量直接倒入杯里不需搅拌或做轻微的搅拌即可。但有时也用酒吧匙贴紧杯壁慢慢地将酒水倒入，以免不同的酒液冲撞混合。

兑和法操作技法：依据鸡尾酒配方的分量将酒水按照其含糖量的高低（含糖量越高，比重就越大），依次倒入载杯中，先倒入含糖量高的（比重大的）酒水，再倒入含糖量低的酒水。

使用兑合法调酒的关键在于，调酒师必须熟练掌握各种酒水不同的含糖量（比重的大小）。在进行调制时，必须做到心平气和，尽量避免手的颤动，以防影响酒液的流速冲击下层酒液使酒液色层融合。

b. 调和法。调和法是在酒杯中直接把冰块与酒水原料调匀出品的方法。

调和法的操作技巧：在调酒杯中加入数块冰块，再将酒水依据鸡尾酒配方规定的量，依次倒入调酒杯中，以左手拇指、中指、食指轻握调酒杯的底部，将调酒匙的螺旋部分夹在右手拇指和食指、中指、无名指之间，将匙背贴着杯壁以顺时针方向搅动数次。

调和法有两种：调和、调和与滤冰。

调和与滤冰是在酒杯中把冰块与酒水原料调匀后再过滤冰块并倒入杯中的方法。

调和与滤冰的操作技巧：在调酒杯中加入数块冰块，再将酒水依据鸡尾酒配方规定的量，依次倒入调酒杯中，以左手拇指、中指、食指轻握调酒杯的底部，将调酒匙的螺旋部分夹在右手拇指和食指、中指、无名指之间，将匙背贴着杯壁以顺时针方向搅动数次，将滤冰器加盖于调酒杯口上，过滤冰块，倒入已备好的载杯中。

c. 摇和法。摇和法是将酒水与冰块按配方分量倒进摇酒器中摇荡，摇匀后过滤冰块，将酒水倒入酒杯中。摇和法有单手摇法和双手摇法两种。

单手摇法的操作技巧如下：以右手食指按压调酒壶盖，中指在壶身右侧按压滤冰器，拇指在壶身左侧，无名指和小拇指在右侧夹住壶身。手心不与壶身接触，以免加速壶内冰块熔化的速度。摇和时，注意手臂尽量拉直，以手腕的力量使调酒壶左右摇晃，同时手臂自然上下摆动。

双手摇法的操作技巧如下：

右手拇指按压调酒壶盖，其他手指夹住壶身；左手无名指、小拇指托住壶底，其余手指夹住壶身。壶头朝向调酒师，壶底朝外，并将壶底略向上抬。摇和时可将调酒壶斜对胸前，也可将调酒壶置于身体的左上方或右上方肩上，做"活塞式"运动。注意用力要均匀、有力，以便使酒液充分混合冷却。

d. 搅和法。搅和法是把酒水与碎冰按配方分量放进电动搅拌机中，启动电动搅拌机运转10秒，连冰块带酒水一起倒入酒杯。

搅和法的操作技巧如下。把冰块放进碎冰机中打成碎冰。从搅拌机中取下搅拌杯，打开杯盖，加入碎冰，并按配方规定量依次放入搅拌杯中，盖上杯盖，把搅拌杯放回搅拌机机座上，启动开关约10秒，关闭开关。待马达停止后提起搅拌杯，打开杯盖并把已混合好的成品倒入载杯中。在调制饮品时，这四种方法既可单独使用又可组合使用。

2）鸡尾酒调制的要求。

调酒师在接到鸡尾酒调制酒单时，应按鸡尾酒配方进行调制。调制前，应把所需用的工具、酒杯、香料、装饰品准备好。调酒工具，如调酒器、调酒杯、各种载杯不要混用、代用。调酒杯必须干净、透明、光亮。调酒姿势要端正，始终面对宾客，去陈列柜取酒时应侧身而不要转身。调酒动作要潇洒、自然，调酒时应注意卫生，取用冰块、装饰物等时应使用各种工具，而不应用手直接抓取，拿酒杯时应握其底部，而不能碰杯口。调制好的酒水应尽快倒入杯中。调制一杯以上的酒，浓淡要一样，应将酒杯在吧台上整齐排列，分两三次来回依次倒满，而不应一次斟满一杯后再斟另一杯。

3）鸡尾酒调制注意事项。

a. 调酒时，必须用量杯计量主要基酒、调味酒和果汁的需要量，不要随意把原料倒入杯中。

b. 酒杯装载混合酒不能太满或太少，杯口留的空隙以 1/8 ~ 1/4 为宜。

c. 使用后的量杯和杯匙一定要浸泡在水中，洗去它们的味道和气味，以免影响下一款鸡尾酒的质量。浸泡量杯的水应经常换，以保持干净、新鲜。

d. 调酒师必须保持一双非常干净的手，因为在许多情况下是需要用手直接操作的。

e. 酒瓶快空时，应开启一瓶新酒，不要在客人面前显示出一只空瓶，更不要用两个瓶里的同一酒品来为客人调制同一份鸡尾酒。

f. 一定要养成调配制作完毕后将瓶盖盖紧并复位的好习惯。

g. 调酒器中如有剩余的酒，不可长时间地在调酒壶中放置，应尽快滤入干净的酒杯中，以备它用。

h. 要注意宾客到来的先后顺序，应先为早到的宾客服务。

i. 如果客人所点的酒水是酒水单上没有的，可请教客人，按客人要求调制。

（2）咖啡调配。

1）咖啡的冲泡方法。

一杯好的咖啡必须是色、香、味俱全，而质量的好坏除与咖啡的品种有关外，还与冲泡的方法有密切关系。通常咖啡的冲泡方法有过滤式、蒸馏式和电热式咖啡壶冲泡三种。

a. 过滤式冲泡法。准备好过滤器和过滤纸，将过滤纸用手摊开，套入过滤器内。把一定量的咖啡粉放置于过滤纸内，将滚沸的水浇在咖啡粉上，第一次浇开水的量要少些，第二次比第一次稍多，第三次以后就要平均。当咖啡浸泡在开水里时，水温会降低到约90℃，再过滤到咖啡壶里时会降低到80℃左右。咖啡浸泡的时间要尽量短，一般以 2 ~ 3 分钟为宜，若时间过长，则会把不良成分溶解出来，影响咖啡的味道。

b. 蒸馏式冲泡法。蒸馏式冲泡的器具重点在玻璃制的蒸汽咖啡壶和其虹吸作用，透明的玻璃可以清楚地看到冲泡的全过程。将一定量的咖啡粉加入上壶，再扣到盛满水的下壶上，将下壶壶身充分拭干后，用酒精炉加热，水沸腾时便涌入到上壶，与咖啡粉混合，下壶的水全部沸腾后持续 30 秒，然后移开酒精炉，上壶的水自然回流，这时撤去下壶便可将咖啡倒入杯中了。

c. 电热式咖啡壶冲泡法。这是一种最简单、方便的冲泡方法，使用时，把咖啡粉加入特制的咖啡壶里，同时加入适量水，盖上盖子，然后通电，即会自动冲泡过滤，滴入底部的壶内。此种冲泡法可以大量供应咖啡，但与前两种方法比较起来口感最差，若咖啡摆放时间过长，则会变质、变酸。

2）咖啡冲泡的要求。

a. 水质的要求。冲调咖啡一定要讲究水质，不能用含有大量铁质的水，也不能用含大量碱性的硬水。一般冲泡咖啡可选用纯净水、磁化水、蒸馏水，而不用矿泉水。水质较好的普通自来水也可以，但早上最初的自来水、前一天存放的水及第二次煮沸的水要尽量避免使用，最好能使用净水器或活性炭的过滤水，可以避免水中的杂质及气味。

b. 水温的要求。冲泡咖啡的水温应在 80 ~ 90℃，如果水温太高，会增加咖啡的苦味；水温太低，又影响咖啡芳香味的发挥。

c. 器皿的要求。使用玻璃器皿和陶瓷器具煮咖啡最为合适。如果使用金属器皿会起氧化反应，使咖啡的味道发生改变。调制好的咖啡应使用陶瓷和玻璃器皿盛装，这样可使咖啡保持原有风味。同时，要保持器皿干净，没有油渍。

d. 用量的要求。咖啡的用量要根据所煮咖啡颗粒的大小及喝咖啡者的喜好来定。通常细粉状咖啡可以比细颗粒状的咖啡少放一些，而粗颗粒状的咖啡又比细颗粒状咖啡多放 15% 左右。若以 500 克咖啡冲泡 40 ~ 50 杯以下的咖啡，那就是浓咖啡；如果冲泡出 50 ~ 60 杯，则为浓度适中的咖啡。

e. 糖的选择。咖啡加糖的目的是要缓和苦味，而且根据糖分量的多少，可以调配出完全不同的味道。各种糖有不同成分的甜味，可以按咖啡的风格，选用不同的糖。白砂糖：粗粒结晶固体，色白，多为 8 克小包装以便每次使用。黑砂糖：一种褐色砂糖，有点焦味，普遍用于爱尔兰咖啡的调制。方糖：便于保存，且溶解速度快。咖啡糖：专门用于咖啡的糖，为咖啡色的砂糖或方糖，与其他的糖比较，咖啡糖留在舌头上的甜味更持久。

f. 牛奶制品的选择。选择不同的牛奶制品，能够赋予咖啡另一番风味，享受变化多端的口感。鲜奶油又称生奶油。这是从新鲜牛奶中，分离出的含脂肪的高浓度奶油。鲜奶油的脂肪含量最高为 50%，最低也有 25%，冲泡咖啡通常是使用含脂肪量25%～35%的鲜奶油。发泡式奶油，即鲜奶油经搅拌发泡后就变成发泡式奶油，这种奶油配合含有苦味的浓咖啡，味道最佳。炼乳，即把牛奶浓缩1～2.5倍，就成为无糖炼乳。一般的罐装炼乳是经过加热杀菌的，但开罐后容易腐坏，不能长期保存。冲泡咖啡时，炼乳会沉淀到咖啡中。牛奶选用于调和浓缩咖啡或作为花式咖啡的变化来使用。

g. 其他添加品的选择。咖啡因各地人们的喜好不同，有着许多不同的饮用方式，同时为了增进咖啡的美味，而使用各式各样的添加物。

香料，包括肉桂（分成粉状或棒状）、可可、豆蔻、薄荷、丁香等，其中肉桂、可可常用于卡布奇诺。

水果，包括柳橙、柠檬、菠萝、香蕉等，用于花式咖啡的调味及装饰，丰富咖啡的另类享受。

酒类，包括白兰地、威士忌、朗姆酒等，用以调配花式咖啡。

3）咖啡冲泡注意事项。

a. 咖啡豆的选择一定要新鲜。同时，要保存在严密的容器内，并放置在干燥和阴凉的地方。

b. 正确研磨咖啡豆。注意点是根据煮咖啡的器具来选择咖啡研磨程度。

c. 使用恰当的咖啡杯，搭配正确的咖啡勺。

d. 咖啡壶在使用后，必须立即用清水冲洗，以防有残留的咖啡油脂附着在壶壁上，影响下次冲咖啡的品质。

e. 咖啡师懂得服务礼仪，能够正确为客人提供服务，并有针对性地向客人推荐各类咖啡。

（3）茶水冲泡。

1）茶叶的种类。

a. 红茶。中国红茶可分为小种红茶、工夫红茶和红碎茶三种类型。

小种红茶原产于武夷山星村镇，是我国最早的红茶。小种红茶色泽乌黑，带有烟熏松节油香味和桂圆的香味。其特有的松烟味是因为使用松柴燃烧焙干时，茶叶吸收了大量的松烟而形成的香味。

工夫红茶是我国特有的红茶品种，也是我国传统的出口商品。其特点是做工精细，茶叶条索紧细美观，色泽乌润，汤色浓红，香气高爽。中国工夫红茶的主要种类有祁门工夫、滇红工夫、宁红工夫、宜红工夫、川红工夫、闽红工夫、湖红工夫、越红工夫八大类别。

红碎茶是一种国际规格的商品茶，其制作方法源于印度，因用机器切碎茶叶呈颗粒状碎片，故又被称为"红细茶"。为了便于饮用，常把一杯量的红碎茶装在专用滤纸袋中，加工成"袋泡茶"。

b. 绿茶。绿茶是我国历史上最早的茶类，也是我国茶量最大的茶类。绿茶属于不发酵茶，是以鲜嫩的芽叶为原料的，不经过发酵，保持茶叶原有的特征，其干茶色泽和冲泡后的茶汤、叶底以绿色为主调，故此得名。

绿茶根据茶叶干燥的方法不同，可分为蒸青绿茶、炒青绿茶＋烘青绿茶和晒青绿茶四大类。

蒸青绿茶是利用蒸汽量来破坏鲜叶中酶的活性，形成千茶色泽深绿、茶汤浅绿和茶底青绿的"三绿"品质特征，其香气较闷，带青气，涩味也较重。

炒青绿茶是将鲜嫩的芽叶采用铁锅炒干的方式而制成的。此种茶叶外形紧结，水色翠绿，滋味醇厚，耐冲泡。按其外形的形状特点，可以分为长炒青绿茶、圆炒青绿茶、扁炒青绿茶三类。

烘青绿茶是将茶叶放入烘笼或烘干机中烘干制成的。此茶条索松弛，外形完整稍弯。

2）茶水冲泡的要求。

a. 水质的要求。泡茶用水要求水甘而洁，活而鲜，天然水最好。酸度接近中性。水的硬度低于25°。水的硬度一般以每升水所含的碳酸钙的量来衡量，含量为1毫克/升时为1°。硬度小于10°的水质为软水，大于10°的水质为硬水。泡茶以软水为佳。重金属和细菌、真菌指标必须符合饮用水的卫生标准。

b. 水温的要求。泡茶用水烧煮时，一定要掌握火候，以免水过"老"或过"嫩"。冲泡的水温应根据茶叶而定。一般嫩的绿茶温度宜低，一般名茶和高档绿茶只能用水温为80℃的水冲泡。条索紧结的茶，为使芽叶迅速展开，香味透出，温度宜高些；花茶、红茶水温可略高，应在90～95℃；乌龙茶、砖茶必须用100℃的沸水。

c. 茶叶与水的比例要求。茶叶与水要有适当的比例，水多茶少，味道淡薄；茶多水少，茶汤苦涩不爽。在一般情况下，冲泡红茶、绿茶及花茶时，茶叶与水的比例是1∶50，即每杯约置3克茶叶，以注入150克水冲泡为宜。冲泡乌龙茶时，因为要求茶的香、味浓度高，茶水比例可大些，一般以1∶18～1∶20为宜。

d. 茶具的要求。泡饮不同的茶叶还应配以不同的茶具。例如，泡花茶宜用盖碗茶具，泡后先启盖闻香，然后品尝，花香扩散，沁人心脾；泡龙井茶最好用无色透明的玻璃杯，以便观赏冲泡后的芽叶亭亭玉立的芳姿；泡碧螺春最好用薄如蛋壳的白瓷茶杯，冲泡后芽叶朵朵，汤清茶香，犹如薄云窥月，轻雾缭绕，煞是好看；泡乌龙茶要用"微型茶壶"，壶小于橘子，茶杯小于半个乒乓球，置于圆形或椭圆形的茶盘中，一口一杯，细品慢尝，四五人一席，号称工夫茶；泡一般红茶、绿茶最好选用紫砂壶。

e. 冲泡次数的要求。按照中国人的饮茶习俗，一般红茶、绿茶、花茶和高档名茶均以冲泡三次为宜。而且，每次添水时，杯内尚留有约 1/3 的茶水，所以每泡茶汤浓度也比较近。乌龙茶冲泡时，第一次泡的目的是洗茶，茶汤弃去不饮，故做四次冲泡。进行调配"花式茶饮"时，多用一次煮渍法（紧压茶）或一次泡沏法（红碎茶）取得的茶水。

4. 酒水服务技巧

在酒吧，宾客除了选用需要现场制作的酒水、饮料、咖啡或茶之外，还会选用整瓶的酒水、饮料，酒吧工作人员只有全方位地掌握服务操作技巧，才能为宾客提供快捷、正确、舒适的酒水服务。

（1）示酒。酒吧服务员站立在点酒宾客的右侧，左手托瓶底，右手扶瓶颈，酒标朝向宾客，请宾客辨认商标、品种。当宾客确认后，方可进行下一步的工作。示酒是酒吧酒水服务工作的第一个程序，它标志着酒水服务操作的开始。

（2）选择最佳饮用温度。

1）冰镇。冰镇的方法有两种：一种是直接将整瓶酒放于冷藏柜降温的冷藏冰镇，这种方法多用于啤酒和碳酸饮料；另一种是将瓶装酒放于盛有冰块的冰桶内，用冰块冰镇降温，此类方法大多用于白葡萄酒和香槟酒。

2）温酒。中国的黄酒和日本的清酒需要提高温度饮用才更有滋味。温热黄酒和日本清酒的方法主要是水烫法，即将黄酒或清酒倒入烫酒壶，再将烫酒壶放入蓄有开水的烫酒器内温热至 60℃ 左右。

（3）选择正确的杯具。不同的酒水只有配备不同的酒杯，才能使酒水的特性更好地发挥。例如，生啤酒杯的容量大、杯壁厚，这样可较好地保持啤酒的冰镇效果；葡萄酒杯做成郁金香花型，斟倒五成或七成，使酒与空气保持充分接触，让酒香更好地发挥；中国烈性酒杯容量较小，使杯中酒更显名贵与纯正。

（4）开启酒瓶。常见的酒瓶封口方式有瓶盖和瓶塞两种。开瓶是指开启瓶盖或瓶塞的方法，其基本要求如下：

1）使用正确的开瓶器具。开瓶器有两种类型：一种是专门开启软木瓶塞的酒钻；另一种是开启瓶盖用的启盖扳手。

2）开瓶时动作要轻，尽量减少瓶体的晃动。一般将酒瓶放在台面上开启，动作要准确、敏捷、果断。尽量避免汽酒冲冒、陈酒沉淀物蹿腾现象的发生。另外，开拔软木塞的声音越轻越好，尤其在高雅严肃的场合中，更应注意。

3）对拔出来的软木瓶塞要进行检查，对原汁发酵酒的检查尤为重要，目的是看有无病酒或坏酒。检查的方法主要是嗅辨，以嗅软木瓶塞插入酒瓶内的部分为主。

4）开启瓶塞（瓶盖）后，要仔细擦拭瓶口，将积垢赃物擦除。擦拭时，注意不要将污垢落入酒瓶中。

5）开启后的酒瓶原则上应留在宾客的台面上，一般放在点酒宾客的右手一侧，瓶子下面要有衬垫，以防污染或弄脏台布。如果使用冰桶的冰镇酒或是使用酒篮的陈酒，连同冰桶或酒篮一同放在台面上。

6）开启后的酒瓶封皮、软木塞、瓶盖等杂物，不要直接放于台面上，一般以小碟盛之，服务员离开时将其一并带走，切不可留在宾客面前。

7）无论开启何种瓶装酒水，开口的方向应朝着服务员自己，并用手遮掩，以示对宾客的礼貌。

（5）滗酒。很多远年陈放葡萄酒在储存过程中会产生沉淀，这属于正常现象。为避免在斟酒的过程中出现浑浊现象，需要事先剔除沉淀物以确保酒液的纯净。滗酒的方法：首先将酒瓶竖直若干小时后，使沉淀物积于瓶底；准备一只滗酒瓶、一支蜡烛后，再轻轻倾斜酒瓶，使酒液慢慢流入滗酒瓶中，注意动作要轻，不要搅起瓶底的沉淀物，整个操作是对着烛光进行的，直到整瓶酒液全部滗完，然后手持滗酒瓶，进行斟酒服务。

（6）送酒与斟酒。

1）送酒服务。服务员用托盘把调酒师调制好的鸡尾酒、饮料、咖啡或茶送至宾客桌上；摆放前根据需要摆好杯垫，从宾客右侧上酒，拿住杯子下部，注意轻拿轻放，手不触碰杯口和瓶口；同时，将宾客点用的小吃一起送上。

2）斟酒服务。斟酒的方式有两种：桌斟和捧斟。

桌斟。服务员左手持服务巾，背于身后，右手持酒瓶的下半部，商标朝外，正对客人，右脚跨前踏在两椅之间，在客人右侧斟倒。如果使用托盘，左手托盘，右手持酒瓶斟酒，注意托盘不可越过客人的头顶。

捧斟。服务员右手持瓶，左手将酒杯捧在手中，站立于宾客的右侧，然后再向杯中斟酒，斟倒酒水的动作应在台面以内的空间进行。最后将斟倒完毕的酒杯放在宾客的右手处，捧斟主要适用于非冰镇处理的酒水。

斟酒量的控制成分，一般红葡萄酒和香槟酒为五成，白葡萄酒为七成，软饮料为八成；啤酒以泡沫不溢出为准。

（7）席间服务。服务员应及时撤走桌面的空杯、空瓶（罐），并按规定要求撤换烟灰缸；当宾客酒杯中的酒水少于1/3时，就应该征询宾客意见，及时添加酒水；如果宾客是单杯购买酒水，需要添加时，一定要给宾客换用新的酒杯，切不可将酒水斟入原酒杯中；勤巡视，随时应宾客要求服务；适时向客人推销酒水，以提高酒吧营业收入。

5. 结账送客服务

当宾客要求结账时，调酒师或服务员从收款台取来账单，仔细审核账单，核对酒水数量、品种、价格有无错漏，检查无误后将账单交与宾客，宾客审阅认可后方可结账，结账后将发票和找零交与宾客。

（三）营业结束的工作

1. 清理酒吧

一般情况下，酒吧于营业结束前 15 分钟，应告知宾客做最后的点要酒水。当宾客全部离开后才能动手清理酒吧。把脏的酒杯、工具全部统一清洗干净，工具要回收到工作柜内锁好；垃圾桶送垃圾间倒空，清洗干净；陈列酒、散卖酒和调酒用酒要分类放入柜中锁好；所有水果装饰物必须处理掉，不可留到次日再用；未做刀工处理、干净完整的水果用保鲜膜封好放到冰箱内保鲜；凡是开了罐的汽水、啤酒和其他易拉罐饮料都要全部处理掉；酒吧台、工作台水池要清洗一遍；擦干净桌面及座椅，要求无污物，恢复酒吧台凳的摆放原貌；整理好各类单据表格；清洁地面，做到干爽、洁净。

2. 完成每日工作报告

填写当日营业额、当日客人人数、平均消费额、特别事件和客人投诉记录等。

3. 清点酒水

把当天销售的酒水及酒吧现存的酒水经过清点后，按实际数字填写在酒水记录簿上。

4. 切断电源

应切断冰箱、制冰机外的一切电源，包括灯、电视机、咖啡机、搅拌机、咖啡炉等。

5. 安全检查

清理、清点工作完成后，要再全面检查一次，特别是火灾隐患。

6. 锁好门窗

锁好酒吧门窗，将酒吧钥匙交至前厅保管，同时要做好登记，填写酒吧名称、交钥匙时间和本人姓名。

（四）酒吧服务注意事项

（1）应随时检查酒水、配料是否符合卫生质量要求，如发现变质应及时处理。

（2）认真聆听并处理客人对酒水和服务的投诉。例如，客人对某种酒水不满，应设法补救或重新调制一杯。

（3）不可催促客人点酒、饮酒，任何时候都不能流露出不耐烦的表情。

（4）为醉酒客人结账时应特别注意，最好请其同伴协助。

（5）记住常客的姓名及饮酒爱好，主动、热情地为其提供满意的服务。

（6）填写交接班记录时，应把有关内容填写清楚，并注明完成的时间。

六、其他接待服务

（一）自助餐服务

自助餐是一种以客人自我服务为主的服务方式，即宾客从餐厅预先布置好的餐台上自己动手任意选择自己喜爱的菜点，然后享用菜点的一种用餐形式。

自助餐的就餐形式气氛活泼、挑选性强，实际消费的菜肴品种选择余地大，不拘礼节，打破了传统的就餐形式，被越来越多的人所接受。

1. 自助餐的餐前组织准备工作

（1）自助餐厅场景设计与布置。根据宴会通知单的要求、参加人数、台形设计、菜肴品种、布置主题等来进行自助餐厅的场景布置。在场景整体设计与布置中，应将主题作为指导思想贯穿于餐厅装潢、背景布置、餐台装饰和食品的推销中。装饰布置所选用的材料也应为主题服务，如墙壁背景、屏幕、盆栽、旗帜和其他活动装饰等。

（2）自助餐台设计与布置。自助餐台是整个自助餐服务的中心。它一般可由主台和几个小台组成，上面有与桌边平行的台布，下设桌裙。餐台上摆放各种冷菜、热菜、点心、水果及餐具。自助餐台的安排形式多样，但设计布置时必须注意以下几个问题：

1）醒目而富有吸引力。自助餐台要布置在显眼的地方，使宾客进入餐厅第一眼就能看到。可使用黄油雕塑、冰雕、工艺品等来装饰台面，突出主题，也可用聚光灯照射台面，但切忌用彩色灯光，以免使菜肴看上去颜色改变。

2）方便客人取菜。自助餐台的大小要考虑客人人数及菜肴品种的多少；自助餐台的位置要考虑客人取菜时的人流走向，避免客人选择菜肴时拥挤堵塞。

3）台布遮住台脚。自助餐台的台布既要遮住台脚，又不能落地，应离地面5厘米左右，铺好台布后再围上台裙。

4）基本台形。自助餐的台形设计是在基本桌形的基础上拼接而成的。其基本桌形有长方形台、扇形台、圆形台、梯形台、1/4圆形台及半圆形台等。根据宴会需要，经过精心设计，在基本桌形的基础上，可以拼接成实用而又独特的多种自助餐餐台。

（3）自助餐的物品准备。根据自助餐菜单及用餐人数备齐以下开餐用具。

1）客用餐具：餐盘、餐刀、餐叉、汤碗、汤勺、筷子、公共用具、垫盘、杯具、烟灰缸等。

2）服务用具：托盘、服务夹、火柴、餐车等。

3）其他用品：各种调料、餐巾、餐巾纸、牙签、菜牌、固体酒精等。

（4）自助餐餐桌的摆放。自助餐通常设座位，餐桌摆放的位置应方便宾客取拿食品，其台面可以按零点餐厅摆放。

（5）自助餐台的菜肴陈列。餐台食品陈列要美观，讲究艺术性，对宾客有吸引力。冷菜、热菜、水果和点心应分类陈列。宾客盛菜用的餐碟放于自助餐台最前端，码放整齐，不可堆得太高。餐台的餐具也要排放整齐，每种餐盆前要摆放相应的公用勺、公用夹、菜点名称卡、跟菜用的调味品及菜牌。所有菜盆不得伸出台边，一般距台边 5 厘米左右为宜。根据自助餐规模，提前 15～30 分钟摆上冷菜，5～15 分钟摆上热菜，冷菜要封上保鲜膜，热菜要盖上热菜盖，并点燃酒精炉（固体酒精）。

负责食品台的服务员应提前 5 分钟揭掉保鲜膜，打开热菜盖，在餐台相应的位置站好。

准备工作全部就绪后，所有人员要做一次全面检查，包括管理人员的抽查、服务人员的自查，做到有备无患，保证宴会按时进行。

2. 自助餐接待程序和服务要求

（1）迎宾服务。迎宾员应提前 10 分钟在餐厅门口恭候宾客的到来，其他服务员应面向门口，站立在各自所负责的区域内，等候宾客。宾客到达餐厅时，迎宾员应热情问候，并引领宾客入场。

（2）开餐服务。

1）开餐的前 15 分钟，服务员应站在餐台前，主动帮客人夹菜、介绍菜式。等客人取菜差不多时，应及时巡台、撤餐碟、清理台面等。

2）自助餐食台要有专人负责，随时补充菜肴和餐具，需要添加菜肴时，根据实际情况，提前通知厨房。

3）负责自助餐食台的人员要及时清理台面，保证台面的洁净和美观。

4）酒水台要有专人负责，要准备足够的水杯、酒杯、冰块、冰桶等用具。

5）酒水一般由宾客自取，但在开餐前 15 分钟也可由服务员递送或在开餐中由专人负责添加。

（3）结账服务。由主管或经理负责及时结账，检查所有账目。

（4）热情送客。自助餐结束时，所有服务人员应列队送客。

（5）结束工作。将可回收利用的食品整理好，撤回到厨房。要妥善保存自助餐食台的装饰品；清理餐桌，搞好卫生；关空调，关灯、关门。

3. 自助餐服务注意事项

（1）负责巡视的服务员不要影响宾客交谈，更不能从正在谈话的宾客中间穿过。

（2）自助餐进行过程中，各岗位服务员应密切配合，如某区域特别繁忙时，其他区域服务员应及时、主动地给予协助。

（3）自助餐服务过程中，应谨慎小心，防止与过往宾客碰撞。

（4）自助餐进行过程中，应坚守自己的岗位，不要闲聊，以免冷落宾客。

（5）自助餐一般不提供"打包"服务。

（6）大型自助餐要注意准确统计宾客就餐人数。

（二）鸡尾酒会服务

鸡尾酒会亦称酒会，是最简便及最灵活的宴请方式。鸡尾酒会以供应各种酒水为主，也提供简单的小吃、点心和少量的冷热菜。鸡尾酒会一般不设座，宾客可以迟到或早退，不拘于形式，只准备临时吧台、食台，在餐厅四周设小圆桌，桌上放置餐巾纸、烟灰缸、牙签等物品，宾客可以自选菜肴、自由交际。

由于鸡尾酒会是属于一种比较自由轻松的酒会，很受现代人的欢迎，从酒会主题来看，多是欢聚、庆祝、纪念、告别、开业典礼等。

1. 鸡尾酒会前的组织准备工作

（1）会场设计。鸡尾酒会举行的地点既可在室内，也可在室外花园里，其空间不受限制。

1）按主办者的主办目的和要求设计布置酒会会标，并以盆景花草装饰宴会厅。

2）根据宴请通知单的具体细节要求摆放台形、桌椅，准备所需各种设备。常见的台形有Ｖ形、Ｔ形、Ｓ形长台等。如果需要设演讲台，一般设在靠墙边的中央位置，以便能环视整个宴会厅。演讲台面应用鲜花装饰。

（2）吧台设计。鸡尾酒会一般是每50位宾客设置一个酒吧，按每人每小时3.5杯左右的标准准备酒水数量（每杯220～280毫升）。

（3）摆放餐桌。在会场内摆放数量适宜的小型餐桌（方桌或圆桌），餐桌之间的距离要适宜，以方便宾客和服务员行走。同时在会场四周摆放少量座椅，以方便需要者使用。

（4）人员配备。宴会厅主管根据酒会规模配备服务人员，一般以1人服务10～15位宾客的比例配员。由专人负责托送酒水、照管和托送菜点及调配鸡尾酒，提供各种饮料，做到明确分工。

（5）摆放小吃。在酒会开始前半小时左右摆放各种干果和小吃，同时在餐桌上摆放牙签筒、餐巾纸、花瓶、烟灰缸等。

2. 鸡尾酒会接待程序和服务要求

（1）热情迎宾。酒会开始前几分钟，服务员托带有酒水的托盘，站在宴会厅入口处，准备欢迎宾客并送上迎宾酒。

（2）酒水服务。

1）服务员用托盘托送斟好的酒水来回走动，要集中精力，注意观察，并及时将酒水送给客人。

2）由专人负责收回客人放在小桌上的空酒杯、空盘，以保持桌面的清洁整齐。

3）吧台服务员负责酒水和调配客人所点的鸡尾酒，并按收费标准保证酒水供应。

（3）就餐服务。

1）小吃一般由客人自取，热菜、特色点心一般由服务员托送。

2）服务员要保证有足够数量的盘、碟、叉，随时撤收空盘，递送餐巾，补充食物。

（4）结束工作。

1）鸡尾酒会结束时，服务员要配合主人做好结账工作。

2）服务员要热情、礼貌地送客并表示欢迎再次光临。

3）服务员应立即清点酒水、食品，余下的酒品收回酒吧存放，以便结账、转账、收款。

4）服务员应清洗酒杯、餐具，清扫场地，为下一餐做好准备。

3. 鸡尾酒会服务、注意事项

（1）有些鸡尾酒会不是全包价的，其收费方式有以下两种：一种是记账，最后由主办单位一次付清；另一种是每位宾客点喝一杯，付一杯酒水的价钱，如Cash Bar 就是零杯卖酒当场收费。管理人员在工作分工时，须向服务员讲清收费方式。

（2）对于整体包价的鸡尾酒会，事先应准确地列算出所有供各种酒水的品种及数量，并与主办方予以确认。若酒会在进行过程中所耗用总量已超出计划标准，应及时与主办方协商后解决。

（3）如果来宾中的中老年人居多，必须充分考虑到中老年人的身体状况和特殊需求，餐桌旁应多放些椅子。

（4）在服务过程中，服务员要细心操作，不要碰到客人手中的酒杯，以防破坏场内气氛。

很多宾客为追求酒会气氛，会选择在花园、草坪、沙滩、露天平台等户外场所召开酒会。这就需要宴会负责人在与宾客确定酒会召开时间时，一定要考虑到当天的天气因素是否适合召开户外酒会，是否需要准备太阳伞、雨搭等设施。也可以准备两手方案，天气好的情况下在户外举行，当天气突变时也可转移至室内举行，但酒店必须预留出可举办室内酒会的场地。

（三）会议服务

优质的会议服务不但会为酒店带来可观的经济效益，也是酒店扩大影响，展示其企业形象的一个非常重要的窗口。会议服务具有形式多样、内容广泛、时间灵活、对设备要求高等特点，许多饭店接待会议都在饭店的大型多功能厅举行。

1. 会议前的组织准备工作

（1）布置会议场地。接到会议通知单后，会议管理人员根据会议通知单的内容和要求，通知相关服务人员，按要求摆放台形与座椅，会议常用台形有剧院式、课桌式、U 形、回形、椭圆形、长方形、圆桌式、T 型台等。

悬挂横幅或会标，准备讲话台或主席台、指示牌和签到台，签到台要摆放鲜花盆、签到簿、签字笔等物品。

根据场地需要摆放大型绿色植物、盆景花卉来美化环境。

对于规格较高的会议或根据会议主办方的要求设置贵宾休息室。

会议期间如需要提供茶歇，可在会议厅门口一侧放置食台，并在茶歇时间前15 分钟，将点心、水果、咖啡或茶准备好。

（2）会议摆台。一般会议台面需铺设台呢，要求台面干净、平整，台呢距离地面 1 ~ 2 厘米，以示美观。如果铺台布则须围上台裙。

根据宾客的需要，在每位宾客中间摆放便笺纸、圆珠笔或铅笔、茶杯、茶碟、矿泉水、台卡等。要求会议用纸干净、无褶皱；会议用笔应无损坏、有笔油；会议茶杯无污染、无破损；杯垫干净、无褶皱。如需摆放水果，要跟配果盘、小毛巾或餐巾纸。

（3）设备调试。工作人员要提前将会议所使用的话筒、音响、投影、电视、空调、灯光效果等设备调试检查完毕，保证能够正常使用。空调要提前开启，并达到适宜温度。

2. 会议接待程序和服务要求

（1）迎宾工作。宾客到来时，服务员要热情礼貌地迎接宾客，签到台要有专人负责请宾客在签到簿上签名，若是主要宾客，要引领宾客先到休息室休息。

（2）会场服务工作。

1）协助宾客入座，及时递送小毛巾，在宾客使用完毕后，立即收回。

2）从宾客右侧斟茶或托送其他饮料。

3）在会议进行过程中，服务员的操作动作要轻，在没有服务工作时站在会议两侧，或站立在会场门口，适时进场为宾客续水，及时为宾客补充纸、笔等文具。

4）做好会议期间的茶歇服务。

5）讲话台的服务要有专人负责，并会熟练使用会议所有设备，如扩音话筒、多媒体设备、升降黑板等。

（3）会议结束工作。

1）会议结束时，服务员应提醒宾客带好会议文件、资料及随身物品。

2）服务员应列队门口送客，点头致谢。

3）向会议工作人员征求意见和要求，并办理结账手续。

4）检查厅内有无宾客遗忘的物品，如发现立即送还或及时上交。

5）清理场地，将茶具送至洗涤间清洗、消毒；可回收的文具应收好，以便下次使用。

6）检查现场，关闭所有电源，做好收尾工作。

7）管理人员要对完成任务的情况进行小结，以利发扬优点，克服缺点，不断提高会议接待服务的质量和水平。

3. 会议服务注意事项

（1）会议期间如需转接电话，须通过会议工作人员，不得大声疾呼。

（2）会场应为无烟区域，不摆设烟缸，只有宾客提出需要抽烟时，才摆放烟缸。

（3）会议期间禁止不相干人士入场。

（4）服务员应及时准确地满足客人的要求，如有任何困难，自己不能独立解决的，应及时向当班主管汇报，由主管进行处理。

（四）旅游团队包餐服务

旅游团队包餐是指由旅行社将参加同一旅游项目的人员组织在一起的旅游团体集体在餐厅中就餐的一种形式。旅游团队包餐一般由旅行社同餐厅协商，统一安排。旅游团队包餐具有以下特点：①需要事先预订，不同于零点餐厅可以随到随吃；②用餐标准统一，消费水准通常低于宴会和散餐；③用餐时间统一，人数集中，服务要求迅速；④菜式品种统一，但要注意每天都有新品种，不重复；⑤服务方式统一，但也要体现团队的特点。

1. 旅游团队包餐服务前的组织准备工作

由于旅游团队经过长时间的旅游活动，体力上消耗很大，一旦到达餐厅，就要求能够迅速提供菜点、酒水及相关服务，所以做好餐前的各项准备工作是十分重要的。

（1）了解情况。接到旅游团队预订单后，工作人员要准确掌握旅游团队的基本信息与要求，以便更好地为宾客提供服务。

1）掌握包餐标准。不同旅游团队的包餐标准不一定相同，但同一旅游团队的包餐标准是统一的，因此，工作人员要提前了解旅游团队包餐的标准，按标准为客人准备菜单及酒水单。

2）掌握就餐人数。工作人员根据就餐人数为客人合理安排好就餐餐位及所需的各种餐饮用具。

3）掌握包餐时间。包餐时间包括开餐时间和用餐时间，这两个时间工作人员都必须了解清楚，合理安排服务，提高服务效率，以免影响旅游团队的行程安排。

4）掌握特殊需要。餐厅工作人员应及时了解该旅游团队的用餐习惯、口味特点、生活禁忌等特殊需要，以便提供灵活、优质的针对性服务。

（2）制定菜单。餐厅经理和厨师根据餐厅下达的旅游团队订餐任务单和团队宾客的就餐要求、标准等，综合考虑厨房的货源情况，共同制定团队包餐菜单，要将本地的名菜、特色菜安排上，以满足旅游客人的需要，同时做到菜品荤素搭配、营养丰富、菜量适中、有汤有点，符合原则。如果旅游团队连续几天在此就餐，更应将菜单调剂好，做到餐餐有新意、顿顿不重样。

（3）安排餐厅。根据旅游团队就餐人数安排合适的餐厅，合理调整餐桌布局。如果一个餐厅同时接待两个团队，就要划分就餐区域，布置好每一团队的就餐方位，并配好必要的标志及桌号牌、席次牌等。同时大门口要放置指示牌，方便客人找到就餐餐厅。

（4）物品准备。餐厅工作人员应根据旅游团队包餐的菜单标准、菜式品种、服务要求及就餐人数等，准备好相应的摆台物品、服务用具、开餐用品、备用餐具等。

（5）餐台摆设。餐厅工作人员应提前按要求摆好餐台、餐具，同时注意工作台的整理与摆设。

（6）全面检查。要求餐厅环境清洁卫生、布局合理美观、餐具准备齐全、电气设备完好无损；服务员服装整洁，工号醒目、精神饱满，仪容仪表端庄。

2. 旅游团队包餐接待程序和服务要求

（1）热情迎宾。迎宾员按指定的位置站立就位，恭候客人到来。客人到达时，礼宾员问清旅游团队的名称，礼貌地将客人引领到准备好的餐台，并为客人拉椅让座。值台服务员为客人递送香巾，斟倒礼貌茶。

（2）席间服务。客人到齐后，通知厨房准备起菜；值台服务员为客人斟倒饮料，如果客人需要饮酒，应及时摆上酒杯，斟倒酒水；值台服务员按规定标准送上菜点食品，上菜时，要向客人介绍菜肴的名称和特色；菜全部上齐后要告诉客人菜已上齐；用餐期间，值台服务员要勤巡视、勤斟饮料、勤换骨碟、勤清理台面。

（3）结账服务。客人就餐完毕，服务人员应及时为客人结账，从收银台取出结账单，交给旅游团的领队或导游签单，再由收银台将结账单金额转入旅游团在饭店的总账中，最后由饭店向旅行社统一结账；如遇个别客人在席间添加酒、菜时，就餐完毕应另外结账收款。

（4）送客服务。客人离座时，服务人员应主动为其拉椅，并提醒客人携带好随身物品，礼貌地向客人道别。

（5）结束工作。客人离开后，应及时清理台面，按标准重新布置餐台，为下一餐做好准备或继续接待其他客人。

3. 旅游团队包餐服务注意事项

（1）为旅游团队的客人服务的工作人员，应掌握本地区有关旅游、餐饮、交通、购物、风土人情等方面的基本知识，以便回答客人的询问。

（2）旅游团队抵店、离店和外出活动时间较难掌握，经常不能在规定的时间进行，因此，工作人员要加强与包餐单位、陪同的及时联系，与厨房密切配合，做到客人进入餐厅后就能迅速就餐，而且保持饭菜的温度。

（3）旅游团队进入餐厅后，往往会先去洗手间或要求洗手、洗脸，以消除旅途劳累，工作人员应及时为客人提示方向。

（4）准备好充足的茶水或凉白开，以便旅游客人外出时携带。

（5）由于行迹匆忙，容易造成随身行李、照相机等物品丢失，所以客人离席时要提醒客人携带好随身物品。

第八章　餐饮服务质量与控制

一、餐饮服务质量概述

餐饮服务质量是决定餐饮企业能否成长壮大的生命线，它直接关系到餐饮企业的声誉、客源多少和经济效益的高低。随着经济的发展和人们生活水平的提高，顾客对餐饮服务质量的要求也越来越高。因此，餐厅服务质量就成为餐饮服务管理的重要内容，餐厅对顾客提供优质满意的服务，才能在激烈竞争的餐饮市场上处于绝对优势，也才能创造餐厅良好的社会效益和经济效益。因此，餐饮服务质量管理是餐饮管理体系的重要组成部分，它是搞好餐饮管理工作的重要内容。

（一）餐饮服务质量的概念

餐饮服务质量是指餐饮部门工作人员为就餐顾客提供餐饮产品的一系列行为所能达到规定效果和满足顾客需求的程度。其特征和特性内涵丰富，构成复杂，主要包括以下几个方面：

1. 环境质量

环境质量是餐饮服务质量的组成部分。良好的环境可以给顾客带来感官上的享受和心理的满足。环境质量主要包括地理位置、市政配套设施和周围环境。饭店的环境要求交通便利市政工程和商业网点配套，饭店周边治安及社会秩序良好，饭店外部或周围环境整洁、干净、空气清新度高。

2. 设施质量

酒店的设施设备是酒店存在的必要条件，也是酒店劳务活动的依托，更是酒店接待能力的反映。

（1）设施数量。服务设施的多少体现了设施的完善与配套程度，既决定了酒店的等级，也决定了顾客的方便与舒适程度。酒店服务设施的数量既要根据本酒店的客源情况而定，又要达到本酒店星级标准的相应要求。

（2）功能设计。酒店的功能设计主要体现在空间的变化和设施的布局上。要根据酒店各部分的功能及具体位置条件，运用各种对立统一的处理手段，注意围透结合、明暗结合、虚实结合，分清主次，突出主题，错落有致，连接合理。

（3）装修质量。酒店装修质量不仅影响酒店的环境气氛，而且影响顾客的舒适程度。酒店的装修必须注意以下四个基本环节：一是材料、用品和设备的选择。要注意档次和配套协调，如地面、墙面、顶面协调，材料和用品的协调等。否则反差太大，档次不一，就会影响到总体效果。二是要突出主题，即要有明显的色调和风格。一旦确立了主题色调和风格，各种艺术品、用具、材料等都应跟从这一主题。三是装修的工艺水平，要求装潢讲究，精致耐看。四是注意创造气氛，给人以一种高雅舒适和美的享受。

（4）设备完好。酒店设备的完好程度不仅直接关系到酒店的服务功能，而且也关系到酒店的经济效益。酒店的设备必须做到性能良好、运转正常、耗能经济。为此，酒店的设备管理必须重视设备的维修保养，做到优质高效。

3. 产品质量

实物产品是满足顾客物质消费需要的直接体现，是酒店服务质量的重要内容。实物产品包括以下内容：

（1）菜品质量。顾客对菜品质量的评定，一般是根据以往的经历和经验，结合菜品质量的内在要素，通过嗅觉、视觉、听觉、味觉和触觉等感官鉴定得出的。

（2）客用品。包括一次性用品和多次使用的用品，其品种和品质必须与酒店星级相适应，数量充足，供应及时。

（3）商品质量。酒店商品是酒店商场出售的生活日常用品、工艺品等。酒店应做到商品结构合理、陈列美观、价格适中，符合顾客的购物偏好。

4. 服务水平

酒店服务水平主要是酒店服务人员态度和行为所表现出来的服务状态与水准。包括服务项目、服务态度、服务方式、服务时机、服务效率和服务技能。

（1）服务项目。即为满足顾客需要而规定的服务范围和数目。酒店服务项目一方面能够反映服务的档次；另一方面直接关系到顾客的方便程度。酒店服务项目设置应注意适应和适度。适应是要适应目标市场顾客的需要和酒店的等级要求；适度是要考虑服务成本。

（2）服务态度。即餐饮企业员工在对客服务中表现出来的主观意向和心理状态。服务态度应做到主动、热情、耐心、周到。其主要是由员工的职业品行和工作积极性所决定的。

（3）服务方式。即服务活动和行为的表现形式，如站立方式、递送物品的方式、斟酒派菜的方式等。它在一定程度上反映了服务的规格。服务方式必须做到规范优美符合礼仪。

（4）服务时机。即在什么时候提供服务，包括营业时间和某一单项服务行为提供的时间。

它在一定程度上反映了酒店服务的适应性和准确性。

（5）服务效率。即餐饮企业员工在对客服务过程中对时间概念和工作节奏的把握。酒店效率应该做到准确、迅速、及时。

（6）服务技能。即餐饮企业员工在对客服务过程中所表现出来的技巧和能力。由于酒店提供与顾客消费的同一性特点，员工的服务技能就直接构成服务质量的要素。服务技能必须达到准确、娴熟和优美的要求。

（二）餐饮服务质量的标准

餐饮服务质量的标准是从顾客角度出发，对餐饮服务的环境、产品、人员三个方面提出了基本要求，是餐饮企业视觉形象、服务功能性及精神享受方面最本质的标准化服务规范。所以说"标准"，一是普遍适用性，它并不是专门针对高星级酒店的服务标准，而是每个酒店在服务中应当做到并且能够做到的基本标准，反映了酒店标准化服务的精髓。二是实施重要性，让顾客在整洁美观的环境中感受到亲切、礼貌的服务态度，享受到安全有效的服务，这是使顾客满意的必要条件和基本保证。

1. 营造良好的酒店环境、服务氛围，给顾客留下美好的第一印象

众所周知，顾客认识一个餐饮企业往往是从表面开始的，如酒店的立面、台面、墙面、顶面、地面、门面等，由此形成对酒店的初步感觉。它是酒店环境、服务气氛的基本要求，是给顾客的第一视觉印象。因此必须注意酒店的店容店貌，酒店装修要精致典雅，装饰布置要画龙点睛，物品摆放要整齐有序。

2. 凡是提供给顾客使用的必须是有效的

有效是顾客对酒店服务的核心需求。酒店服务的有效性首先表现为设施设备的有效。这就要求酒店的功能布局要合理，设施要配套，设备要完好，运行要正常，使用要方便。其次表现为酒店用品的有效。这就要求酒店的用品在数量上要满足顾客的需求，在质量上要符合功能性和物有所值的要求，在摆放上要方便顾客使用。

3. 凡是提供给顾客使用的必须是安全的，安全是对酒店产品最基本的要求

"安全"即酒店所提供的环境、设施、用品及服务必须保证顾客人身、财产和心理的安全。安全是顾客最低层次的需求。要保障顾客的安全，首先要保证设施设备的安全性，如科学安全的装修设计、完善的消防设施、有效的防盗装置、规范的设备安装等。其次要保证安全管理的有效性，如科学完善的安全管理制度、有效的安全防范措施等。最后要保证服务的安全性，如科学合理的操作规程、人性化的服务方式，尊重顾客的隐私，保证客房的私密性等。

4. 凡是餐饮企业员工对待顾客必须是亲切、礼貌的

亲切礼貌是酒店对客服务态度的基本要求。其主要表现在员工的面部表情、语言表达与行为举止三个方面。

量化的标准对提高餐饮服务质量和管理水平，提高服务人员的素质等提供了较好的培训考核的依据。因此，要不断进行市场调研，完善和健全餐饮服务的各项量化标准，使餐饮服务质量真正做到标准化和制度化。

（三）搞好餐饮服务质量工作的意义

1. 提高服务质量能打造餐厅形象

优质服务能提高顾客的满意度，企业的信誉也会随服务质量的提高而不断上升；相反，服务质量差，消费者就不满意，企业信誉将随之不断下降。在市场经济条件下，企业的形象是企业的无形资产，企业信誉越高，形象越好，其市场价值也越高。因此，优质服务是提高企业形象、创造企业品牌的基础。

2. 提高服务质量具有一定社会效益

对顾客来说，餐饮服务的质量关系着人们的健康与安全。餐厅食品不卫生，服务人员服务态度差，不仅影响企业经营，而且会对行业和社会产生负面影响。相反，服务质量优异不仅使顾客的物质、精神需求得到满足，使企业利润不断增加，而且能带动同行业创服务新风，促进全行业服务水平的整体提高。

3. 提高服务质量可以促进餐厅产品的销售

餐饮企业经营的直接目的是取得最大的经济效益。顾客需求的满足程度是随着服务人员服务质量的优劣而上下波动的。服务质量优异，顾客的满意程度就会提高，餐饮企业产品和品牌对顾客就有吸引力，他们继续光顾的频率也会随之提高，企业的产品销售量就会增加，市场占有率必然上升。同时，由于顾客处在一定的社会群体中，所以他对餐饮产品和服务的评价会影响到周围的人。正如国外一份研究报告中指出，1 个满意的顾客至少会对 3 个人说好，1 个不满意的顾客至少会对 10 个人说不好。一个提供优质服务的餐饮企业会因顾客的宣传而使客源增多，销售量增大，企业的利润也会随之增加；反之，无人光顾，生意清淡，利润就会下降。

4. 提高服务质量有利于降低餐厅的耗费

为提高产品质量而投入的物质资料和劳动力称为质量成本。优质服务能降低质量成本，一般来说，凡能创造优质产品的员工，不仅技术水平高而且责任心强，对待工作一丝不苟、精益求精。他们既能创造优质产品，又能创造较高的劳动生产率，促进企业降低成本，创造更高的经济效益。

5. 提高服务质量能够提高餐饮产品的价格

在供求状况确定的情况下，餐饮产品的价格是以产品使用价值为基础的。价

值是一种经济关系，人们看不见、摸不着。在具体确定某企业餐饮价格时，要比较产品的质量。质量成为餐饮产品销售价格的决定因素。在市场经济条件下，各餐饮企业间现代化设备的投放，原材料的质量、加工手段及用餐环境越来越接近，从而服务质量日益成为餐饮产品质量竞争的主要因素，服务质量优劣将直接影响价格的确定。优质优价是服务企业制定价格的基本原则，优质高价，劣质低价。

6. 提高服务质量是评估餐饮管理水平的重要标志

餐饮经营管理是一项复杂而细致的工作。服务员的劳动对象是人不是物，实物产品仅是联系餐厅和顾客之间的中介物，餐饮工作最终是人对人的服务。有良好的服务才能招揽并留住顾客，而顾客是餐饮企业生存与发展的基础和条件。可见，能为顾客提供优质服务的餐饮企业是成功的，反之则是失败的。因此，提高服务质量是餐饮经营管理的中心工作。要提高服务质量，必须使管理的各种职能充分发挥作用并相互配合协调。可以说，服务质量水平是酒店管理水平的综合反映，从服务质量的优劣表现可以判断出餐饮经营者管理水平的高低。

二、餐饮服务质量特点与内容

（一）餐饮服务质量的特点

1. 餐饮服务质量构成的综合性

它的实现有赖于餐饮的计划、业务控制、设备、物资、劳动组合、服务人员的综合；有赖于财务控制与其他部门的协同配合，以及餐饮环境、餐饮营销策略、餐饮价格策略等的多方保证与顺利运转。

2. 餐饮服务质量显现的短暂性

餐饮产品现生产、现销售，生产与消费几乎同步进行。短暂的时间限制对餐饮管理及其工作人员的素质是一个考验。

3. 餐饮服务质量内容的关联性

从饮食产品生产的后台服务到为顾客提供餐饮产品的前台服务有众多环节，而每个环节的好坏都关系到服务质量的优劣。在这众多的工序中，只有工作人员互相合作、协调配合，发挥集体的才智与力量，才能够保证实现优质服务。

4. 餐饮服务质量考评的一致性

这里说的一致性是指餐饮服务与餐饮产品的一致性。质量标准是通过制定服务规程这个形式来表现的，因此服务标准和服务质量是一致的，即产品质量、规格标准、产品价格与服务态度均保持一致。

5. 餐饮服务质量评价的主观性

尽管餐饮部自身的服务质量水平基本上是客观的存在，但由于餐饮服务质量的评价是由顾客享受了服务后根据其物质和心理满足程度做出的，因而带有很强的主观性。顾客的满足程度越高，其对服务质量的评价也就越高；反之亦然。餐饮管理者没有理由要求顾客必须对餐饮服务质量做出与客观实际相一致的评价，实际上也是无法办到的，更不应指责顾客对餐饮服务质量的评价存在偏见，尽管有时的确是一种偏见。相反这就要求餐饮管理者在服务过程中通过细心观察，了解并掌握顾客的物质和心理需要，不断改善对客服务，为顾客提供有针对性的个性化服务，用符合顾客需要的服务来提高顾客的满意度，从而提高并保持良好的餐饮服务质量。

（二）餐饮服务质量的内容

1. 餐饮设备设施

餐饮设备设施齐全、先进、方便、舒适，能够满足顾客物质享受和精神享受的需要。餐饮服务质量的基础条件就是物质基础和硬件要求。

（1）容量。酒店各种类型的餐厅能够提供各种风味服务等，能够满足顾客多类型、多方面的消费需求。为满足顾客的消费需求，餐厅总座位数最低不少于客房数 $\times 2 \times 80\%$，若餐饮经营良好，流动客多，则可增加一定的餐位数。同时要求餐厅空间宽敞，色调柔和，家具舒适，功能齐全。餐厅温度分布要均匀，空气要清新。

（2）餐饮环境布局。酒店设备配置要齐全舒适、安全方便，各种设备的摆放地点和通道尺度要适当，运用对称和自由、分散和集中、高低错落的对比和映衬，以及洁净、延伸、渗透等装饰布置手法，形成美好的空间构图形象。同时，要做好环境美化，主要包括装饰布局的色彩选择应用，窗帘墙壁的装饰，盆栽、盆景的选择和应用。

（3）照明。照明要光线柔和，分布均匀。照明装置和控制器都要符合国家质量要求。灯光亮度要适应工作需要，适合顾客阅读菜单。高档餐厅灯光亮度应可以调节。

（4）音响。音响的音量要适中，曲目要合适。餐厅内噪声不应超过 50 分贝，最好控制在 45 分贝以内。

（5）家具。家具摆放要合理，便于顾客进餐行走和服务员操作服务。桌椅必须牢固、光滑，式样、高度和色彩、质地必须协调一致。

（6）餐具、用品。餐具要配套齐全，种类、规格、型号统一，质地优良，与餐厅的营业性质、等级规格和接待对象相适应；新配餐具和原配餐具规格、型号应一致，无拼凑现象。

餐巾、台布、香巾、口纸、牙签、开瓶器、打火机、火柴等各种服务用品配备齐全，酒精、固体燃料、鲜花、调味品要适应营业需要。筷子要清洁卫生，不能掉漆、变形，有明显磨损的痕迹。

（7）其他。

1）温度适度。餐厅的厨房洗碗处水温一般为70℃～85℃。

2）电梯速度适宜。

2. 菜肴花色品种

一般情况下，零点餐厅的花色品种不少于50种，自助餐厅不少于30种，宴会厅不少于35种，套餐服务不少于5～10种。

产品类型多样，冷菜、热菜、面点、汤类、甜食齐全，各产品结构高中低档合理。各餐厅必须适应多方面的消费需求。

3. 餐饮价格

餐饮价格的合理包括两方面含义：一定的产品和服务，按市场价值规律制定相应的价格。

顾客有一定量的花费，就应该享受与其相称的、一定数量和质量的产品或服务。如果使顾客感到"物有所值"，经营的经济效益和社会效益就都能实现。

三、餐饮服务质量控制的条件

要进行有效的餐饮服务质量控制，必须具备若干基本条件。

（一）制定服务规程

餐饮服务质量标准就是服务过程的标准。服务规程是餐饮服务应达到的规格、程序和标准。为了提高和保证服务质量，应把服务规程视为工作人员应当遵守的准则和内务工作的法规。

酒店的餐饮服务规程必须根据发达国家旅游者生活水平较高、对服务的要求也较高的特点来制定。西餐厅的服务规程更要适应欧美顾客的生活习惯。另外，还要考虑到市场需求、酒店类型、酒店等级、酒店风格、国内外先进水平等因素的影响，并结合具体服务项目的内容和服务过程，制定出适合本酒店的标准服务规程和服务程序。

餐厅中的工种很多，各岗位的服务内容和操作要求都不相同，为了检查和控制服务质量，必须分别对散餐、团体餐和宴会及咖啡厅、酒吧等的整个服务过程制定出迎宾、点菜、走菜、酒水服务等全套的服务程序。

在制定服务规程时，首先要确定服务的环节和顺序，再确定每个环节服务人员的动作、语态、质量、时间，以及对用具、手续、意外处理、临时措施的要求等。每套规程在开始和结尾处都应有与相邻服务过程相互联系、相互衔接的规定。

在制定服务规程时，不要照搬其他酒店的服务程序，而应该在广泛吸取国内外先进管理经验、接待方式的基础上，紧密结合本酒店大多数顾客的饮食习惯和本地的风味特点，推出全新的服务规范和程序。

管理人员的任务主要是执行和控制规程，特别要注意抓好各套规程即各服务过程之间的薄弱环节。一定要用服务规程来统一各项服务工作，从而使之达到服务质量的标准化、过程的程序化和服务方式的规范化。

1. 标准化

标准化是指在向顾客提供各种具体服务时所必须达到的标准，即设施、设备的质量标准必须和餐厅的等级及规格相适应，产品质量标准必须和价值相吻合，体现质价相符的原则，服务质量标准必须以"顾客至上，服务第一"为基本出发点，做出具体规定。

制定标准是一项非常复杂的工作，主要有以下八个方面的内容：

1）设备设施质量标准；

2）产品质量标准；

3）接待服务标准；

4）安全卫生标准；

5）服务操作标准；

6）礼节、仪容标准；

7）语言、动作标准；

8）工作效率标准。

2. 程序化

程序化是指接待服务工作的先后次序以标准化为基础，通过服务程序使各项服务工作有条不紊地进行。

制定接待程序应做好下列基础工作。

1）要研究服务工作的客观规律，即在制定标准程序的同时，要分析各项工作的先后次序，使之形成一个整体。

2）要考虑企业的人、财、物，尽量扬长避短。

3）程序化是规范化而不是公式化，因此要有相对的灵活性。

4）分析顾客的风俗习惯和生活需求，根据不同的接待对象和服务项目来制定。

5）各项服务工作程序的制定和执行都要有一个过程。

总之，服务程序的制定要以顾客感到舒适、方便、满意为原则，而不能仅以服务人员自己的方便、轻松为基点。因此，程序要经过试行，并逐步修改使其完善，最后达到科学合理、提高服务质量的目的。

3. 制度化

制度化是指用规章制度的形式把餐饮服务质量的一系列标准和程序固定，使之成为质量管理的重要组成部分。

餐饮制度分为两种：一种是直接为顾客服务的各项规章制度，如餐饮产品检验制度，餐具更新、补充制度等。这些制度全面而具体地规定了各项服务工作必须遵循的准则，要求餐饮工作人员共同执行；另一种是间接为顾客服务的各项规章制度，如餐饮交接班制度、工作记录制度、客史档案制度、考勤制度等。这类规章制度主要用以维护劳动纪律、保证直接对客服务制度的贯彻执行。

（二）收集质量信息

餐饮管理人员应该知道服务的结果如何，即顾客是否感到满意，根据这些内容采取改进服务、提高质量的措施。根据餐饮服务的目标和服务规程，通过巡视、定量抽查、统计报表、听取顾客意见等方式来收集服务质量信息。

（三）搞好全员培训工作

企业之间质量竞争的实质是人才的竞争、员工素质的竞争。很难设想一个没有经过良好训练的服务员能提供高质量的服务。因此，新员工在上岗前，必须进行严格的基本功训练及知识培训，不允许未经职业技术培训、没有取得上岗资格证的人上岗操作，在职员工必须利用淡季和空闲时间进行培训，以提高业务技术，丰富业务知识。

四、餐饮服务质量控制的内容

（一）餐饮服务质量控制的环节

餐饮服务质量控制的主要环节包括需求调研、菜肴设计、服务准备、加工制作、质量检验、服务接待、信息反馈七个环节。

（二）餐饮服务质量控制的主要内容

1. 确定餐饮服务质量目标

餐饮服务质量目标应从酒店的实际出发，依据酒店的发展规划、质量目标、市场需求情况及酒店的资源状况与接待能力来确定，以保证餐饮服务质量目标能够实现。

2. 建立需求调研分析机制

需求调研分析就是对餐饮服务对象的分析，它是有效提供餐饮服务、保证餐饮服务质量的前提。餐饮服务对象分析的目的是为了提供满意的餐饮服务而获得顾客满意，分析的内容包括服务对象的类型、特征、心理需求、期望及个性化要求等。根据服务对象来确定餐饮服务的项目与服务方法，并提供符合顾客需求的、高质量的餐饮服务。

3. 建立服务质量标准化系统

酒店餐饮服务的质量标准化系统主要包括服务工作标准、服务管理标准及服务技术标准三个方面。酒店应做好以下几点：

（1）以落实质量建立服务工作标准。服务工作标准包括部门服务工作标准、岗位服务操作标准，明确部门、班组、岗位之间的职责与权限等。

（2）以质量管理为中心，建立服务质量管理标准。服务质量管理标准包括餐饮服务设施设备、质量控制与管理标准、烹饪人员及服务人员的质量控制与管理标准、服务信息的质量控制与管理标准。

（3）以强化规范服务为中心，建立服务技术标准。服务技术标准主要包括原材料、食品采购与验收质量标准、烹调加工与服务运作标准、设施设备运行规范与技术标准。

4. 加强现场控制与服务过程的协调与沟通

餐饮服务的现场控制主要表现为以下两个方面：

（1）厨房生产的现场控制。厨房生产的现场可实行厨师长把关制，保证菜品质量。厨师长每日对菜品质量进行抽查，填写质量记录表，现场指导与控制菜品在投料、烹调方法、刀口成形、口味等方面的技术要求，控制菜品质量。

（2）餐厅楼面服务的现场控制。应实行领班、主管、经理负责制。领班、主管控制厅面的人员活动、设施设备运转及其他情况，对服务人员的服务行为进行技术指导，及时发现接待服务过程中出现的问题，并对顾客提出的投诉进行协调处理。主管、经理应关注厨房与厅面服务人员之间的协调与沟通，使餐厅中顾客的消费需求能及时反馈给厨房，保证厨房生产的菜肴能够满足顾客的需要。厨房应将当日的时令菜及因原材料采购问题而无法烹饪的菜品告诉服务员，以便服务员在点菜时能够及时告知顾客，从而保证餐厅服务的及时性。

5. 加强餐后的质量评估，建立灵敏的信息反馈系统

餐后的质量评估是餐饮部门改进菜品及服务质量的关键，餐饮部门应通过现场访问、电话访问、查看顾客及顾客的投诉资料等方式对顾客的用餐感受进行调查，了解顾客对餐饮量的评价，并进行分析，根据分析结果采取相应措施提高菜肴及服务质量，对顾客的餐饮需求做出反应。餐饮部应根据信息的轻、重、缓、急程度把信息划分为 A、B、C 三类，并通过建立常客档案，将顾客的兴趣、爱好、口味等信息记录在案，以减少服务过程中的疏漏和失误，提高餐饮服务质量。

6. 强化员工的质量意识，开展质量评比活动

餐饮部应加强员工的质量意识培训、服务规范培训、业务技术培训、外语培训等，提高员工的质量意识与业务素质。并结合餐饮服务质量中的问题，建立QC 小组，开展质量攻关活动，并通过服务质量评比活动的开展，提高餐饮服务质量。

（三）餐饮服务关键环节的质量控制

1. 引桌服务质量控制

引桌（引客入座）服务既是一门艺术也是一门技术，引桌服务质量直接影响到顾客对餐厅服务的第一印象。引桌服务的质量控制包括以下几点：

（1）准确性的控制。引桌服务准确性的控制主要是指指导和培养引座员根据顾客的需要进行准确的引座，根据顾客数量的多少、顾客喜好、顾客的年龄与身份、顾客关系等信息判断顾客的需求，为顾客准确选择桌位。

（2）平衡性的控制。平衡性的控制主要是指引座员不仅能准确地为顾客引座，还应熟悉掌握当日餐厅的预订情况及就座顾客的情况，从餐厅经营的需要出发，适当地平衡餐厅的桌次，提高服务员看台的效率。

（3）服务态度与服务礼仪规范控制。包括引座礼仪及座位安排的相关知识培训、补充或撤除椅子与餐具的程序与规范控制、餐饮员工服务态度与服务礼仪的规范控制等方面的内容。

（4）服务效率控制。引桌服务效率主要体现在引桌的及时性，只有及时的引桌服务才能让顾客感受到被尊重。在餐厅餐位十分紧张时，引座员应引领顾客至休息区等候，待到有座位时，应及时告知，避免顾客等候的时间过长。

2. 点菜服务质量控制

点菜服务是餐饮服务中的一个关键环节，本节以团体顾客用餐为例来说明点菜服务质量的控制。

（1）点菜人员的确定。餐厅点菜人员可以分为专业点菜人员与普通服务人员，为了提高点菜的服务质量，餐厅可以设置专业点菜员或专门负责点菜工作的服务人员，通过专业性的服务保证点菜质量。

（2）明确点菜次序。点菜员应以较快的速度识别出团体用餐的主人，如果无法马上判断则应进行询问，如"请问可以点菜了吗"，切忌盲目地开始。如果主人请每一位顾客自己点菜及点菜次序的确定问题，点菜员应从主宾开始，并站在顾客的左侧按逆时针的方向依次接受顾客点菜。

（3）推荐菜品。点菜员在为顾客提供点菜服务的过程中，应站在顾客的角度，结合顾客的身份特征及需求进行适当的推荐，菜品推荐时应做到菜肴式样、口味、价位、营养的合理，切记不能为了提高营业额，只推荐高价位的菜品。同时应熟悉餐厅因季节无法提供的菜品，及时向顾客做出解释，以免引起顾客的不满。

（4）点菜记录。为使点菜服务准确、到位，顾客点菜时，点菜员必须系统地把顾客点的菜记录下来。如果没有一个明确而系统的记录点菜方式在记录团体点菜时便容易发生混淆。记录方法有四种：点菜备忘单点菜、便笺记录点菜、服务员唱读点菜、计算机记录点菜。无论是哪一种记录方法，都要求点菜员应认真听取顾客所点的菜肴，认真记录。

（5）记录单的放置。点菜单如何放置，不仅关系到厨房对食品的准备，而且对餐厅服务效果有很大影响，每个餐厅都应根据自己的状况，制定一套行之有效的点菜单放置规范与制度，以保证点菜信息传递迅速、清楚、准确。

3. 取菜服务质量控制

出菜是否及时关系到菜品的质量（特别是热菜）及顾客的等候时间的长短。厨房是通过呼叫系统来传递菜品已制作好的信息，使传菜员能及时将制作好的菜肴送往餐厅。为了保证取菜服务质量，应对以下几个方面进行控制：

（1）菜品制作时间的控制。主要是对厨房各种制作工序的时间控制，以保证菜品能及时制作，及时出菜。

（2）点菜记录单控制。传菜员应检查点菜记录单，核对所出菜品是否与点菜单一致。对顾客催问的菜，应及时向厨房反馈，催促厨房快速出菜。

（3）出菜路线控制。科学合理地设计出菜路线，清除传菜路线中的障碍，提高传菜速度。

（4）菜品组合控制。主要是控制菜品的出菜顺序，要根据顾客点菜单中的菜品合理地控制出菜顺序和出菜时间。

4. 桌边服务质量控制

桌边服务是餐饮服务最重要的环节，其服务质量的好坏决定了顾客对餐饮服务评价的高低。桌边服务应做到热情、及时、周到。热情服务可以给顾客宾至如归之感，及时服务可以给顾客时刻受到照顾的满足感，而周到的服务则可以给顾客提供最大的方便。桌边服务质量控制与管理的内容主要包括以下几点：

（1）上菜服务质量控制。上菜服务要考虑上菜的位置、上菜的顺序、上菜的动作、菜肴的摆放位置及对菜品的简单介绍等。上菜服务质量的控制除了应加强同厨房的沟通与协调之外，还要求服务员掌握餐厅主要菜品的知识（包括原材料、营养成分、特色等），以及上菜服务的礼节礼仪。

（2）分菜服务质量控制。在中、西餐宴会，特别是高档宴会服务中，服务人员要为顾客提供分菜服务，以显示出服务的高规格、高水准。分菜可以在餐桌上进行，也可以在服务台上进行。分菜服务质量的控制主要是讲究对每份菜量的控制、菜品中最精华部位的分配（遵循一般原则，即将其分给最重要的顾客，同时考虑顾客的个性化需求）、分菜顺序及分菜时的礼仪规范等。

（3）酒水服务质量控制。酒水是餐饮服务的一个重要内容，酒水服务质量控制包括酒水与酒器的搭配、酒水与菜品的搭配（包括口味、营养、色彩）、酒水与酒水的搭配、酒水上桌与酒水斟倒等几个方面的质量控制。

（4）其他相关服务质量控制。包括撤换餐具、更换口布、添加酒水、增补调料等方面服务的质量控制。在进餐的过程中顾客常常会有一些临时的需求，服务员应察言观色，服务在顾客开口之前，以保证桌边服务的质量。

（5）服务方式控制。桌边服务既要保证能够为顾客提供及时、准确的个性化服务，满足顾客需要，又不能过多地干扰顾客。因此，应根据顾客的用餐情况采取殷勤服务、无干扰服务、个性化服务、灵活性服务等不同的服务方式。

（6）服务效率控制。桌边服务的服务效率控制主要是指对菜品上菜时间间隔的控制、服务人员食品、酒水服务效率控制及更换物品服务的及时性控制等方面。餐厅应对桌边服务的服务节奏、服务效率进行适当的调节和控制。服务人员应加强与厨房的沟通，以控制出菜速度和时间。桌边服务效率的提高取决于对服务人员的服务意识、服务技术、服务技能与技巧的培训。

五、餐饮服务质量控制的方法

提高餐饮服务质量，找出服务工作中的不足，必须进行服务质量分析。服务质量分析是质量管理中的重要内容和手段，没有服务质量分析，就缺乏科学的质量分析，餐厅就把握不了许多服务质量问题的根源所在，则无法对餐饮服务质量进行有效的控制。

（一）餐饮服务质量控制的手段

1. 餐饮服务质量的预先控制

预先控制是指为使服务结果达到预定的目标，在开餐前所做的一切管理上的努力。其目的是防止开餐服务中各种资源在质和量上产生偏差。预先控制的主要内容包括：人力资源的预先控制、物资资源的预先控制、卫生质量的预先控制及事故的预先控制。

（1）人力资源的预先控制。餐厅应根据自身的特点灵活安排人员班次，保证足够的人力资源。那种"闲时无事干，忙时疲劳战"，开餐中顾客与服务员在人数上大失调等都是人力资源使用不当的不正常现象。

（2）物质资源的预先控制。开餐前必须按规格摆好餐台、准备好餐车、托盘菜单、预订单、开瓶工具及工作车用的小物件等。另外，还必须备足相当数量的翻桌物品，如桌布、餐巾、餐纸、刀叉、调料、火柴、牙签、烟灰缸等。

（3）卫生质量的预先控制。开餐前半小时，对餐厅的环境卫生从地面、墙面、柱板、灯具、通风口到餐具、餐台、台布、台料、餐椅、餐台摆设等都要仔细检查一遍，不符合要求的地方要迅速安排返工。

（4）事故的预先控制。开餐前，餐厅主管必须与厨师长联系，核对前、后台所接至预报或宴会通知单是否一致，以免因信息的传递失误而引起事故。另外还要了解菜品的供应情况，若个别菜品缺货，应让全体服务员知道。这样，一旦顾客点到该菜就可以及时地向顾客道歉，避免事后引起顾客的不满和投诉。

2. 餐饮服务质量的现场控制

现场控制是指监督现场正在进行的餐饮服务，使其规范化、程序化，并妥善地处理意外事件，这是餐厅管理者的主要职责之一。餐厅管理者应将现场控制作为服务质量管理工作的重要内容来抓。现场控制的主要内容包括：服务程序、上菜时间、意外事件和开餐时间的人力的控制。

（1）服务程序的控制。开餐期间，餐厅管理者应始终站在第一线，通过亲自观察、判断、监督、指挥服务员按标准服务程序服务，发现偏差应及时纠正。

（2）上菜时机的控制。要控制好首次斟酒、上菜的时机，要尊重顾客的意见，先向客顾客请示。在开餐过程中，要把握顾客用餐的速度、菜品的烹制时间等，上菜做到恰到好处。不要让顾客等待太久，也不应将所有菜看一下全上去，餐厅主管应时常注意并提醒上菜人员掌握好上菜时间。大型宴会的上菜时机应由餐厅主管掌握。

（3）意外事件的控制。餐饮服务是面对面的直接服务，容易引起顾客的投诉。一旦引起投诉，管理者就一定要采取弥补措施，以防止事态扩大，影响其他顾客的用餐。如果是由服务态度引起的投诉，管理者要向顾客道歉，在迫不得已的情况下，应采取相应的补救措施，如为顾客赠送几道菜、餐费打折等，让顾客满意而归。如果有喝醉酒的顾客，应告诫服务员停止添加酒精性饮料。对于已经醉酒的顾客，要设法帮助其早点离开，以保护餐厅的气氛。

（4）人力控制。首先，在开餐前按照分区看台负责制，将服务员安排在固定的服务区域。服务员人数的安排要根据餐厅的性质、档次来确定（一般中等服务标准或者餐桌，可按照每个服务员每小时能接待 20 名散客的工作量来安排服务区域）。一般来说档次越高的餐厅，服务水准的要求就越高，因此服务人力相对也较多。其次，在经营过程中，管理者还应根据顾客的情况变化进行再分工。例如，某一个区域的顾客突然来得太多，就应从另外的区域抽调员工支援，等情况正常后再将多余人员调回原区域。用餐高潮过后，应让一部分员工轮班休息，留下一部分人工作，到了一定时间再交换，以此提高工作效率。这种方法对于营业时间长的火锅厅、茶餐厅和咖啡厅等特别有效。

3. 服务质量的反馈控制

反馈控制是通过建立服务质量反馈系统来反馈质量信息，找出服务工作在准备阶段和执行阶段中的不足，并采取措施加强预先控制和现场控制，以此提高服务质量。餐饮服务质量的控制和监督检查是餐饮管理工作的重要内容之一。

服务质量反馈控制的关键是建立服务质量信息反馈系统。信息反馈系统由内部系统和外部系统构成。内部系统的信息来自餐厅内部，即来自服务员、厨师和中高层管理人员等。每餐结束后，餐厅应召开简短的检讨会，对工作进行总结，并迅速采取改进措施。外部系统的信息来自餐厅外部，即顾客。顾客的意见是餐饮服务的一面镜子，餐厅应充分重视，鼓励顾客反馈信息。如今很多餐厅经理暗中聘请顾客到餐厅来用餐，实际是让他们帮助发现餐饮服务中的问题所在。顾客通过大堂、营销部、公关部、高层管理人员等的投诉反馈，属于强反馈信息，应予以高度重视，并保证以后不再发生类似的质量偏差。为了获得外部信息，首先可以通过征求顾客对用餐过程的意见和建议获得。为了及时得到顾客的意见，餐桌上可放置顾客意见表，在顾客用餐后，也可主动征求顾客的意见。其次，还可以通过旅行社及其他途径反馈顾客对餐厅的意见。建立健全这两个信息反馈系统的同时，餐厅必须安排人员对每一个反馈信息做好记录，这样才有利于服务质量的改进和不断提高，以更好地满足顾客的需求。

（二）餐饮服务质量的监督检查

"管理的一半是检查"，服务质量的监督检查是餐饮管理工作的重要内容之一。其实施主要分部门和班组两个层次组织进行，部门将制定的具体质量目标分解到班组，并通过现场督导、信息收集、定期检查等方法分析工作中的薄弱环节，提出改进和提高服务质量的方案、措施和建议。

1. 现场巡视与指导

餐饮服务所具有的特性，决定了管理必须深入现场，实地观察服务过程、观察客人的反映，才能对服务质量形成准确判断。但如果只在办公室里看材料、听汇报，是无法掌握第一手资料的。根据我们平时讲的"三关键原则"（关键时间、关键地点、关键人物），餐厅营业期间自然要作为关键时间，管理人员必须出现在服务客人的现场，在一线进行督导检查。这种方式因发现问题及时，并能在现场落实整改，因而管理成效显著，几乎被所有酒店所采用。

2. 质量监督检查内容

根据餐饮服务质量的内容，可将质量检查归纳为以下几项内容：仪容仪表、就餐环境、服务规范、服务技巧、安全意识。

（三）质量监督检查的注意事项

1. 把好心理关、情面关

质量监督检查执行不到位，效果不佳，在很多情况下是因为一个"情"字。部分管理人员和质检员想做"老好人"，质量问题大事化小，小事化无。监督检查就是要实事求是，敢于讲真话，秉公办事，这样的检查才会有效果。

餐厅服务质量检查表

岗位：_____ 时间：_____ 检查人：_____

检查项目	检查细则	等级标准				
		5	4	3	2	1
仪表仪容	1. 服务员是否按规定着装并穿戴整齐 2. 制服是否合体、清洁，无破损，无油污 3. 工号牌是否端正地佩戴于左胸前 4. 是否留有怪异发型 5. 男员工是否蓄胡须、留大鬓角 6. 指甲是否修剪整齐，不留长指甲，不涂有色指甲油 7. 除手表、戒指外，是否还戴有其他首饰 8. 女员工是否按要求化淡妆上岗 9. 各种伤口均要予以适当处理、包扎					
就餐环境	1. 地面有无杂物或污迹 2. 门窗是否清洁，无灰尘，无破损 3. 桌椅、工作台是否清洁，去污渍、水渍 4. 绿色植物有无枯萎或带有灰尘 5. 通风口是否清洁，通风是否正常 6. 菜单是否清洁，无油渍，无缺页及破损 7. 餐具是否清洁，无水渍，无破损 8. 背景音乐是否适合就餐气氛，音量是否适中 9. 灯具照明是否正常，是否完整无损					
服务规范	1. 客人进入餐厅是否主动问候，表示欢迎 2. 是否协助客人入座 3. 服务是否及时 4. 接受点菜时是否仔细聆听并复述所点菜品 5. 斟酒操作是否规范 6. 服务中是否用托盘操作 7. 上菜时是否报菜名 8. 是否及时撤换餐具，更换烟灰缸 9. 结账是否迅速、准确					
服务技巧	1. 尽可能称呼客人的姓名 2. 避免与客人过于亲密 3. 是否能积极把握各种推销机会 4. 准确解释菜单 5. 与赶时间的客人密切配合 6. 对有病的客人、老人儿童给予特别关照 7. 是否能灵活处理客人投诉 8. 能否为客人创造愉快的用餐环境 9. 及时处理醉酒等突发事件					

检查项目	检查细则	等级标准				
		5	4	3	2	1
工作纪律	1. 工作期间是否聚堆聊天 2. 上班时间是否接听私人电话 3. 有无吸烟、偷吃现象 4. 工作时间是否大声喧哗 5. 有无与客人争吵现象 6. 是否对客人评头论足 7. 值班时有无睡觉现象 8. 能否做到平等待客 9. 有无脱岗现象					
安全意识	1. 熟悉火情、盗窃等紧急情况的处理程序 2. 熟悉紧急疏散的程序 3. 熟悉消防安全通道 4. 注意操作安全 5. 了解基本安全预防措施 6. 是否具备使用基本防火设备的能力 7. 保持服务区域消防通道通畅 8. 明确急救箱摆放位置及箱内物品 9. 了解紧急照明系统的安置					
总计						

2. 明确检查依据与内容

质量检查内容一般应以制定的相关规定为依据，如"员工手册"、"奖惩细则"等。当然，这些规定应事先通过培训与考核等方式，使员工准确掌握。现在国内部分酒店的服务质量检查往往偏重于仪容仪表、清洁卫生等方面，忽视了对服务过程中态度、技巧的督导，而这部分内容恰恰才是优质服务的核心内容。

3. 检查尺度统一

质量的监督检查必须建立统一的标准，并严格执行，否则会使员工感到不公平，甚至造成工作混乱。

4. 监督检查的目的应该是提升质量

发现问题固然重要，但树立榜样、激发员工工作的积极性更为重要。检查不是让管理者充当"宪兵"的角色，而应该是一个"辅导员"的角色，使表现优秀的员工更优秀，表现一般的员工能有更大的提高。

（四）餐饮服务质量管理方法

提高餐饮服务质量水平，需要一套完善的质量管理方法。目前，饭店通常采用的服务质量管理方法主要有：服务质量分析法、质量结构分析图、PDCA 循环工作法等。

1. 服务质量分析法

通过质量分析，找出饭店所存在的主要质量问题和引起这些问题的主要原因，使管理人员有针对性地对饭店影响最大的质量问题采取有效的方法进行控制和管理。质量分析法很多，常用的有 ABC 分析法、因果分析法等。

ABC 分析法。又称重点管理法、主次因素法，是意大利经济学家巴雷特分析社会人员和社会财富的占有关系时采用的方法。美国质量管理学家朱兰把这一方法运用于质量管理并取得效果。运用 ABC 分析法可以找出饭店服务存在的主要质量问题。

ABC 分析法以"关键的是少数，次要的是多数"这一原理为基本思想。通过对影响饭店服务质量诸方面的因素，以质量问题的个数和质量问题发生的频率为两个相关的标志，进行定量分析，计算出每个服务质量问题在质量问题总体中所占的比重，然后按照一定比例分成 A、B、C 三类，以找出对饭店服务质量影响较大的一两个关键性的质量问题，并把它们纳入饭店当前重点的质量控制与管理中去，从而实现有效的服务质量管理。

用 ABC 分析法分析质量问题主要有以下几个步骤：

（1）收集服务质量问题信息。通过"宾客意见书"、"投诉处理记录"以及其他各种原始记录等方式，收集有关服务质量信息。

（2）分类、统计、制作服务质量问题统计表。将收集到的质量问题信息进行分类、统计、排列，制作统计表，在表上计算出比率和累计比率。

（3）分析并找出主要质量问题。累计比率在 0% ~ 70% 的因素为 A 类因素，即为主要因素；在 70% ~ 90% 的因素为 B 类因素，即为次要因素；在 90% ~ 100% 的因素为 C 类因素，即为一般因素。找出主要因素就可以抓住主要矛盾。

运用 ABC 分析法进行质量分析有利于管理者找出主要问题，但在运用过程中应注意以下几点：一是 A 类问题所包含的具体质量问题不宜过多，1 ~ 3 项是最好的，否则无法突出重点；二是划分问题的类别也不宜过多，对不重要的问题可单独归为一类。

2. 质量结构分析图

质量结构分析图又称圆形分析图、饼分图。它根据饭店服务质量调查资料，将统计结果绘制在一张圆形图上。包括服务态度、项目、卫生、其他、设施设备。

管理人员通过质量结构分析图，可以非常直观、形象地看到影响饭店服务质量的主要因素，便于有针对性地提出改进措施。其具体分析如下：

（1）收集质量问题。饭店管理者应通过各种原始记录，如质量信息报表、质量检查表、宾客意见调查表、客人投诉处理记录、质量考核表等，收集饭店现存的质量问题。

（2）信息的汇总、分类和计算。对收集到的质量问题信息进行汇总，并根据不同的内容将其分类，然后计算每类质量问题的构成比例。

（3）画出圆形图。首先，画一个大小适宜的圆形，并在圆心周围画一个小圆圈。其次，从最高点开始，按顺时针方向，根据问题种类及其构成比例分割圆形，并用直线与小圆圈相连。最后，在分割的圆形中填入相应的问题种类及构成比例。至此，根据圆形图即可一目了然地掌握饭店存在的服务质量问题及其程度。

3. PDCA 循环工作法

PDCA 循环法是一种质量控制的循环方法。餐饮服务质量管理和控制中的质量管理活动应按照计划（Plan）、实施（Do）、检查（Check）以及处理（Action）四个阶段来开展，即按照计划、实施、检查、处理四个阶段组成的循环来进行质量管理。

（1）PDCA 循环的阶段和步骤。PDCA 循环是科学的质量管理工作程序，运用 PDCA 循环来解决餐饮服务质量问题，可以分为四个阶段八个步骤。

第一阶段是计划（Plan）阶段。这一阶段的工作是制定质量管理目标、质量管理计划。制定目标和计划必须有明确的目的性和必要性，在目标和计划中要明确质量标准的时间和要求，以及由谁来完成、用什么方法来完成等内容。具体分为以下四个步骤：

步骤1：对餐饮服务质量或工作质量的现状进行分析存在的质量问题；运用 ABC 分析法分析存在的质量问题，从中找出对餐厅影响最大的主要问题。

步骤2：运用因果分析法分析产生质量问题的原因。

步骤3：从分析出的原因中找出主要的原因。

步骤4：提出需要解决的质量问题是质量问题要达到的目标和计划；提出解决质量问题的具体措施和方案。

第二阶段是实施（Do）阶段。

步骤5：这个阶段的工作应严格按照既定的目标和计划付诸实施。

第三阶段是检查（Check）阶段。

步骤6：这个阶段的工作是对实施后产生的效果和实施前进行对比，以确定所做的工作是否有效果。还要将实施结果与目标和计划进行对比，以发现在实施阶段还存在哪些问题。

第四阶段是处理（Action）阶段。在这个阶段中，要根据成功的经验提炼出相应的措施并确定以后的工作应按这个标准来做；对不成功的教训也要进行总结，以避免发生类似的错误；对于尚未解决的问题，留在下一个循环中解决。

步骤7：对已解决的质量问题提出巩固措施，并使之标准化，以防止同一问题在下次循环中再次出现，即制定或修改服务操作标准或工作标准，制定或修改、检查和考核标准及各种相关的规定与规范；对已完成的步骤五，但未取得成效的质量问题，也要总结经验教训，提出防止这类问题再发生的意见。

步骤8：提出步骤一所发现而尚未解决的其他质量问题并将这些问题转入下一个循环中以求得解决，从而与下一个循环的步骤衔接起来。

（2）PDCA循环的特点。

1）PDCA循环法必须按顺序进行，四个阶段的八个步骤既不能缺少，也不能颠倒。四个阶段的八个步骤就像一个车轮一样，一边循环，一边前进。这个车轮必须依靠饭店组织的力量和全体员工的努力来推动，才能顺利地滚动前进。

2）PDCA循环法必须在餐饮的各个部门、各个层次同时进行。饭店是一个大的PDCA环，各个部门又有各自的PDCA环，各班组直至个人都应有PDCA环，只有当这些大环套小环，并且每个环都按顺序转动前进、互相促进时才能产生作用。外层的PDCA循环是内层PDCA循环的依据，内层的PDCA循环又是外层PDCA循环的具体化。通过饭店、部门、班组一环扣一环的PDCA循环把整个餐饮的质量管理有机地结合起来。各部门、各层次彼此相互推动、相互促进。

3）PDCA循环不是简单的原地循环。PDCA循环每循环一次都要有新的、更高的目标，犹如爬楼梯一样，每循环一次必须既向前推进了一步，又向上升高了一层。这意味着每经过一次循环后，餐饮服务的质量水平就要有新的提高。

4. 因果分析法

因果分析法又称鱼刺图、树枝图。该分析图是日本质量管理专家石川馨教授提出的，故又称石川图。因果分析图对影响质量的各种因素及其之间的相互关系整理分析，并把原因与结果之间的关系明确地用带箭头的线表示出来。因此，因果分析图是由一条主干线及一系列带箭头的线表示造成质量问题的大、中、小原因的分支线组成。

导致服务质量有问题的原因较多，一般可把众多的原因归结为五大要素：人、设备、材料、方法、环境。用因果分析法分析时，可以将这五方面作为大原因来展开分析。

因果分析法分析质量问题产生的原因的基本程序如下：

（1）确定要分析解决的质量问题。一般是通过排列图找出A类问题。

（2）寻找造成质量问题的原因。召集同该质量问题有关的人员参加因果分析，寻找要解决的质量问题产生的原因。寻找原因要按照由大到小，由粗到细，寻求根源的原则，在找到能直接采取具体措施解决的原因前，不可停止。

（3）绘制因果分析图。根据整理结果，画出因果分析图。

（4）确定解决质量问题的主攻方向。经过因果图的绘制，排除没有直接影响和影响较小的原因，在剩下的原因中再确定一项需要立即解决的原因。

第九章 餐饮销售与控制管理

一、酒店餐饮销售概述

（一）餐饮销售的含义、特点和任务

餐饮销售与其他行业的销售比较起来，显得更为重要，因为一个餐厅的菜肴如果没有被及时销售出去，这种商品就会失去它的价值。

1. 餐饮销售的含义

餐饮销售是餐厅对产品和服务的构思、预测、开发、定价、促销以及售后服务的计划和执行过程。它以消费者为中心，适应餐饮市场变化，实现餐饮产品价值的交换。

2. 餐饮销售的特点

餐饮销售具有以下几个特点：

（1）餐饮提供的产品主要是服务。服务本身具有感知性，所以消费者的消费过程和购买的产品在一定程度上是一种体验和切身感受。

（2）在餐饮产品的生产过程中，消费者扮演了举足轻重的角色。因为对餐厅的每个成员来说，顾客也是需要"管理"的。

（3）餐饮产品质量难以控制。由于每个消费者的感受不同，对产品评价的标准就会千差万别。在个性化服务彰显的年代，服务就不可能被标准化和程序化。

（4）时间因素已成为产品销售的重要环节。一次成功的餐饮销售不仅需要优质的产品，还要注重效率。

（5）餐饮销售是全方位的销售。一个五星级饭店的餐厅是饭店最好的销售窗口。

3. 餐饮销售的任务

（1）对市场进行较为详细的调研，了解顾客的各种需求。

（2）设计适销对路的餐饮产品。

（3）采取相应的营销措施将餐饮产品恰当地销售给顾客，从而实现餐饮部门的经营目标。

（4）树立正确观念。观念决定行为，有什么样的观念就有什么样的行动。目前还有相当一部分酒店营销管理还停留在简单的推销或以降价为竞争手段的层面上，酒店缺乏正确的营销观念就很难在竞争激烈的市场中取得胜利。要做好酒店营销工作，就要从以下四个方面把握餐饮销售的观念：一是将营销作为饭店的经营哲学和观念，而非仅将它视作一个部门的工作；二是树立"服务即推销，推销即服务"的思想，将饭店前台人员为客人服务纳入到饭店整个销售环节中；三是全员营销，强调推销是持续和日常性的工作，而不是某个部门或某些人在淡季和经营不景气时临时或突击的任务；四是注重饭店营销工作的统一性。

（5）选择正确的目标市场。一个餐饮企业不可能占领和满足每一个客源市场。例如，我们简单地将客源市场分成 A、B、C，分别代表高、中、低三个档次的客源，假设本酒店具有接待 B 档客源的能力，这表示酒店的硬件和服务都是满足中档客源需求的。如果我们接待 A 档客源，情况会怎样呢？由于 A 档客源熟知高档次酒店的情况，他们对服务的预期较高，因此，酒店就较难满足他们的需求，就需要付出额外的精力去迎合他们，而酒店的接待能力、硬件标准、服务内容与 A 档客源的要求是不相吻合的，出于种种原因，A 档客源还会出现不满意的情况。酒店若接待 C 档客源又会出现怎样的情况呢？因为 C 档客源对价格敏感，他们同样难以被满足，而且还会破坏 B 档客源的满意度，破坏酒店的气氛。

所以，酒店管理者必须明确酒店的市场定位，尽量地避免接待与自身定位不相称的客源，倘若需要同时接待不同类型或档次的客源，就应预先设计好不同客源的行进路线，通过开设专梯、专人引导、区分楼层等方法，尽量避免造成两类客源的冲突。酒店只有根据自身条件，明确市场定位，才能更好地为每一个目标市场的客源制订适当的营销方案，提供规范的服务标准，提高顾客的满意度。

（6）不断了解顾客需要，提供令顾客满意的产品和服务。顾客的需要是多样化的，是较难全面理解的，因为顾客有时不会将他的需要明确地告诉酒店。例如，顾客向旅行社表明需要预订一家五星级酒店，这是他用语言表明的需要。顾客往往还有未表明的需要，顾客选择五星级酒店可能认为在五星级酒店用餐必然可以得到优质的服务，这可以减少他的时间花费、精力消耗和购买风险，同时顾客还希望得到令人愉悦的感官享受；顾客可能认为酒店里有室内游泳池可供休闲娱乐，晚上可以在酒吧和善解人意的服务员聊天等。有时顾客还可能有一些不愿言明的需要，如入住酒店可以获取积分奖励等。所以酒店营销应当着力于不断研究顾客的需求，开发能够满足顾客需求的产品和服务，创造特色，要设法做得比同档次竞争对手更加出色，这样才能长久地吸引顾客。

（二）餐饮销售的历史演变

餐饮产品的销售与其他产品的销售一样，同样经历了以下五个阶段：

第一阶段：以生产观念为主导。在商品短缺的时代，顾客只关心是否可以得到产品，生产者只需注重产品的生产率，其核心是以"量"取胜。

第二阶段：以产品观念为主导。生产者虽然注重产品的质量，但只认为是产品本身的问题，缺少顾客参与，其核心是以"质"取胜。

第三阶段：以推销观念为主导。在产品过剩时代，生产者开始注意产品的推广，让顾客了解产品，其目的在于促销。

第四阶段：以市场营销观念为主导。在买方市场的前提条件下，生产者开始进一步注重顾客的需求，并"以销定产"，其核心在于"以顾客为导向"。而在这之前的时代都属于卖方市场，推销方向是从里向外，而买方市场的推销方向则是从外向里。

第五阶段：以绿色观念为主导。在现代营销理念中，一个非常重要的理念就是绿色营销理念。绿色营销理念主要倡导企业销售的产品要以环境效益、社会效益为导向，在餐饮产品的设计与开发、原材料的选择、餐饮产品的生产等各个环节，都要坚持环保的原则，把企业利益与消费者利益、社会利益结合起来进行市场运作，从而考虑到可持续发展的要求。

（三）餐饮销售人员的素质要求

1. 具有全员销售意识

被誉为美国现代饭店之父的斯塔特勒曾说："谁是饭店的销售人员？是全体员工。"树立餐厅中每一个与顾客面对面接触的员工都属于销售人员的观念，这样后台的人员也会通过自己的间接劳动起到推销的效能。

2. 树立"服务即销售"的思维观念

树立"服务即推销，推销即服务"的观念，将餐厅的迎宾员、服务员、订餐员、酒水员、领班、主管等都融入餐厅整个销售环节中。销售和服务一样是饭店的常规工作，而不是在餐厅不景气和淡季时的临时任务。

3. 了解顾客心理

随着经济的发展，餐饮业也随着社会需求而迅速发展，同时发生了由卖方市场到买方市场的转变。买方市场的出现，让人们可以根据自己的喜好、口味和经济条件去选择能满足自己需要的酒店、酒楼、餐厅进餐。因此，餐饮经营者要想吸引消费者，就必须根据消费者的需求去确定自己的经营项目和经营方式。如果认识不到这一点，就无法在激烈的市场中取胜。

众所周知，餐饮业是一种十分特殊的行业，这种特殊性主要表现在它提供给顾客的产品具有双重性，即有形性和无形性。作为经营者，必须从这两个方面满足顾客的需求，即不仅菜肴的色、香、味、形、器都要好，使客人感到物有所值，而且与之相配套的服务也要好，服务要富有人情味，让客人有美好的感受。

任何一个经营者，如不善于体察和满足消费者，不能提供上乘的产品和服务，就无法适应消费市场的需求，就不可能取得良好的经济效益。

餐饮销售人员应根据不同的消费层次、消费对象，给予正确、恰当的引导。服务员在工作中，要灵活掌握各种技能，善于观察客人的情况，对来就餐的客人自然地分类。在导购和推销菜品时要考虑到客人的实际情况，切不可单纯为了经济效益而强行推销，这样不但不会提高经济效益，反而会引起客人的反感，而且这样做本身就是违背职业道德的。销售人员要从服务的角度考虑如何更好地做好服务工作，使顾客满意。餐饮企业可以对服务员进行正确引导客人消费的培训，首先要对服务员进行服务意识、职业道德的教育；其次是进行技能的培训，让服务经验丰富的人扮演各种类型的顾客，进行模拟培训。

4. 了解专业知识

餐饮销售人员应了解更多的专业知识。这里的专业知识既包括服务方面的专业知识，还包括与菜肴、烹饪的相关知识。只有了解了这些专业知识，餐饮销售人员才能更好地针对不同客人推销不同产品和服务，并且在推销过程中也能为客人提供更多的参考信息，有利于客人做出决定。

（四）餐饮营销策略

餐饮营销策略就是运用市场经济的理论，结合餐饮行业的实际，为餐饮企业在激烈的市场竞争中获得成功而设计、规划的一些思路和技巧。营销是现代餐饮管理的重中之重，餐饮营销要以市场为起点，以顾客需求为焦点。顾客永远是餐饮营销管理的核心。那么，如何做好餐饮营销呢？主要的策略有下述几个方面：

1. 定位策略

定位是任何一个营销行为或活动的前提，不然营销就像无头苍蝇一样，没有方向和目标。一个餐馆（饭店）要想适应市场需求，吸引顾客就餐，必须对市场进行充分调研，分析竞争对手的一些优势和劣势，慎重确定本餐馆（饭店）的顾客群，进行目标定位，然后就要瞄准目标市场，同时形成自己独特的风味特色，塑造良好的品牌形象。

例如，以家庭消费为主的餐馆（饭店），一般应该以家常菜为主，满足家庭聚餐的需求。以追求地位感的消费者为主的餐馆（饭店），一般只接待有一定层次的顾客，在服务上要注重满足消费者的地位感和成就感、荣誉感。以休闲消费群体为主的餐馆（饭店），需要营造一个愉快、轻松、雅静、休闲的环境和氛围，要特别讲究文化底蕴。

2. 产品策略

餐厅为顾客提供的产品应该是令人非常愉快的、难忘的，而合适的氛围、亲切的语言、流畅的程序、高效的工作、与顾客的沟通交流等，则形成一个餐厅区别于其他餐厅的总体的价值。

在餐饮产品策略中，产品创新活动一直伴随着不断变化的市场。比如，产品结构的创新，有的星级饭店在餐厅等级的设计上很灵活，既有低档次的风味餐厅，又有中档的川菜餐厅，还有以粤菜为主的高级餐厅。这样一种产品结构的设计既满足了不同客人的需求，还为饭店餐厅与社会餐厅的竞争提供了有利条件。至于在产品种类上的创新更是多种多样，有的饭店还把产品延伸到店外，如到餐厅用餐可享受到某个景点的免费门票等。

餐饮经营者要充分挖掘并保持自身的产品特色和服务个性，才能吸引顾客，留住顾客。比如，北京的全聚德，顾客就是奔着全聚德的烤鸭而去，这就是品牌优势的不可抗拒性。但是，在设计产品种类时，不要东施效颦，在品牌战略上要突出个性和差异化。

3. 促销策略

餐饮企业的促销要受到消费观念、人文环境、社区环境、公益事业、经济环境等方面的约束。因此必须树立持久促销的宗旨。

对老顾客要实现持久促销，就要熟悉老顾客的需求，尽可能地掌握老顾客的信息，通过交流沟通了解顾客的家庭、婚姻、籍贯及生日等情况；了解顾客爱好的菜肴、文化及习惯；听取顾客对餐厅的意见。在老顾客就餐时，送上一些免费的水果或其他饮品。这些付出虽然有一定的成本，但是比寻找新顾客的成本要小得多。餐厅管理人员要主动地与老顾客保持联系，经常问候。

4. 定价策略

如果竞争对手发起了"价格战"，餐厅如何定价呢？传统的定价方式是以成本定价，但是这种定价方式在激烈竞争的形势下会因为缺乏灵活性而处于劣势。这就要求餐厅在进行定价之前，必须对竞争对手的价格体系和策略进行充分研究，做到知己知彼，然后再决定自身产品及服务的价格策略。

当然，餐厅要想实现稳定营销，还有很多技巧和策略。需要企业在经营过程进行充分规划和整合，实现自身餐厅（饭店）经营工作的稳固发展和提升。

二、餐饮产品及其策略

（一）餐饮产品构成

1. 餐饮"服务包"

（1）餐饮"服务包"的含义。"服务包"的概念是由西方学者提出的。由于服务产品是由诸多要素共同组成的，既有无形的"服务"，又有有形的物质产品，服务组织即餐厅将这些要素组合在一起就形成了能满足顾客某种需要的服务产品，如同服务组织将所有服务相关要素捆绑在一起，形成一个服务要素的"包裹"提供给顾客，这就是"服务包"。

（2）餐饮"服务包"的构成。

1）有形物质。

a. 辅助性设施（服务环境）。这是餐饮服务的物质环境，是有形产品的一种，包括各种提供服务所需要的硬件设施、设备和物质空间。

b. 辅助性产品。这是指服务场所提供的供消费者购买或消费的有形的物品。如菜肴食品、酒水饮料，还有各种消耗品如牙签、调味品、餐巾纸等。在餐饮产品中这一部分占有很重要的地位。

2）无形服务。

a. 显性服务。是指消费者通过体验服务过程能明显感受到的该服务所带来的利益。如顾客通过消费餐饮产品中的食物和饮料而得到了消除饥渴的感受。

b. 支持性服务。是指为提供显性服务所必须的支持性服务。如后台工作，具体来讲有厨师的烹调工作、洗碗工的清洁工作等。

c. 隐性服务。是指消费者在体验服务的过程中所能得到的隐含于服务当中的心理满足和利益。如顾客在豪华餐厅就餐时得到的身份及地位的体现和满足。

2. 餐饮产品的构成标准

（1）辅助性设施。

1）坐落地点是否便于目标顾客群前来消费。

2）内部装修，如装修风格、装修质量、装修材料的选择等是否恰当。

3）设备设施的智能化程度，运转的可靠性，如电子点菜器的使用。

4）建筑风格是否具备一定的吸引力，并且与外部环境是否协调。

5）设备设施布局是否合理。如空调的位置、服务等候区设置的安排、服务线路的设计、服务人员的站位等。

（2）辅助性产品。

1）标准化和一致性，如菜肴口味、菜肴配方的一致性。

2）质量，如菜肴的美观度。

3）花色品种。

（3）显性服务。

1）灵活性。员工是否有足够的能力应对各种服务场景。

2）一贯性。服务是否标准，服务质量是否下降。

3）方便性。顾客是否可以得到全天候的服务，是否可以通过最简单的方式与服务组织取得联系。

4）综合性。是否具备完善的服务项目，能否为顾客提供多种服务产品。

（4）支持性服务。

1）效率。后台工作效率是否适应前台服务速度要求。

2）及时性。后台工作是否能及时为前台服务提供支持。如客人点了一道菜单上没有的菜肴，后厨是否只是简单地回答"不能做"。

3）可靠性。后台工作的差错率较低。

（5）隐性服务。

1）服务态度。

2）餐厅气氛。

3）等候时间。

4）能否满足客人的自我感。

5）能否满足客人的私密性与安全性的要求。

（二）餐饮产品策略

由于餐饮产品与其他产品有很多不同之处，因而在决定产品策略时，应该注意选择适合本行业特点的产品策略。餐饮产品策略的类型较多，但总体有三大基本类型，即标准化策略、差异化策略、专业化策略。

1. 标准化策略

标准化策略也可称为总成本领先策略。采用这种策略的餐饮企业的主要目标是使本企业成为在本行业成本最低的产品提供者。在人力成本最小化、餐饮企业激烈竞争的前提下，为了在餐饮市场这块蛋糕中能分得更大的一块，这种方法成为大多数餐饮企业采用的一种策略，同时也是其他餐饮策略实施的基础。

实施标准化策略需要餐饮企业具有相当的规模、严格控制成本、不断革新技术。低成本的运作为服务提供了一道保护屏障，使效率相对较低的竞争对手承受较大的竞争压力。餐饮企业实施标准化策略，首先要在主要设备上大量投资，其次要采用极具竞争力的低价格，此外还要承受在进入市场之初所遭受的经济损失，以赢得市场份额。

标准化策略具有以下几个特征：

（1）生产服务标准化。标准化能促进规模经营，不仅能降低成本，而且还能吸引大量顾客，并能保证服务质量。

（2）产品简单化。餐饮企业只提供品种简单的产品，制作简单的菜肴、饮品有利于实现标准化生产及质量控制。

2. 差异化策略

差异化策略就是创造风格独特的服务产品，也就是我们经常说的"特色经营"。差异化策略形成的可能途径是：独特的商标形象，如饭店的独特标志；高超的烹饪技术；完善的销售网络；新奇的服务内容等。

差异化策略实施的前提是：差异化所付出的成本应该是客人愿意支付和接受

的，也就是说，实施差异化策略要比竞争对手的投入更大。

很多餐厅在形成自己风格上动足了脑筋，在餐厅的装潢、服务人员的服装上都下了很大的功夫。那么，究竟从哪些方面入手，才能创造本餐厅的特色呢？其实，从我们上面提到的"服务包"中的任何一个要素或几个要素中加以突破，都可以形成自己的特色，从而区别于竞争对手。

差异化策略实施的途径主要有：

（1）辅助性产品特色化。这种方式是目前餐厅采用较多的一种形成特色的方式，主要是针对菜肴食品、酒水饮料进行创新，既有在传统的色、香、味、形、器等方面的突破，又有在销售形式上的突破。

（2）辅助性设施特色化。目前餐饮市场上出现了主题餐厅，如茶餐厅、休闲餐厅等。其主要手段都是利用独具特色的内部装修和奇特的建筑外观来吸引客人。

（3）显性服务和隐性服务特色化。从服务方式的转变、服务氛围的营造、餐饮文化的塑造以及服务人员的变化等多方面赋予隐性与显性服务特色。如泰国曼谷的东方饭店，客人在饭店的公共场所并不能看见很多的服务人员在为客人服务，而当客人需要服务时，服务人员就会及时地出现在客人的面前。这种服务方式顺应了客人度假的需要，为客人营造了一个休闲、放松的用餐环境。

（4）支持性服务特色化。如今很多餐厅将后台服务前台化。如有的餐厅效仿西餐厅将厨师的工作置于客人可以观赏的角度；有的餐厅则采用开放式厨房，客人可以随时了解厨师的工作状况；有的餐厅将菜肴制作成电子点菜单，客人点菜时可以通过点菜屏幕欣赏到厨师制作的菜肴样品的图片，从而促使客人购买产品。

除了从"服务包"中的各个要素进行差异化策略外，还可以通过经营模式的变化、营业时间的调整、改进产品等方法来实现差异化策略。

3. 专业化策略

专业化策略是指集中力量满足特定顾客群体的需要。专业化策略实施的前提是：目标市场必须是需求特点十分突出的特殊群体，"大众性"产品或服务不能满足他们的需求。这样就给那些能提供专业化服务的服务组织提供了生存和发展的空间，这些服务组织提供的产品和服务更具有针对性、成本更低、质量更好。如目前专门为会议和会展提供的会展餐厅，专门为商务客人提供的商务宴席，以及主题餐厅的兴起都与此相关。随着社会的发展，专业化策略必将成为餐饮产品发展的一个主要趋势。

（三）餐饮产品定价策略

价格是餐饮经营的一个最敏感的问题之一，价格的变化对消费者有着决定性的影响，也对餐饮企业的经营利润有着决定性的影响。因而它成了餐饮销售环节中的一个重要环节。

1. 餐饮产品价格

餐饮产品的价格由以下四个方面组成：

（1）成本，主要包括原料费（如菜肴的主料、辅料）、燃料费、人工成本等。

（2）费用，主要包括营业费用、管理费用、财务费用等。

（3）税金，主要包括营业税、城建税、教育附加税。

（4）利润。

餐饮产品的价格是以菜单的形式表现出来的，这要求餐饮产品的价格在菜单中呈现一个合理的结构，以方便客人选择。

2. 餐饮产品定价的因素

影响餐饮产品定价的因素有很多，主要的因素有以下几个方面：

（1）需求。在其他因素不变的情况下，市场对某一种餐饮产品的需求量增加时，该产品的价格就会增高；反之，市场对某一种餐饮产品的需求量减少时，其价格就会降低。但如果其他因素发生变化，如竞争对手增加、餐饮产品的其他替代品增加、客人的经济状况等发生变化，则此种规律将随着诸多因素的变化而发生变化。

（2）供给。市场上餐饮产品的供给量对价格也会产生影响，供给量与价格成正比例的关系。在其他因素不变的情况下，当供给量增加时，价格会降低；当供给量减少时，价格会上升。影响餐饮供给量的主要因素有以下几种：供给方对未来市场需求的预测、产品成本的变化、经济状况的起伏、国家的政治形势、国家的政策法规等。

（3）价值与消费者的观念。由于餐饮产品与其他物质产品的不同，使得餐饮产品的价值与价格的关系体现得更为密切。价值高的产品在市场中的价格会居高不下，如某些"私房菜"，由于其独特的配方，在市场中独领风骚，其价格就会以其独特的价值而偏高。另外，餐饮产品的价格与消费者的观念有密切关系，当某种餐饮产品迎合了消费者的口味，受到消费者欢迎时，此种产品的价格就会上升；反之亦然。

3. 餐饮产品定价的具体策略

餐饮产品定价策略的选择不仅与企业产品价值、产品种类、产品质量相关，更与顾客的心理、顾客的承受能力和市场变化有着密切联系。

（1）以成本为中心的价格策略。以成本为中心的价格策略，就是餐饮企业在决定菜单定价时，以产品成本为基础，再加上一定百分比的利润。以成本为中心的价格策略是大多数企业采用的一种定价方法，因为成本是所有企业要考虑的第一因素。但这种方法只考虑了企业的目标利润，而没有考虑到需求的变化、客人的偏好等诸多要素。在定价时只考虑成本这一单方面的因素，不能作为餐饮企业定价的决定性方法。所以它只是一种基本的定价策略，也是餐厅产品销售的最低价格。

以成本为中心的定价法具体有两类：一类是成本加成法，即各餐饮企业或部门依据不同情况分别设定不同的百分比，即按成本再加上一定的百分比定价。另一类是目标收益率法，即事先确定一个目标收益率作为核定价格的标准，然后根据目标收益率计算出目标利润率，最后计算出目标利润额度。餐厅在达到预计的销售量时即能实现预定的利润目标。这两种方法具有简单易行的特点，但实际使用起来并不能真实地反映出企业的价格策略。

（2）以需求为中心的价格策略。以需求为中心的价格策略，是指根据客人对产品的认识、感受和需求来决定价格的策略。相对于以成本为中心的定价法来说，以需求为中心定价的策略主要根据产品本身的价值确定价格。

如果一个餐厅具备高水平的管理层、有能积极应变的督导层、有提供优质产品的服务层，餐厅的装潢考究、布局巧妙，是商务客人和高消费群体主要的活动场所，那么在定价时就要对应高端的客户群体，采用高价策略，以期获得丰厚的回报。而对于一般的大众化餐厅来说，其客户群主要为上班族，因而餐厅的定价策略就要采用低价策略，扩大市场需求，以薄利多销的方式来赢得市场份额。

以需求为中心的定价方法具体有两类：一类是理解价值定价法，即餐饮企业以其产品和服务所形成的一种"消费概念"，或以顾客对该餐饮产品和服务的一种理解为依据来确定价格。主题餐厅、高档餐厅往往采用这种方法；另一类是区分需求定价法，即按照顾客的消费时段，或者按照顾客的消费方式，或者按照客人的类型来进行区别定价。

（3）以竞争为中心的价格策略。以竞争为中心的价格策略是指以竞争对手的售价为定价依据。这种方法的特点是节省市场调研的环节，在一定程度上可以避免风险。另外，此种方法还可以随时进行调整，从而不断增强自身价格的竞争力。

三、酒店餐饮促销策略

促销策略也称促销决策，它是指旅游目的地或旅游企业对促销对象、促销投入、促销方法、促销效果等进行科学的选择、配置、控制和评价。所谓促销组合，就是指企业为了达到促销目标，对人员推销、广告、营业推广和公共关系这四大促销手段的综合运用，以形成一个促销策略，是信息沟通手段和过程的系统化、规范化。常见的餐饮促销策略包括广告、人员推销等。

（一）人员推销策略

餐饮服务人员是酒店与顾客之间的桥梁和纽带，对企业和顾客均负有责任。因此，餐厅服务人员的职责并非仅限于把酒店的餐饮产品销售出去，而是承担着多方面的工作。作为餐厅服务员，实际上是餐饮的推销员，他们应具备良好的语言表达能力和敏锐的观察能力，应深入了解顾客的消费心理，具有较强的自我控制能力和灵活的应变能力，同时具备良好的敬业精神和职业道德，勤奋学习，熟练掌握餐饮专业知识和推销技巧。

（二）餐饮广告策略

餐厅招牌、菜肴照片、电子菜单、信函广告、菜肴和酒水宣传单等在餐厅广告中发挥着重要的作用，许多餐饮管理人员创造餐厅形象使顾客明确餐厅的风味和特色以增加顾客购买的信心。餐厅招牌的设置必须讲究其位置、高度、字体、照明和可视性，并应设立在餐厅门口处，正反两面或四面应写有餐厅名称。霓虹灯招牌应增加晚间可视度，使餐厅灯火辉煌，呈现朝气蓬勃和欣欣向荣的气氛。信函广告是营销餐饮有效的方法，这种广告最大的优点是阅读率高，可集中目标顾客。运用信函广告应掌握适当的时机，如餐厅新开业及重新装修后的开业、餐厅举办的美食节和周年活动、餐厅推出新产品及新季节的到来等。交通广告是吸引流动顾客的好方法，其最大优点是宣传时间长，目标顾客明确。但是使用交通广告要适合餐厅的经营特点，酒店为吸引住店顾客就餐，可以在大厅和电梯内用告示牌形式宣传当天特色菜肴和著名厨师等。

（三）餐厅外观策略

外观是非常重要的营销媒介，餐厅外观必须突出特色，使顾客识别和判断销售的产品。餐厅外观营销决策包括餐厅的建筑风格、外观色调、门前绿化和装饰品、门前停车场及清洁卫生等。餐厅应当讲究建筑风格，体现经营特点，区别咖啡厅、中餐厅和西餐厅等。餐厅色调直接或间接地起着营销作用。例如，传统的西餐厅的外观常是暖色调，冷色调或浅色调的外观常被咖啡厅或各式快餐厅所采用。餐厅门前的绿化、园林设施和装饰物可给顾客带来祥和和安宁的感受。许多咖啡厅门口摆着新鲜面包，它明确地告诉顾客该餐厅是咖啡厅，并且该餐厅的经营宗旨是讲究食品的新鲜度。一些传统的西餐厅门前以古典酒和意大利面条等为装饰，它显示该餐厅是传统意大利餐厅。中餐厅门前常见的装饰品是中国灯笼和对联。许多餐厅橱窗设计非常美观，橱窗内种植或摆放着各种花木和盆景，人们透过橱窗可以看到餐厅的风格和顾客用餐情景。停车场是餐厅经营的基本设施，如今，个人汽车拥有率越来越高，因此，酒店门前必须有停车场并由专人看管，这样既方便了顾客，也加强了酒店餐饮的营销效果。

（四）餐厅名称策略

一个优秀而有特色的餐厅，它的名称只有符合目标顾客，符合餐厅的经营宗旨，符合餐厅的消费水平，符合菜单才能有营销力。成功的经验证明，餐厅的名称必须易读、易写、易听、易记，简单清晰，易于分辨；字数要少而精，以 2～5 个字为宜；文字排列顺序应考虑周到，避免将容易误会的字体和发音排列在一起；字体设计应美观，容易辨认，易于引起顾客注意及加深印象和记忆。餐厅是人们聚会的地方，人们常通过电话进行约会，因此，餐厅名称必须方便联络，容易听懂，避免使用容易混淆的文字、有谐音或可联想的文字。例如，Mcdonald 的中文名称是"麦当劳"，而不是"麦克唐那得斯"，该名称充分体现了大众化的餐厅，体现了工薪阶层的消费水平，体现了西餐的特色，体现了以面包为基础的菜肴或产品。因此，它是个很有营销力的餐厅名称。

（五）赠送礼品策略

酒店常采用赠送礼品策略以达到餐饮促销目的。然而餐饮礼品应使餐厅和顾客同时受益才能达到营销效果，酒店赠送的礼品应包括本餐厅的特色菜、刚开发的新菜、新研制的酒水、生日蛋糕、水果盘、生日贺卡、精致的菜单等。菜肴、蛋糕、果盘和酒水属于奖励性赠品，这种赠品应根据顾客用餐目的、用餐时间和不同节假日，有选择地赠送以便满足不同顾客的需求，使顾客真正得到实惠并提高餐厅知名度，提高顾客用餐次数和消费额；包装要精致，讲究赠送气氛，赠送礼品的种类、内容和颜色等方面与赠送对象的年龄、职业、餐饮习俗及用餐目的相协调，使酒店的赠品达到理想的效果。显然，一些餐厅不论顾客是否喜爱啤酒，对每个顾客都采用赠送啤酒的策略是不适宜的。贺卡和菜单属于广告赠品，贺卡上应当有酒店和餐厅的名称、餐厅宣传内容及电话号码。菜单除了应有餐厅名称、地址和联系电话外，还应有特色菜肴介绍。赠送贺卡和菜单主要起到宣传酒店餐饮特色和风味，使更多的顾客了解企业，以此提高酒店知名度。

（六）食品展示策略

食品展示是有效的营销方法。这种方法通过在餐厅门口或内部陈列产品，包括新鲜的食品原料、半成品菜肴或成熟的菜肴、点心、水果及酒水等以增加产品的视觉效应，使顾客更加了解餐饮特色和质量并对酒店产生信任感。一些中餐厅在餐厅内摆放陈列柜，陈列柜中摆放切配好的菜肴。一些咖啡厅将本餐厅制作的新鲜面包摆在餐厅门口以显示其经营特色和产品新鲜度。一些西餐厅和咖啡厅摆放沙拉吧（沙拉自助销售台），将新鲜的、五颜六色的蔬菜和沙拉酱摆在餐台上以吸引顾客购买。有些咖啡厅将制作的各种蛋糕放在旋转的展示柜中，一些餐厅在吧台后面的展示柜上陈列着各种名酒及在酒架上摆放著名红葡萄酒，在酒柜内陈列白葡萄酒。有些咖啡厅在每张餐台上摆放一瓶红葡萄酒。一些扒房在靠近门口处安装带有温度控制的葡萄酒柜，柜中有菱形的木方格，葡萄酒横放在方格中，瓶口朝外，酒的标签朝上以显示该餐厅的酒水文化。这些方法都是有效的营销策略。

（七）绿色营销

绿色营销是指酒店以健康、无污染食品为原料，通过销售健康工艺制成的菜肴，保护原料自身营养成分，杜绝对身体的伤害。绿色营销从原料采购开始。作为食品采购人员，首先要控制食品原料来源、采购无污染的原料、尽可能不购买罐装、听装及半成品原料。酒店应从无污染和无公害原料种植地和饲养场所采购食品原料。菜肴生产是产品质量的又一关键环节，原料应认真清洗和摘拣，应合理搭配食品原料，均衡营养，合理运用烹调技艺，减少对原料营养的破坏，不使用任何化学添加剂，致力于原料自身的味道，尽量简化生产环节，减少污染机会。精简服务程序，减少被餐巾、杯具等用具的污染，使菜肴和服务更加清新和自然。

（八）网上营销

网上营销可视为一种新兴的餐饮营销策略，它并非一定要取代传统的销售方式，而是利用信息技术重组营销渠道。网上营销策略与传统媒体相比较，信息传播速度快，容量大，具备文字、声音和影像等多媒体功能，可充分发挥营销人员的创意。在面对日益激烈的餐饮市场，酒店要在竞争中生存，必须了解和满足目标顾客的需要，以市场为中心、以顾客为导向。传统的营销方法难以做到，而网络营销可与顾客充分沟通，从而实施个性化的产品和服务。目前我国一些酒店已建立了自己的网站，进行产品介绍。

四、营业场所销售决策

餐厅在做销售和经营决策时，要以企业能获得尽可能大的经济效益为前提。这里主要介绍餐厅营业时间决策、清淡时间价格折扣决策及亏损先导推销决策的方法。

（一）餐厅营业时间决策

1. 确定最佳营业时段所需要的数据

餐厅在早上什么时候开业，晚上什么时候停业，要以餐厅获利最大作为决策准则。确定最佳营业时间，必须以经营数据作为决策依据。餐厅在试营业时要统计下述数据：

（1）各时段销售额。一个进行科学化管理的餐厅需要统计各时段的销售额作为经营决策的依据之一。各时段的销售额数据可用于营业时间决策、清淡时段推销活动决策和人工安排决策。该数据既可由餐厅收银员来收集，也可由电脑软件统计。

（2）食品、饮料成本率。从餐厅的餐饮成本月经营情况表中汇总可得出食品、饮料平均成本率。

（3）营业需增加的固定开支。这部分固定开支不包括餐厅固定资产的折旧等，餐厅即使不开业，这种费用也已经存在，这种资本是固定资本。这里仅计算若在清淡时间营业需要增加的（不随销售数量变化而变化的）固定开支。例如，增加的劳动人工费用（营业需要员工数和每小时的工资），增加的电灯、空调、煤气等能源的费用及其他费用等。

（4）其他变动费用率。除食品、饮料成本外，还有些费用会随着销售量的增加而增加，如桌布的洗涤费、餐巾纸成本等，可通过实际费用的统计来计算其变动费用率。

（5）营业税税率。根据上述数据能够算出餐厅营业要求达到的最低销售额。

2. 营业要求的最低销售额求解公式

如果餐厅在早上较早、晚上较晚的时间内达到该销售额，则餐厅在这些时段营业比不营业更为合算。计算营业要求达到的最低销售额的公式为：

$$营业要求的最低销售额 = \frac{营业需增加的固定费用}{1 - 食品、饮料成本率 - 其他变动费用率 - 营业税率}$$

例如，某餐厅在晚上 9：00～10：00 的时间段内营业需要增加人工成本费100 元，增加其他固定费用 80 元，食品、饮料成本率为 35%，其他变动费用率为 10%，营业税率 5%，那么在这个时段餐厅营业要达到的最低销售额为：

$$最低销售额 = \frac{100 + 80}{1 - 35\% - 10\% - 5\%} = 360（元）$$，如果餐厅在这个时段内达到该销售额，那么在这个时段餐厅营业比不营业更为合算。

3. 延长营业时间的一些其他原因

有些餐厅在早、晚清淡时间内虽然客源较少，从经济角度考虑，营业可能不合算，但考虑到下列因素，就应当延长营业时间：

（1）延长营业时间是餐厅或饭店招徕客源的一种推销手段，为饭店及其附属餐厅树立一种经营时间长、能方便顾客的良好形象，使顾客愿意到餐厅来就餐。

（2）为正式营业做准备工作。在清早和晚上客源很少时可以做一些营业准备工作。例如，叠餐巾、摆台、整理账务，凌晨一点停业，可以做一些清扫工作。有些餐厅既要节约费用，又要为顾客留下关门晚的好印象，因而选择在正式停业前做停业准备和打扫工作，但是这些工作又不能让顾客看到，应选择在后台准备停业，因为在餐厅前台打扫等于催促客人，会引起客人的反感，并且如果餐厅晚上 10：00 关门，9：45 在餐厅里打扫卫生，顾客会很快得出结论：该餐厅

9：45 关门，这样会造成 9：30 就开始无客光顾了。

（3）延长营业时间是应付竞争的一种措施。有许多餐厅为战胜竞争者，即使赔钱，营业时间也要比竞争者更长一些或与他们一样长，以此来争夺客源。

（4）新餐厅早营业、晚停业可增强它的可见度、提高其知名度。

（5）有的咖啡厅或快餐厅在下午 2：00 ~ 6：00 生意清淡，也许达不到最低营业销售额，但关门很不方便，在这段清淡时间，搞一些推销活动会增加客源，餐厅可能会达到最低营业销售额，但是这种促销活动一定要有时间限制，促销时间过早或过晚都会影响盈利。

（二）清淡时间价格折扣决策

根据价格的需求弹性理论，通常降低价格会提高销售数量，因此，许多餐厅试图利用价格折扣来提高利润。例如，有许多餐厅为了提高座位周转率，在生意清淡的时段内推出价格折扣。在做价格折扣决策时，必须研究价格折扣对赢利的影响。

1. 短期价格折扣法

有的餐饮场所在生意清淡的时段中会推出"快乐时光"（Happy Hour）的推销活动，如推销鸡尾酒时采取"买一送一"的优惠政策，或者以发展就餐俱乐部的形式对会员采取"一份价格买两份"的政策。这种折扣政策是否有效，必须通过对降价前后的毛利进行比较，算出降价后的销售量是折扣前的多少倍，以此评判这项折扣决策是否合理。

$$折价后销售量须达到折价前的倍数 = \frac{折价前每份菜品（饮料）的毛利额}{折价后每份菜品（饮料）的毛利额}$$

例如，某饭店的酒吧考虑在生意清淡的时段利用"快乐时光"举行"买一送一"的鸡尾酒推销活动。鸡尾酒每杯原价为 18 元，饮料成本率是 25%，问折价后销售量应该是降价前的多少倍？

折扣后销售量须达到折价前的倍数 =（18 - 18 × 25%）÷（18 × 50% - 18 × 25%）= 3

如果折价后的销售量是折价前的 3 倍，也就是增加 200% 的话，这项推销政策就是有效的。

2. 长期价格折扣法

在有限的经营时间内搞推销活动，对增加销售量的计算只要考虑毛利额即可，但在较长的经营时间内搞推销活动，还要考虑偿付固定成本、企业获得的利润以及平均降价率。

例如，某餐厅在每周一到周五下午 3：00 ~ 6：00 的"快乐时光"中都会推出"买一送一"的折价活动，这项推销活动虽然在该段时间内折价 50%，但对于整个经营时间来说，平均折扣率不是 50%，而是 20%。这项推销政策是否有效取决于折价后的销售额能否达到下述水平：

折扣后需达到的销售额 = （企业要求获得的利润额 + 拟定的固定成本）÷ {1 − [折扣前变动成本率 ÷ （1 − 折扣率）]}

例如，某餐厅准备在每周一到周五下午3：00～6：00推出"买一送一"的推销活动。餐厅每月的固定成本额是20万元，餐厅要求获得月利润为10万元，折价前的变动成本率是60%，由于每周只有5天、每天只有3小时折价，所以平均折扣率只有20%左右。在折价前企业要获得10万元的利润，须达到的月销售额为：

折价前要求达到的销售额 = （100000 + 200000）÷ （1 − 60%）= 750000（元）

若要获得同样的利润，折价后需达到的月销售额为：

折价后须达到的销售额 = （100000 + 200000）÷ {1 − [60% ÷ （1 − 20%）]} = 1200000（元）

顾客外出就餐往往是一种享受性的消费，而不是必需消费，故价格下降通常会引起销售量的增加，但并不是每项折价政策都能获得经济效果。管理人员必须详细记录折价前后的就餐人数和销售额等数据，比较实际销售额能否达到目标水平。如果不能达到，就应立即采取措施改进或取消这项推销活动。

（三）亏损先导推销决策

亏损先导（Loss Leader）产品，是指企业经过选择的那些价格定得很低的、用来作诱饵吸引客人来光顾餐厅的产品。

1. 次级推销效应

分析亏损先导产品折价推销的效果，不能只分析这类产品折价前后的盈利性，还必须分析它们的"次级推销效应"（Secondary Sales Effect）。

次级推销效应就是指某产品的推销给其他产品的销售带来的影响。顾客利用诱饵产品折价的机会进入餐厅时，通常还会购买其他产品，特别是餐饮产品之间具有互补性，一种产品的销售往往会刺激另一种产品的销售。例如，西餐主菜菜品的折价，会增加葡萄酒、开胃品、甜品的销售量。前面提到的"快乐时光"或就餐俱乐部的饮料折价政策，就会使餐厅的顾客增加并使其他产品的销售量增加。

假如某餐厅为增加客源向前来就餐的客人免费提供一杯葡萄酒。这项推销活动会使餐厅的食品收入提高，预计它对餐厅会产生下述影响：①由于免费推销葡萄酒，这部分葡萄酒的销售不产生收入。②预计客人会增加一倍，从原先的200位客人增至400位。每位客人的平均消费额为55元，则销售额将从11000元增加到22000元。③由于客人增加一倍，所以饮料的成本总额也增加一倍，即从800元增至1600元；食品成本总额也增加一倍，即从4070元增至8140元。④服务人数也需增加，人工费增加 400 元。

这项推销活动对餐厅的收入和利润产生的总体影响如表 9 - 1 所示。

表 9 - 1　某餐厅葡萄酒的次级推销效应

	食品		饮料		总计	
	推销前	推销后	推销前	推销后	推销前	推销后
销售额	200 位客人，平均消费额 55 元，共得销售额 11000 元	400 位客人，平均消费额 55 元，共得销售额 22000 元	2000 元	0 元	13000 元	22000 元
变动成本（指食品饮料成本）	成本率 37%，成本额 4070 元	成本率 37%，成本额 8140 元	成本率 40%，成本额 800 元	成本额 1600 元	4870 元	9740 元
毛利	6930 元	13860 元	1200 元	- 1600 元	8130 元	12260 元
工资费用	—	—	—	—	2500 元	2900 元
净收益	—	—	—	—	5630 元	9360 元

综上所述，一种产品的推销对其他产品销售所产生的影响（收益），必须减去本产品损失的利益，它的纯利润可用下面的公式来表示：

纯利润 = 其他产品增加的客人数 × 客人平均消费额 × （1 - 其他产品变动成本率）- 增加的人工费及其他费用 - 亏损先导损失的收入 - 亏损先导增加的成本

以上表的数据计算，葡萄酒推销所增加的净收益如下：

增加的净收益 = （400 - 200）× 55 × （1 - 37%）- （2900 - 2500）- 2000 - （2000 × 40%）= 3730（元）

从上例可见，亏损先导推销虽然减少了饮料收入，但使餐饮纯收益增加了 3730 元，不过，进行亏损先导推销必须做好销售预测和可行性研究，有可能的话先做试推销。

2. 做"亏损先导推销"活动时需收集的数据

在推销过程中要注意收集信息，否则等事过境迁，则无法弥补。在做亏损先导推销时要注意收集下列数据：

（1）亏损先导推销给其他产品增加的顾客数和销售额。

（2）亏损先导推销所增加的成本（包括亏损先导产品增加的成本及其他产品所增加的成本）。

（3）亏损先导推销所损失的收入。

（4）亏损先导推销所增加的其他费用（如人工费、燃料费等）。

（5）亏损先导推销所获得的净收益。

五、酒店餐饮销售控制

（一）餐饮销售控制的意义

餐饮销售控制的目的是要保证厨房生产的菜品和餐厅向客人提供的菜品及服务都能产生收入。成本控制虽然重要，但销售的餐饮产品若不能得到预期的收入，则成本控制的效率就不能实现。假如餐厅售出金额为 2000 元的食品，耗用原料的价值为 700 元，食品成本率为 35%。如果餐厅销售控制不好，只得到 1800 元的收入，则成本率会提高至 38.9%，这样毛利额就减少 200 元，成本率就提高了 3.9%。

由此可见，对销售过程要严格控制。如果缺乏销售过程控制，就可能出现内外勾结、钻制度空子、使企业利润流失等问题。销售控制不严通常会出现以下现象：

（1）吞没现款。对客人订的食品和饮料不记账单，将向客人收取的现金全部吞没。

（2）少记品种。对客人订的食品和饮料少记品种或数量，而向客人收取全部价款，将二者的差额装入自己腰包。

（3）不收费或少收费。服务员对前来就餐的亲朋好友不记账、不收费，或者少记账，少收费，使餐厅蒙受损失。

（4）重复收款。对一位客人订的菜不记账单，用另一位客人的账单重复向两位客人收款，私吞一位客人的款额。在营业高峰期往往容易出现这种投机取巧的现象。

（5）偷窃现金。收银员（或服务员）将现金柜的现金拿走并抽走账单，使账、钱核对时查不出短缺。

（6）欺骗顾客。在酒吧中，将烈性酒冲淡或售给顾客的酒水分量不足，将每瓶酒超额量的收入私吞。

上述例子说明，如果餐厅对销售控制不严，会使餐厅蒙受损失，所以管理人员要重视销售控制这一环节，避免给餐厅造成很大的收益漏洞。

（二）餐饮销售控制的内容

餐饮销售控制就是在将餐饮产品最终转化为餐饮商品的实现过程中进行控制。要达到这一目标需要餐饮经营管理人员建立一个完整的餐饮销售控制体系。这个体系包括了对点菜单控制、对出菜检查过程的控制、对收银员的控制、对酒吧销售的控制以及相应的销售控制指标与销售报表的建立与考核。由于点菜单同收银员的关系较紧密，而这两者又与餐饮前台的服务管理密切相关，所以应该加强制度建设和制度管理。对餐厅服务员应有相应的管理制度和服务操作流程的培训。

1. 点菜单控制

餐饮产品销售过程中的任何差错或漏洞都会增加食品成本，所以，必须引起管理人员的高度重视。

在接受客人点菜时，服务员应认真填写点菜单，充分利用点菜单来控制成本。

（1）服务人员应使用圆珠笔填写点菜单，填写错误时，不应擦掉而应该划掉。这样避免服务员擅自修改点菜单的内容。

（2）点菜单填写完毕，应首先由点菜员签字，并经过收款员签字或盖章。然后再送入厨房，厨师不能烹制未经收款员签字或盖章的点菜单上的任何菜品。

（3）点菜单必须编号，既可以保证为客人提供准确的服务，也可以在出现问题时查明原因，并采取相应的改进措施。

（4）传菜员、收款员、厨房等都应将点菜单保存好以备核查。

（5）严格控制点菜单一式三联，避免服务人员用同一份点菜单两次或多次从厨房取菜而将其中一次的现金贪污；更应避免服务人员在收款员签字或盖章后的点菜单上任意添加菜点造成成本增加。

2. 出菜检查员控制

具有一定规模的餐厅需要在厨房中设置一名出菜检查员。在西方国家的饭店，出菜检查工作通常由厨师长亲自兼任。出菜检查员必须熟悉餐厅的菜品品种与价格，要了解各种菜的分量大小和质量标准。他的岗位设在厨房通向餐厅的出口处。即通常所说的传菜部。出菜检查员是食品生产和餐厅服务之间的协调员，也是厨房生产的控制员。他的责任是：

（1）保证每张订菜单上的菜都应得到及时生产，并保证服务员正确取菜并送菜到合适的餐桌。

（2）保证厨房只根据账单副联所列的菜名生产菜品，每份送出厨房的菜都应在订菜单副联上有记载。这样，可防止服务员或厨师因无订菜单而私自生产并擅自免费把食品送给客人。

（3）出菜检查员应检查客人账单上填的价格是否正确，防止服务员为某种私利或粗心将价格写错或写低。这样，既保证客人的利益也保证餐厅的利益。

（4）出菜检查员应大致检查每份生产好的菜品的份额和质量是否符合标准。

（5）出菜检查员要注意防止客人账单副联丢失。

3. 餐饮销售指标控制

餐饮销售额是指餐饮产品和服务的销售总价值。此价值的表现形式可以是现金，也可以是保证未来支付的现金值，例如支票、信用卡等。销售额一般是以货币形式来表示。影响餐饮销售总额高低主要有以下一些控制指标：

（1）平均消费额。管理人员一般十分重视平均消费额。平均消费额是指平均每位客人每餐支付的费用。这个数据之所以重要，是因为它既能反映菜单的销售效果，也能反映餐饮销售工作的成绩，能帮助管理人员了解菜单的定价是否过高或过低，了解服务员和销售员是否努力推销高价菜、宴会和饮料。通常，餐厅要求每天都分别计算食品的平均消费额和饮料平均消费额。

管理人员应经常注意平均消费额的高低，如果连续一段时间平均消费额都过低，就必须检查食品饮料的生产、服务、推销或定价有何问题。比如生产质量、分量有没有问题，服务员的服务有没有问题，服务员是否在努力推销菜品、推销菜品的档次或不同档次菜品的搭配，菜单定价是否恰当等问题都值得管理人员去分析。

（2）每座位销售量。每座位销售量是以平均每座位产生的销售金额及平均每座位服务的客人数来表示。其计算公式为：平均每座位销售额 = 总销售额÷座位数。

每座位销售额这一数据可用于比较相同档次、不同企业的经营好坏的程度。比如 A 餐厅的年销售额为 458 万元，具有餐座 200 座；而 B 餐厅的年销售额为 250 万元，具有餐座 100 座。A 餐厅的每座位年销售额为 22900 元，而 B 餐厅的每座位年销售额为 25000 元，可见 B 餐厅的经营效益要好一些。

每座位销售额也常用于评估和预测酒吧的销售情况。在酒吧中，一位客人也许喝一杯饮料匆匆而去，也许整个下午都在那里商谈公务，要订十几次饮料。这样难以统计座位周转率和平均消费额，所以往往用座位销售额来统计一段时间的销售状况。

（3）平均每座位服务的客人数。即常常所说的座位周转率，它以一段时间的就餐人数除以座位数而得。

餐厅早、午、晚餐因所提供的产品的不同、客人的需求不同导致客源的特点不同，座位周转率往往应分餐统计。座位周转率反映餐厅吸引客源的能力。上例中，A 餐厅吸引客源能力高于 B 餐厅，但每座位产生的收入却低于 B 餐厅，说明 A 餐厅的菜单价格较低或销售低价菜的比例较高。

（4）每位服务员销售量。该销售量可以用两种指标来表示：一是以每位服务员服务的顾客人数来表示。这个数据反映服务员的工作效率，为管理人员配备职工、安排工作班次提供基础，也是职工成绩评估的基础。当然，该数据要有一定的时间范围才有意义，因为服务员每天、每餐、每小时服务的客人数是不同的。一位服务员在一天两餐服务中接待的客人总数为 120 名，该服务员每小时服务20名客人。不同餐别每位服务员能服务的客人数不同，一位服务员在早餐能服务的客人数多于晚餐。不同的餐厅的服务员能够服务的客人数也不同，高档餐厅的服务员不如快餐厅服务的人数多。二是用销售额来表示。每位服务员的客人平均消费额是用服务员在某段时间中产生的总销售额除以他服务的客人数而得。例如某餐厅在月底对服务员工作成绩进行比较时，应用下列销售数据：

服务员甲：服务客人数为1950人，产生销售额为51675元，客人平均消费额为26.50元；

服务员乙：服务客人数为2008人，产生销售额为51832.20元，客人平均消费额为25.81元。

上述数据明显地反映了服务员乙无论在服务客人数和产生的销售额方面都超过了服务员甲，说明他在积极主动接待客人方面以及他的工作量都比服务员甲更为出色。但是他服务的客人平均消费额却比服务员甲少0.69元 $[26.5-25.8=0.69（元）]$。

说明服务员乙在推销高价菜、劝诱客人追加点菜和点饮料方面不如服务员甲。管理人员可向服务员乙指明努力方向，指出如果他在上述方面努力，则他在提高餐饮销售额方面还有潜力，还能增加销售额的潜力为：

$0.69 \times 2008 = 1385.52$（元）

服务员的销售数据可由收银员对账单的销售数据进行汇总，也可由餐厅经理对账单存根的销售数据进行汇总而得。

（5）时段销售量。某时段（各月份、各天、每天不同的时间）的销售量数据对于计划人员的配备、餐饮推销和计划餐厅最佳的开始营业和打烊时间是特别重要的。

时段销售量可用两种形式表示：一段时间内所服务的客人数和一段时间内产生的销售额。例如，某咖啡厅下午3：00～6：00所服务的客人数为40位，产生的销售额为900元；而在6：00～9：00所服务的人数为250位，产生的销售额为7000元。很明显，在这两个不同时段应配备不同人数的职工。又如某餐厅原定于午夜12：00停业，但在夜间10：00～12：00只产生60元的销售额，管理人员经过计算发现这两个小时开业时间的费用和成本会超过收入，因此他决定提前停业。

（6）销售额指标。销售额是显示餐厅经营好坏的重要销售指标。一段时间的销售额指标可以通过下式来计算：

一段时间的销售额指标＝餐厅座位数×预计平均每餐座位周转率×平均每位客人消费额指标×每天餐数×天数

由于各餐每位客人的平均消费额相差较大，故销售额的计划往往要分餐进行。例如，A 餐厅计划明年晚餐每位客人的平均消费额指标为 30 元，晚餐平均座位周转率指标为 1.6，A 餐厅计划明年晚餐的销售额指标为：$30 \times 200 \times 1.6 \times 365 = 3504000$ 元。

4. 酒吧销售控制

有些餐饮企业的酒吧为节省人力，让调酒师兼作服务员，负责为客人订饮料，向客人提供酒水服务，填写销售记录，收取客人交付的现金并让客人在账单上签字。这些工作由一个人承担，往往会因缺乏控制而发生一系列经营问题。因此，管理人员对酒吧销售控制要采取严格的措施。

如果酒吧使用收银机，要求服务员或调酒师将向客人售出的饮料数量和金额输入收银机。但如果无其他控制手段，就会造成输入不正确或不足量的收入、将差额装入自己腰包的漏洞。所以，酒吧也应该使用书面账单。使用收银机的酒吧，服务员收到现金应立即输入收银机并打出账单给顾客，这样如果现金不对，顾客会及时发现。在单纯使用账单的酒吧，调酒师调制的向客人服务的酒水要记载在账单上，这样便于每日审查收入。大型企业中的酒吧有专职收银员，由于劳动有分工，舞弊较困难。

客房小酒吧是为方便客人饮用饮料而设置的。为加强对客房小酒吧酒水销售的控制，在小冰箱上要设小酒吧的饮料订单，小酒吧内配备的饮料应有规定的品种和数量，客人饮用后，应填写在饮料订单上。每日由客房服务员检查小酒吧的饮料消耗数量并补充至额定量，服务员还要检查客人是否填写饮料单，如没有填写，应帮助填写并请客人签字。在客人退房结账时，前台收银员要问客人有无使用小酒吧饮料，而客房部也要及时将客人饮料账单转至前厅。

5. 收款控制

餐饮企业不仅要抓好从原料采购到菜品生产、服务过程的成本控制，还要加强收款控制，以保证餐饮企业的既得利益。

（1）餐饮企业应健全各项财务管理制度，并严格执行，严防收款员和其他工作人员的协同贪污、舞弊行为的发生。

（2）餐饮企业的财务部门应每天审核账台的营业日报表和各种原始凭证，以确保餐饮企业的利益。

餐饮销售控制除了做好上述五个方面的控制外，还应该加强服务过程的成本控制。餐饮企业应加强服务过程的成本控制，以免成本增加。

一方面，餐饮企业应建立并健全各项管理制度，避免员工贪污、盗窃等行为。另一方面，餐饮企业应加强对员工进行职业道德教育并开展经常性的业务培训，使他们树立良好的服务意识，端正服务态度，提高餐饮服务技能，管理人员大多进行现场管理，指导服务员的工作，力求少出或不出差错，尽量降低食品成本。

　　总之，任何一个餐饮企业都必须做好餐饮销售控制，才能尽可能地控制好成本，获取更大的利润。同时必须建立一个完整的餐饮销售控制体系，餐饮管理人员必须从点菜单的控制、对出菜检查过程的控制、对收银员的控制、对酒吧销售的控制以及相应的销售控制指标与销售报表的建立与考核等几个方面着手做好过程管理。对餐厅服务员应有相应的管理制度和服务操作流程的培训，才能更好地增加收益。

第十章 餐饮团队建设与管理

一、酒店餐饮团队的认知

（一）团队的概念

团队是由两个或两个以上的人组成的，通过人们彼此之间的相互影响、相互作用，在行为上有共同规范的一种介于组织与个人之间的一种组织形态。其重要特点是，团队的成员间在心理上有一定联系，彼此之间相互影响。那些萍水相逢，偶然会合在一起的一群人，虽然在时间、空间上有某些共同的特点，但他们之间在心理上没有什么相互影响和相互作用，因而称不上是团队。

比如，每年在美国的职业篮球大赛结束以后，常会从各个优胜队中挑选最优秀的球员，组成一支"梦之队"赴各地参加比赛，以为可以掀起另一轮的高潮，但结果却总是令球迷失望，往往是胜少负多，这是为什么呢？其原因就在于他们不是真正意义上的团队。虽然他们都是顶尖的篮球高手，但是他们均为各个不同的球队效力，无法临时地培养团队精神，不能形成有效的团队出击。

因而，团队并不是一群人的机械组合，这和群体不同，一个真正的团队应该有一个共同的目标，其成员的行为之间应相互依存、相互影响，并且能默契配合，不断创造和追求团队的业绩。简而言之，团队不是简单的"1＋1＝2"，而是"1＋1＞2"。团队成员因为有共同使命感和责任感而共同努力，所以会产生大于个人努力总和的群体效益，而简单的群体是"一个和尚挑水喝，两个和尚抬水喝，三个和尚没水喝"。

个人的计划再精彩，能力再出众，如果没有团队合作的精神，自我价值也可能不会成功实现。中国有句俗语叫"一个篱笆三个桩，一个好汉三个帮"，说的就是这个道理。"物以类聚，人以群分"。如果将组织看作是一个完整的人体，团体就是构成人体的各类系统，如消化系统、循环系统等，个人则是组织或团队的最基本的细胞。任何人都不是孤立的，人总是生活在社会组织或群体中，并以组织或者团队的身份和他人交往，在交往过程中，形成了类型各异、规模不同的各式各样的团队。

要想判断一个工作小组是工作群体还是工作团队，可以从目标、合作、责任、技能等方面来判断和区别。工作群体中可能并没有明确的长期目标或短期目标，而在团队中，团队的主管运用领导力去促进目标趋于一致，使工作目标清晰明确，而且通过衡量集体绩效的方式进行考核。

工作团队的成员比工作群体在合作上更加积极。在工作群体中责任是归属于个人的，而在团队中，既存在个人责任，也存在共同责任。在工作群体中，个人的技能往往是随机组合的，而在团队中，团队领导为了快速、高效地完成团队的最终目标，往往会挑选个人技能相互补充的成员组成团队。

（二）团队的要素

一个高效的团队必须具备以下显著的要素：

1. 共同的清晰目标

一个共同的长远目标对团队的成员来说是必不可少的，并且大家都清晰地知道目标是什么。为完成共同目标，成员之间彼此合作，这是构成和维持团队的基本条件。实际上，正是这种共同的目标才决定了团队的性质。

只有拥有了共同的团队目标，才会在团队中产生一种高于团队成员个人总和的认同感。这种认同感为如何解决个人利益和团队利益的碰撞提供了有意义的标准，使得一些威胁性的冲突有可能顺利地转变为建设性的冲突，也正因为有团队目标的存在，团队中的每个人才知道自己的坐标在哪儿，团队的坐标应在哪儿。

2. 成员之间相互依赖

从行为心理上来说，成员之间在行为心理上相互作用，直接接触，彼此相互影响，与团队中的其他个体形成了一种默契和关心。

3. 成员具有团队归属感

团队中的成员不会有孤军奋战的感觉，各成员具有团队意识，具有归属感，情感上有一种认同感，意识到"我们是这一团队中的人"，"我是这一群体中的一员"，每个人都会感到团队中有他人的陪伴是一件乐事。

团队成员彼此心理放松、工作愉快，所以说，团队意识和归属感形成了团队的牢不可破的精神基础。

4. 具有责任心

所有高效的团队，其队员都要共同分担他们在达到共同目的中的责任。世界上没有任何一个团队中的成员是不承担责任的，如果大家都不承担责任，实现共同的目标无疑是一种空中楼阁。

仔细想一下"老板让我负责"和"我们自己负责"这两句话，就会发现有重大区别。前者可以导致后者，但是没有后者就不会有团队。"我们自己负责"这么一句简单的话，却道出了一个核心问题，那就是团队成员对团队的承诺，以及团队对团队成员的信任。

5. 高效的酒店餐饮主管

一个想要取得高绩效的团队，就需要具有果敢高效的酒店餐饮主管，高效的领导能让团队跟随自己共同度过最艰难的时期，能为团队指明前途方向。他们向成员阐明变革的可能性，鼓舞团队成员产生自信心，帮助他们更充分地了解自己的潜力。优秀的酒店餐饮主管不一定非得指示或控制。高效酒店餐饮主管往往担任的是教练和后盾的角色，他们对团队提供指导和支持。

（三）团队与群体的区别

团队与群体二者有很大的区别。

群体是指两个或两个以上相互依赖的个体，为了实现某个特定的目标而结合在一起。在群体中，成员通过相互作用来共享信息，做出决策，帮助每个成员更好地承担起自己的责任。而团队就要承担必要的发生矛盾冲突的风险，承担开发共同产品的风险以及集体行动的风险。

在团队中，通过其成员的共同努力能够产生积极协同的作用，其团队成员努力的结果使团队的绩效水平远远大于个体成员绩效的总和即"$1+1>2$"的结局。而在群体中，成员不一定非要到集体中才能工作，他们也不一定有机会这样做，在业绩上，他们仅仅依赖的是"个人绩效"的总和，即"$1+1=2$"的模式。

（四）团队的类型

团队是指一群为了达到目标而相互需要的人。他们的结合可能是长期或短期的，可能赋有特定的或一般的目的，成员来自不同的或是相似的背景。

斯蒂芬·罗宾斯根据团队存在的目的，拥有自主权的大小，将团队分为四种类型：问题解决型团队、自我管理型团队、多功能型团队和虚拟型团队。

1. 问题解决型团队

问题解决型团队中的成员往往就如何改进工作程序、方法等问题交流不同的看法，并就如何提高产品质量、生产效率和改善工作环境等问题提供建议。

在问题解决型团队中，团队的主要责任是通过调查研究、集思广益理清组织存在的问题，拟定策略或执行计划。

问题解决型团队的缺陷是对调动员工参与决策过程的积极性方面略显不足。

2. 自我管理型团队

自我管理型团队是自然形成的工作小组，被赋予了很大的自主权，同时，他们也被要求控制自己的行为，取得重大的成果。集计划、命令、监督和控制行动的授权和培训于一身，使这些团队与许多其他类型的团队迥然有别。他们拥有广泛的自主权和自由。

自我管理型团队是一种真正独立自主的团队，他们不仅探讨问题怎么解决，并且亲自执行解决问题的方案，并对工作承担全部责任，一般由管理部门批准。这种类型的团队通常由 10～16 人组成，他们的工作是聚集在一起解决一般性的工作问题。

在通常情况下，自我管理型团队的责任范围包括控制工作节奏、决定工作任务的分配、安排工作休息。彻底的自我管理团队甚至可以挑选自己的成员，并让成员进行相互绩效评估。

自我管理型团队也被称为高绩效团队、跨职能团队或者超级团队。其影响是巨大的，他们能提高 30% 或更多生产力并且极大地改善产品服务质量。他们从根本上改变了工作的组织方式，使一种更高水平的领导实践成为可能。一种高水平的团队授权经常通过自我管理团队得到实现。引入自我管理团队将减少 1～2 个管理层，因而产生了扁平式的组织结构，极大地提高了工作效率。

3. 多功能型团队

多功能型团队是由来自同一等级、不同工作领域的员工组成的，他们来到一起之后，使组织内（甚至组织之间）员工之间交换信息，从而激发出新的观点，解决面临的问题，协调完成复杂的项目。

不过，需要注意的是，实行这种团队形式，由于团队成员知识、背景、经历和观点不同，再加上需要处理复杂多样的工作任务，因此，建立起有效的合作需要下一番功夫。

4. 虚拟型团队

虚拟型团队是随着现代通信技术的发展进步应运而生的，其通过电子邮件或视讯会议等设备共同完成任务。

（五）团队发展的阶段

1. 第一阶段——形成期

团队建立之初，成员通常由不同动机、需求与特性的人组成，此阶段缺乏共同的目标，彼此之间的关系也尚未建立起来，人与人的了解与信任不足，彼此之间充满着谨慎和礼貌。整个团队还没有建立起规范，或者对于规范还没有形成共同的看法，这时的矛盾很多，内耗也很多，一致性很少，花很大的力气，也产生不了相应的效果。

此时，管理人员的主要任务有以下两个方面：

第一，初步构成团队的内部框架。在团队成立伊始，组织管理者应该对团队的各个要素十分明确，包括团队的目标、定位、职权、人员和计划。其团队内成员的角色应如何分配，工作人员如何取得，都是在团队的组建期设定的。

第二，建立团队与外界的初步联系。建立起团队与组织其他工作集体及职能部门的信息联系及相互关系；确立团队的权限，如自由处置的权限、须向上级报告请批的事项、资源使用权、信息接触的权限等；建立对团队的绩效进行激励与约束的制度体系；争取对团队的技术（如信息系统）支持，高层领导的支持，专家指导及物资、经费、精神方面的支持；建立团队与组织外部的联系与协调的关系，如建立与企业顾客、企业协作者的联系，努力与社会制度和文化取得协调等。

另外，管理人员必须立即掌握团队，快速让成员进入状态，降低不稳定的风险。此阶段团队的关系方面要强调互相支持，互相帮助，此时期人与人之间的关系尚未稳定，不可能太过坦诚。此阶段的领导风格要采取控制型，不能放任，大致目标由酒店餐饮主管自己确立（但是要合理并经过大多数成员的认同），清晰、直接地告知队员想法和目的，不能让队员自己想象和猜测，否则容易走样。此时也要尽快建立必要的规范，不需要完美，但是需要能尽快让团队进入轨道。

2. 第二阶段——激荡期

经过组建阶段后，团队隐藏的问题逐渐暴露，团队内部冲突加剧，虽然说团队成员接受了团队的存在，但对团队加给他们的约束，仍然加以抵制。在这一阶段，热情往往让位于挫折和愤怒。抗拒、较劲、嫉妒是常有的现象，那些团队组建之初就确立的基本原则可能就像狂风中的大树一样被打倒。

激荡包括成员与成员之间、成员与环境之间、新旧观念与行为之间三方面的激荡。

第一，成员与成员之间的激荡。

团队进入激荡期后，成员之间由于立场、观念、方法、行为等方面的差异必然会产生各种冲突，什么工作行为、任务目标、工作指导等统统忘却于脑后。此时，人际关系陷入紧张局面，甚至出现敌视、强烈情绪及向酒店餐饮主管挑战的情况。其结果是，一些人可能暂时回避，一些人准备退出。

第二，成员与环境之间的激荡。

（1）这种激荡体现在成员与组织技术系统之间的激荡。如团队成员在新的环境中可能对团队采用的信息技术系统或新的制作技术不熟悉，经常出差错。这时最紧迫的是进行技能培训，使成员迅速掌握团队采用的技术。

（2）成员与组织制度系统之间的激荡。在团队建设中，组织会在其内部建立起尽量与团队运作相适应的制度体系，如人事制度、考评制度、奖惩制度等。但是，由于这些制度是在组织范围内制定和实施的，相对于小范围的团队来说，未必有效，也就是说，针对性差，所以制定适应团队发展的行为规范已迫在眉睫。

（3）团队在成长过程中，与组织其他部门要发生各种各样的关系，也会产生各种各样的矛盾冲突，需要进行很好的协调。

（4）团队与社会制度及文化之间的关系也需要协调。

第三，新旧观念与行为之间的激荡。

团队在激荡期会产生新旧观念和行为之间的激荡。

要做好心理准备的是，在传统组织中进行团队建设将不得不面临着一系列行为方式的激荡与改变，在这一过程中，团队建设可能会碰到很多阻力。如成员可能会因为害怕责任、害怕未知、害怕改变等而拒绝新的团队行为方式。这时需要运用一系列手段来促进团队的成长。

3. 第三阶段——凝聚期

团队经过一段时间的激荡后将逐渐走向规范。组织成员开始以一种合作方式组合在一起，并且在各派竞争力量之间形成了一种试探性的平衡。经过努力，团队成员逐渐了解了酒店餐饮主管的想法与组织的目标，建立了共同的愿景，互相之间也产生了默契，对于组织的规范有了了解，违规的事情就会减少，这使日常工作能够顺利进行。但是组织对酒店餐饮主管的依赖很强，还不能形成自治团队。

此阶段最重要的是形成有力的团队文化。如何形成有力的团队文化，促成共同价值观的形成，调动个人的活力和热忱，增强团队的凝聚力，培养成员对团队的认同感、归属感、一体感，营造成员间互相合作、互相帮助、互敬互爱、关心集体、努力奉献的氛围，将成为团队建设的重要内容。团队能否顺利度过凝聚期以及团队形成的规范是否真正高效有力，将直接影响团队建设的成败与最终的绩效。

另外，还应该建立更广泛的授权与更清晰的权责划分。

在成员能接受的范围内，提出善意的建议，如果有新进的人员，必须让其尽快融入团队之中，部分规范成员可以参与决策。在授权的同时，要维持控制，不能一下子给得太多，否则回收时会导致士气受挫，配合培训是此时很重要的事情。

4. 第四阶段——收获期

在这个阶段，团队结构已经开始充分地发挥作用，并已被团队成员完全接受。团队成员的注意力已经从试图相互认识和理解转移到充满自信地完成手头的任务。正所谓"养兵千日，用兵一时"。至此，人们已经学会了如何建设性地提出不同意见，能经受住一定程度的风险，并且能用他们的全部能量去面对各种挑战。大家高度互信、彼此尊重，也呈现出接收团队外部新方法、新输入和自我创新的学习性状态。整个团队已熟练掌握如何处理内部冲突的技巧，也学会了团队决策和团队会议的各类方法，并能通过团队追求团队的成功。在执行任务过程中，团队成员加深了了解，增进了友谊，除了高度的相互信任外，还可以退后一步，让团队显示自己巨大的能量。

5. 第五阶段——修整期

对于经过以上各阶段的努力还未能成为真正的高效团队，在执行期表现差强人意的团队，进入修整期时，可能会被勒令整顿，即通过努力消除一些假团队的特质，经过"回炉处理"，希望锤炼成真正的团队，于是就出现新的一轮的团队建设。对团队实行整顿的一个重要内容是优化团队规范。这时可用到皮尔尼克（S. PILNICK）提出的"规范分析法"。首先是明确团队已经形成的规范，尤其是那些起消极作用的规范，如强人领导而非共同领导，分别负责任而非联合责任，彼此攻击而非互相支持等假团队的特质。其次是制定规范剖面图得到规范差距曲线。再次是听取各方面的对这些规范进行改革的意见，经过充分的民主讨论，制定系统的改革方案，包括责任、信息、交流、反馈、奖励和招收新的员工等。最后是对改革措施实现跟踪评价，并做出必要的调整。

此时管理者更需要运用系统的思考，综观全局，并保持危机意识，持续学习，持续成长。

以上五个阶段反映的是团队建设的一般性过程，但是实践中的团队建设过程常常有所偏差。团队建设过程会出现跳跃现象；或是会出现各个阶段的融合。如在团队发展的前期和后期可能产生激荡，在前期出现激荡的原因可能是团队成员定位之前的混乱思想，而后期出现的激荡可能是奖酬分配过程中出现了"不公平"的现象导致的。

总体来说，如果团队建设过程顺利，它通常会表现出如下特征：团队行为与组织目标所规定的方向日趋一致；团队绩效逐渐提高；团队的自我管理，自我调节和自我完善能力不断增强；团队越来越能兼顾组织、团队和个人的利益，并把三者有机的结合起来。

在不同的公司，团队的发展都会经历这五个阶段，经过这五个阶段后，团队的效率有可能会下降，因为同一群人工作太久，团队内部缺乏创新，没有新鲜血液补充进来。作为一个不断改善的团队，要不断进行批评与自我批评。团队做到一定阶段，可以做一个评估。每一个成员必须认真倾听别人的意见，虚心接受批评，重要的是要学习别人的优点，在学习中不断完善和提升自己。因为每一个人都有优缺点，团队最好的搭配是互相取长补短，所有内部的意见要经过充分的讨论，最后达成团队的共识。

（六）团队成员的角色

团队成员互不相同，作为一个团队，必须了解不同类型的团队成员，他们的优缺点是什么，必须明确他们的角色，发扬他们的长处，大家相辅相成，共同达到目标。这样才能使团队高效运作。一个团队的成员一般有如下类型：

实现者：这种类型的人比较保守，做事尽心尽责，喜欢按部就班，同时对工作有一定的预见性。优点是具备一定的组织能力和实践经验，努力工作而且自我约束能力强。但是缺乏灵活性，对未知的概念没有兴趣。

合作者：这种类型的人做事比较镇静、自信，自我约束能力强。能够从别人的优点出发，不带任何偏见地对待和接纳所有有潜力的人，做事的目标性很强。但是这种人的智力和创造力却很一般。

塑造者：这种类型的人有很强的组织能力，对人友好，思维敏捷。但有一种向习惯势力、效率不高、安于现状的现象挑战的动力。这种人易怒和急躁，容易引起挑衅。

高智商者：这种类型的人个人主义严重，办事虽然认真，但有一定的叛逆心理。这种人具备天才的素质，有丰富的想象力，智商很高，知识广博。但这种人自负，不屑于做一般的工作，漠视团队的纪律。

协调者：这种类型的人性格外向，待人热情，好奇心强，善于与人交流，能够把大家集中起来去探求新鲜事物，也能够对外界的变化做出及时的反应。但如果工作的魅力一旦削弱，对工作也很快丧失兴趣。

监控执行者：这种类型的人做事比较冷静和谨慎，不带有任何感情色彩。这种人有很强的判断力，做事脚踏实地，但缺乏灵感或激发别人的能力。

团队的建造者：这种类型的人有一定的社会地位，能够起导向作用，性格温和、比较敏感。这种人对团队成员和出现的情况能够做出及时的响应，能够鼓舞整个团队的精神。但在关键时刻往往犹豫不决。

完美主义者：这种类型的人做事有秩序，尽心尽责，并且渴望工作。这种人能够圆满完成任务，追求十全十美的工作。但由于这种心理，使他们过于拘泥于小节，不愿让任何事情随便通过。

二、餐饮团队精神的培养

如果一个餐饮团队中的多数人，甚至是全体成员都具有团队精神，这样的酒店通常会取得辉煌的成就；否则，即使酒店人数再多也是一盘散沙，得不到预期的绩效。那么，该如何维护和培养团队精神呢？下面分别加以介绍。

（一）团队精神的表征

要看一个酒店是否具有团队精神，可以从以下几个方面去观察：

1. 团队成员表现出强烈的归属感

团队成员强烈地感受到自己是其所在酒店的一个有机组成部分，是该酒店的一分子，并且由衷地把自己的命运与酒店的前途联系在一起，愿意为其所在酒店的利益与目标而尽心尽力、合力拼搏。而且，团队成员对其所在酒店还具有无限的忠诚，绝不允许任何对酒店的发展和利益有所损害的事情发生，并极具团队荣誉感，常常为团队的成功而骄傲、兴奋，为酒店所面临的困境而忧虑、哀叹。在团队利益和个人利益发生冲突时，团队成员会义无反顾地采取团队利益优先的原则，个人服从团队，牺牲私利与小利以维护公利和大利。

2. 团队成员对酒店事务全心投入

团队成员在具有团队精神后，对团队事务的态度上是尽心尽力、全力投入的，团队成员衷心地把酒店的事视为自己的事，工作积极主动，不仅尽职尽责，而且尽心尽力，认真勤勉，充满活力与热情。

3. 团队成员彼此视为"一家人"

具有团队精神的酒店成员，在团队成员之间的关系上，互相视为共同体，把彼此视作"一家人"，他们相互依存、同舟共济、荣辱与共、肝胆相照。

团队成员之间相互宽容，彼此容纳对方的独特性、差异性，在发生过失时，见大义容小过，互敬互重，待人礼貌谦逊，待人以诚，彼此信任，一诺千金。相互帮助与支持，不仅在工作上相互协作、共同提高，在生活上也能彼此关怀、相互慰藉。在利益面前互相礼让，相互理解。

在互动过程中，团队成员逐渐形成了一系列的行为规范，一方面他们和谐相处，充满凝聚力；另一方面他们又彼此促进，相互提高。为了酒店的成功，他们常能彼此指出对方的缺点，并进行对事不对人的争论。当然，其终极目标是为了促成更好的合作，追求团队的整体绩效与和谐。

（二）团队精神的培养

可以从以下几个方面入手培养团队精神，把企业建成一个战斗力很强的团队：

1. 建立明确共同的目标

一条猎狗将兔子赶出了窝，一直追赶它，追了很久仍没有抓到。一个牧羊人看到此种情景停下来，讥笑猎狗说："你们两个之间小的反而跑得快很多。"猎狗回答说："你们不知道我们两个跑的目标是完全不同的！我仅仅为了一餐饭而跑，而它却为了性命而跑呀。"

这是目前在管理界流行的猎狗与兔子的故事，这个故事揭示了：兔子与猎狗做的是一样的事情，都在拼命地跑，然而，它们的目标是不一致的，其目标不一致，导致其动力也会不一样。在团队管理中，不同角色的成员的目标是不一致的。酒店中不同角色由于地位和看问题的角度不同，对工作的目标和期望值会有很大的区别，这是一点也不奇怪的事情。好的酒店餐饮主管善于捕捉成员间不同的心态，理解他们的需求，帮助他们树立共同的奋斗目标。劲往一处使，使得团队的努力形成合力。

为此，作为酒店餐饮主管需要明确以下几个问题：

第一，是否有导向明确、科学合理的目标。

有的酒店提出"以质量取得顾客信赖，以满足顾客需求去占领市场"。这就比那种单纯提销售额增加多少、利润增加多少的目标更明确具体，知道劲往哪里使。

第二，是否已经把经营目标、战略、经营观念融入每个团队成员头脑中，成为团队成员的共识。

第三，如何对目标进行分解，使每一部门、每一个人都知道自己所应承担的责任和应做出的贡献，把每一部门、每一个人的工作与酒店总目标紧密结合为一体。

2. 增强酒店餐饮主管自身的影响力

虽然酒店餐饮主管由于其地位和责任而被赋予一定的权力，但仅凭权力发号施令以权压人，是形不成凝聚力的，而重要的是要靠其威望、影响力令人心服，才会形成一股魅力和吸引力。这种威望一方面取决于酒店餐饮主管的人格、品德和思想修养；另一方面取决于酒店餐饮主管的知识、经验、胆略、才干和能力状况。除此之外，还取决于酒店餐饮主管是否严于律己，率先垂范，以身作则，能否全身心地投入事业，是否公平、公正待人，与团队成员同甘共苦、同舟共济等。

3. 引导全员参与管理

全员参与式管理这种形式，吸引着团队成员直接参与各种管理活动，使全体成员不仅贡献劳动，而且贡献智慧，直接为企业发展出谋划策，则会形成更强大的向心力。

4. 建立系统科学的管理制度

建立一整套科学的制度，使管理工作和人的行为制度化、规范化、程序化，是生产经营活动协调有序、高效运行的重要保证。若没有有效的制度和规范，就会出现无序和混乱，就不会产生井然有序、纪律严明、凝聚力很强的团队。

5. 运用物质利益强化团队意识

物质利益则涉及工资、奖励、福利待遇等各方面，即通过建立有效的物质激励体系，形成一种荣辱与共、休戚相关的企业命运共同体。

6. 良好的沟通和协调

沟通主要是通过信息和思想上的交流达到认识上的一致，协调是取得行动的一致，两者都是形成团队的必要条件。上下级之间、部门之间、团队成员之间，认识和意见不一致是经常的事，彼此产生误会、猜疑甚至成见也时有所见，因而沟通工作也是经常的、大量的。

协调则包括工作关系的协调、利益关系的协调、人事关系的协调等诸多方面，应通过大量工作，把各方面关系理顺，以保证各项活动的衔接与配合。

7. 开发人的潜能，促进每一位成员的成长

研究每一个团队成员的才能、专长、潜力、志向，帮助他们规划设计人生之路，并适才适所，用其所长，使人尽其才。同时为不断提高团队成员的素质，开发他们的潜在能力做出积极努力。

8. 建立和谐的人际关系

人是具有社会性的，每一个人在工作和生活中，会与许多人打交道，必然有人际关系问题，而且一个人每天8小时甚至更多时间，是在工作单位度过的，因而企业内的人际关系更为重要。

发挥团队精神，就需要倡导友谊和爱心，彼此信任、尊重、关怀，相互理解、谦让、体谅，互相学习，共同进步，创造一个到处充满爱的氛围，这对酒店是一种极大的推动力。

9. 把尊重每一个人作为酒店经营的最高宗旨

每一个团队成员都应当受到尊重，被充分肯定、被赏识、被信任时，就会用自己的最大努力去完成自己那一份责任，无限忠诚地对待事业，献身于事业。

10. 树立全局观念和整体意识

一个团队、一个系统所最终追求的是整体的合力、凝聚力和最佳的整体效益，所以必须树立以大局为重的全局观念，不斤斤计较个人利益和局部利益，自觉地为增强团队整体效益做出贡献。

（三）让团队精神渗入整个酒店中

一个酒店餐饮的成功主要取决于三个层次的因素，最基层因素是其成员必须能力强、素质高，具有足够的"潜力"；中间层因素是必须充分调动各个成员的积极性、主动性、创造性，让成员提供的"分力"尽可能的大；最高层因素是其成员富有团队精神，通过很好的合作把各个"分力"整合成强大的"合力"，并指向组织共同的目标。

这三个层次的因素没有主次之分，对酒店餐饮的成功都至关重要，并且这三个层次是互相影响、互相促进、不能偏废的。在一个组织中，倘若中间层的因素很强，各个"分力"很大，但如果"分力"的方向不一致，甚至相反，其"合力"必然很小，组织难以成功；倘若最高层的因素很好，各个"分力"都方向一致，但如果中间层不行，各"分力"本身就弱，其"合力"也不会很大，组织照样不能成功，中间层与最高层也是相互影响、相互关联的。

一个酒店餐饮部即使有最高层的团队精神并且业绩也不错，但不能使个人很好地发展并满足个人需求，那么，该酒店餐饮部即使有"效果"也是没有"效

率"的，团队精神与酒店最终也会瓦解。反过来，倘若一个酒店餐饮部起初能充分强化中间层的因素，个人也能充分发挥，但如果缺乏最高层的团队精神，那么，在个人只有与他人合作才能取得成绩的今天，一个人处于这样的环境下终究做不出什么成绩，其积极性也必然会受到打击。

所以，酒店餐饮部对中间层与最高层的因素需要两手抓，两手都要硬，互相配合、互相促进，这样团队精神才能发扬光大。

三、餐饮团队士气的提高

除了培养团队精神的基本策略外，酒店餐饮部要想获得长效发展，还必须采取有效手段来强化团队精神，提高团队士气。

（一）加强团队成员间的信任与合作

团队精神强的团队，其特点之一就是团队成员之间相互高度信任。从这个角度强化团队精神，提升团队士气可以从以下几个方面入手：

1. 让所有成员都敞开心扉

每个人都关心自己的利益，但在某些重要的事情上，必须让团队中的人员知道彼此真实的动机。信任和诚实是实现团队繁荣的手段。

2. 维护团队和成员的利益

当团队或团队成员受到外来者攻击时，要挺身而出，用实际行动来维护团队的利益。

3. 给予团队成员自主空间，培养其独立自主性

首先，一个良好的团队管理者设计的团队规则应该体现"上知下行"，团队管理者应该经常与团队同事交谈，要保证他们乐于从事正在干的事情。注意发现他们对正在干的事情有没有什么疑问，要告诉他们为什么要那么干，给他们一个解释。如果他们不高兴，要采取有关安抚措施。

但是，对于团队成员要给予他们充分的施展空间，针对不同层次的团队成员要设计不同的"规则"。事实上，很多酒店在涉及酒店制度时，让一些骨干产生了"手脚"被捆住的感觉，于是，他们开始寻找能够"施展自己才华"的公司。

4. 让团队成员明白自己的价值

当人的价值得不到体现时，积极性就往往容易受挫。人们总希望有这样一种感觉，那就是他们正在干的事情会对客户有所裨益。不应该让团队的任何一个人有这样的感觉："我耗费了两个星期的生命，什么也没创造。"实际上，这种工作往往要求酒店餐饮主管具有很高的素质，必要的时候，他应该咨询外部专家，什么是最有价值的活动？实现我们这个企业的价值，每个部门、每个岗位关键的价值贡献是什么？把握这一关键，引导他们，相信他们，关注他们。

5. 尊重并信任团队同事

这种尊重不仅是言语行为上的礼貌，还意味着不要求别人做自己不愿意做或没有做到过的事情，所谓"己所不欲，勿施于人"。

作为一个普通员工，当自己在加班时，如果自己的上司也在"共同作战"，感觉要好得多。而对团队成员的信任也非常关键，有一些新兴公司对团队成员不信任，担心员工掌握酒店的关键技能后离开公司，总是考虑员工该为公司做什么，而忽略了公司应该给予员工什么。

6. 奖惩公平

在进行绩效评估时，应该客观公平、不偏不倚。在分配奖励时，应该注意其平等性。而且这个达成平等的原则应该事先与团队成员商定，这样在奖惩中才能做到让团队成员心服口服。

信任建立之后，就要促成团队的合作。合作可以给人带来好处，但如果愿意合作的人少，那么合作中的问题就会很多。这里面既有过程和具体方法方面的异议，也有利益分配上公平性的认知，再有，为了实现一个最终的目标，每个人都需要放弃一部分自己的利益。

员工间要有补充意识，团队的事是大家的事，应该由某个成员负责的事出现了职能缺乏，其他人应该积极弥补，团队要以一个整体的形象对外展示，要尽力消除不必要的工作界限。

（二）用情感强化团队精神

有的酒店餐饮部在经历了劳资矛盾后，终于悟出了"爱员工，团队才会被员工所爱"的道理，因而采取软管理办法，的确也创造出了"家庭式团结"的团队。

关爱的激励作用靠得是感情的力量，它体现的是人与人之间的相互尊重、相互关心的良好人际关系。它从思想方面着手，以家人般的关心体贴，达到情感、思想上的沟通和对问题的共识。感情的力量还可以从精神上激励人们努力克服工作中碰到的曲折和困难，帮助他们解决生活中的实际问题，从而激起他们自觉干好工作的热情。

作为酒店的餐饮部主管，当强化团队精神时，应该用真心去关心他们，用真心去领导他们。作为一个酒店的餐饮部主管，首先要理解自己的每一个员工可能出现的问题，其次是要善于帮助员工解决问题。具体来说，可以从以下四个方面对员工施以情感上的关心。

1. 关心员工的家庭生活

关怀员工的家庭往往比对员工自身的关怀更能抓住员工的心。如员工或员工的家庭成员病了需要照顾时，公司给予时间和财物上的支持。总之，为自己的员工扶危解困是最实际的爱，也是最能体现激励的关爱。

2. 给予员工适当的支持

员工在团队工作中做得好可能会引起其他人的嫉妒，做得不好往往会丧失自信心，这时作为酒店餐饮主管要采取适当的支持措施，不要给员工造成"多做多错，少做少错，不做不错"的错误概念。要强调这样的概念：我们在一起，我们是一个团队。

3. 给员工提供舒适的工作环境

工作条件是否舒适是员工在选择工作团队时的一条重要参考因素。办公地点的选择，办公环境的布置，上下班班车的舒适与否，员工专用停车位的设置等都是员工所要考虑的条件。

4. 关注员工的健康

员工的健康不仅关系到员工本人，更关系到其工作和企业。对团队成员的关怀和体贴，会使成员内心深处感到温暖，从而增强使命感和奉献精神，愿意尽心尽力地工作，激发团队成员强烈的责任心。受到关怀的成员会觉得这样的团队是一个温暖的有吸引力、凝聚力的团队，成员内心产生的归属感是成员愿意充分发挥自己能力的重要源泉。

（三）影响团队士气的因素

影响团队士气下降的原因主要有以下几个：

1. 团队或者组织的目标没有能够达成共识

组织有它的发展目标，而每一位个体也都有个人的目标，只有在彼此目标一致的情况下，团队的合作和士气才能达到最佳状态。团队成员不能参与决策的执行，目标因信息的不对称，成员价值观和个人利益角度的不同，使目标被肢解，最终丧失功能。

2. 团队"合作规则"与"灵活性"的矛盾

一个团队或者组织在逐步成熟以后，便有了成文或不成文的"游戏规则"。

酒店的餐饮部主管希望每一名团队成员遵循自己习惯的团队规则。但是，团队的外部环境决定其必须具有高度灵活性和适应性，否则团队就会变得僵化。团队成员差异较大，其动机、态度和个性难以一致是一种客观事实。在运作过程中，团队领导和成员的"搭便车"心理和矛盾冲突使注意力内敛，使团队对外边信息反应速度减慢。团队成员只有在达成一致后，才能使组织具有对外部环境变化的反应能力，这也延缓影响外部环境的能力。在很多情况下，由于缺乏一种有效的机制，使得酒店餐饮部主管过分强调自己习惯的"团队规则"而忽视了其他团队成员的需求，导致团队危机的产生，而在"团队规则"和团队灵活性之间保持平衡对酒店餐饮部主管提出了更高的挑战。把握关键，保持对下属的充分尊重，给予团队成员充分的灵活性与施展空间，是保留住团队精英的重要条件。

3. 缺乏有效的激励

每个人天生都需要激励。如果缺乏有效的激励，团队或者说组织的生命就难以长久。而有效激励是影响长久保持团队士气的关键。有效激励要求给予团队成员以合理的"利益补偿"。利益补偿往往分为两种形式：①物质方面，比如金钱、工作环境；②心理收益，比如工作成就感、受到尊重、承认和友爱等。

有效激励的一个前提是正确判断团队成员的"利益需求"。实际上，不同层次的人的利益需求是完全不一样的，作为管理者和普通员工对精神利益和物质利益的态度存在较大差异，人们在获得自己效益的时候，是富有创造力和天分的。人们不仅会为了钱，也会为了获得忠诚、爱等心理收益想各种办法，人们当然希望物质和心理收益都最大，但是在一定的收益条件下（比如确定的奖金数额等），人们会选取适当行动的组合获得最大的效益。这要求酒店的餐饮部主管必须要针对问题的原因采取合理的激励措施，根据对问题的分析决定是要加强员工的交流和参与，还是要提高基本工资，或是对奖金的奖励条件做出修改、举办各种团队文娱活动等。

总而言之，酒店餐饮主管要针对需求，把握原则，设计出有效的激励方案。酒店餐饮主管希望有效激励员工，也是为了获得期望的收益。设计的激励方案应在执行前。

（四）赢取员工的忠诚

国际管理咨询公司——帕林公司所进行的一项调查表明，员工关心的问题主要集中在管理效果上。以前，一般员工都不太了解团队的发展战略、盈利和竞争市场等全局问题。现在的团队都在与员工共享业务和财务信息，帮助他们与团队连在一起，对他们的工作和工作方式给予更为具体的指导。

因此，影响员工忠诚奉献的关键问题有如下几个：员工是否了解团队的发展目标？他们能否直接影响企业的成功？能否明确他们的职责？

1. 职业指导

员工的需求是双重的，一方面是物质保障；另一方面是精神保障。他们需要得到管理层的切实支持，给他们提供完成工作所需的信息。他们想知道自己在企业中所扮演的角色。如果每个人对此都模棱两可，员工与管理层间的关系就会破碎。

据有关调查发现，人们都觉得自己在努力工作，但并不觉得别人也一样勤奋。一半的被调查者感到他们企业内的员工"推卸职责"。随着工作负荷和压力的增大，员工感到需要保持住自己的技能水平和业绩。因此，如果同事工作中三心二意，有关主管听之任之，他们就会变得变本加厉。

洛迪恩公司计划通过以下四个方面赢得员工的忠诚奉献，使员工加强合作：①提供富有意义的工作任务；②施行最高的职业道德标准；③通过培训和开发促使员工个人成长和能力的提高；④认可个人和团队的贡献。傅莎美解释说，全公司内的每个工作群体都必须对自己的成功负责，制定远景支持计划，并实施季度核查。公司每年制定领导期望计划。

2. 稳固合作

团队越是鼓励加强员工与其上级之间的沟通，员工对整个企业的归属感就越强。毕竟员工每天都要上班，而且与之打交道的是他们所在的团队，而不是庞大的企业整体。所以，团队越是加强和调整这种密切关系，员工与其上级间的合作就会越牢固。

员工更愿意为制胜企业尽心竭力，都希望成为胜利团队中的一员。制胜企业可以通过各种形式显示出它们的与众不同，如媒体、员工调查、基准借鉴等。

昂恩全球咨询公司下属的诚信研究所所长斯达姆说，"我们发现一种现象，当员工们对公司的发展方向抱有信心时，他们便会更加愿意为公司工作。他们认为公司将成为全球市场上的赢家。"这个时候，员工与经理人、经理人与团队之间的关系变得更加重要起来。员工愿意留在团队内，不会接受其他单位的聘用，因为他们与上级之间建立了一种牢不可破的关系，担心在其他单位恐怕无法构建这种关系。

3. 更多、更强的参与感

迷人的远景通常会使员工产生更强烈的归属意识。但今天的员工希望被委以驾驶火车的重任，而不只是站在边道之外目送它呼啸而过。所有的专家和研究都证实了这一点，他们认为，在驾驭企业的发展方向上，让员工参与越多，企业就越能更为迅速地达到目标，而且企业中的每个人都能共享胜利成果。

做到这点的一个关键措施是为变革提供场景和支持。对大多数员工来说，企业重构或合并等文化变革使人感到好像企业按动了"快进"键，致使企业的发展失控。除非员工能了解到实际发生的一切，否则他们眼中看到的便是一团糟。

昂恩公司的专家建议，为了使任何变革努力取得更大的成功，你需要了解手下员工的期望，为员工进言创造机会，支持并奖励员工在改进工作方面发挥首创精神，还要改善沟通，尤其是企业巨变状况下的沟通和交流。只要你更加努力地完善和切实实施门户开放政策，你的员工就越能与你休戚与共。

具体来说，你可通过以下的具体方式来培养员工的忠诚。

1. 设立高期望值

斗志激昂的员工爱迎接挑战。如果企业能不断提出高标准的目标，他们就会留下。设立高期望值能为那些富于挑战的有贤之士提供更多机会。留住人才的关键是，不断提高要求，为他们提供新的成功机会。

2. 多表彰员工

如果你不能给员工提供工作保障，那么至少该满足他们希望得到赞赏的心理。你能向员工做得最有力的承诺之一就是在他们工作出色之际给予肯定。

为什么要投入巨额奖金呢？薪资只能帮补员工的生活，买不来员工的忠诚。成就奖励是满足个人需要的一个重要组成部分，能鼓励员工热情工作。

3. 教育员工

要在这个经济社会里生存下去，就必须提高自己的技能。大多数员工都明白，在信息市场中，学习绝非耗费光阴，而是一种切实需求。

四、餐饮主管的领导艺术

怎样才能提升酒店餐饮主管的领导艺术？怎样才能让酒店餐饮主管的领导水平日臻完善？下面就介绍一些有助于提升餐饮主管领导艺术的小策略。

（一）建立信任感

建立团队成员的信任感尤为关键。因为团队成员不会跟着一个他们不信任的人，不会跟着一个双面的人、不一致的人，或者是一个只为自己不为团队谋福利的人。

下面这几种行为对建立和保持酒店餐饮主管在团队中的信任和影响力大有裨益。

1. 做人要正直诚实

作为酒店餐饮主管在建立信任的行为中最重要的就是正直、诚实，诚实意味着说了就要做。那些说一套做一套，或者被证明不诚实，或者没有遵照承诺去做的人，被认为是不诚实的。作为酒店餐饮主管不诚实也是没有影响力的。所以酒店餐饮主管要做"走在言语上"的人，言出必行。

2. 表达清晰，做事有始有终

作为酒店餐饮主管要能清晰、明确地表达想要干什么。缺乏决心或者不能坚持你的观点将会影响到信任的建立。清楚的观点更有效。做事要有始有终，不能半途而废。

3. 要乐观积极

作为酒店餐饮主管要坚持乐观的态度，坚持赞扬的原则。当团队中是一种批评的氛围、消极的氛围时，大多数的团队都不会有高的绩效。当积极的、乐观的、赞扬的、进步的氛围存在时，个人和团队才会做得更好。人们愿意被积极的力量所吸引。

当然，这并不意味着盲目乐观。

4. 给予鼓励，提供指导

最能预测团队领导有效性的因素之一就是给团队成员鼓励。鼓励意味着帮助其他人有勇气去处理不确定性的问题，超过他们现有的绩效，打破现状。

鼓励团队成员不仅是称赞和支持，还包括指导和帮助。指导的意思是帮助找出方法，给出建议或者提供信息，按照人物要求援助团队成员，但是并不意味着酒店餐饮主管的控制和接管。有效地鼓励并不仅是带领啦啦队，它还意味着积极有力的意见和有用的建议及方向。

5. 共享信息

酒店餐饮主管需要渊博的知识，才能做好工作取得信任。重要的是明确团队内部的各种人才和团队面临的任务。建立信任意味着理解团队成员的观点，以及对他们才能和智谋的了解，了解团队成员是酒店餐饮主管成功的关键。

信任也可以通过对任务以及对团队外部环境的学识来建立。然而，重要的是学识共享才能建立起信任。酒店餐饮主管应当不断增加和扩展关于团队以及外部环境的知识。

（二）做团队招牌

优秀的酒店餐饮主管是以身作则的。他们有一种"先发制人"的魅力，他们在探讨问题、进行决策、与团队成员恳谈或交往时，似乎总能保持着自己的优势地位，总能牵动无数只眼睛，这不单是因为他们是酒店的团队主管，更重要的是他们对自身的形象有着良好的塑造能力，服饰、举止和语言构成了形象魅力的基本要素。

酒店餐饮主管就是团队移动的招牌，因为无论他们走到哪里，代表的始终是一个团队，代表着团队成员的精神面貌。

作为酒店餐饮主管，衣着雅致美观，外表整洁端庄是非常重要的。问题的实质并不在于单纯追求美观、漂亮，而是要让酒店餐饮主管的外表来证明酒店餐饮主管对企业组织的重视与尊重，对生活在这里的人深深的敬意。酒店餐饮主管得体的言谈、谨慎的举止会使酒店的朋友、竞争对手萌生敬意。

作为酒店餐饮主管，多参加一些组织生活，多与团队成员在一起，对酒店餐饮主管丝毫没有坏处，而且会让酒店餐饮主管与团队成员的心拉得更近，友好、和谐的人际氛围就很容易形成，不过酒店餐饮主管还是要注意态度与语言，谦逊、随和适时用一下，人们自然会感到一种亲切感。

酒店餐饮主管"光鲜"的形象在团队成员中形成明显效应，成为团队成员效法的对象和偶像，使整个团队蓬勃向上。

（三）身先士卒

俗话说，"将心比心"，人与人之间的关系是相对的，彼此之间的感情交流非常微妙。要使团队成员付出诚意，酒店餐饮主管就必须先付出自己的诚意。

鱼类有这样一个现象：当鱼群之中任何一尾鱼感到有危险而不安地离开鱼群时，其他的鱼也都会感到不安，就会跟着游开。带头的鱼看见其他的鱼全都随之而来探究不安的原因，就会忽左忽右地探测危险所在。如果它在离开了鱼群之后，发现其他的鱼并没有随之而来，就会再回到鱼群之中。这种现象在鱼群中经常看得到。

生理学家赫尔斯特，把淡水鱼从鱼群中取出后，用手术的方法取出前脑。没有前脑的鱼在水中边看边吃边游，看起来并没有什么不对，只有一点不一样的就是当它离开鱼群之后，其他的鱼没有跟来它也毫不在意，左顾右盼优哉游哉地游来游去，这时其他的鱼群反而跟着游过来。

即使在鱼世界里，大家也要先看看带领群众的先锋的选择是否正确，如果先锋不理会他人的看法而勇往直前，那么其他的鱼还是会追随它。人也是一样的，酒店餐饮主管的决心若是不够坚决就无法带领下属。身先士卒、率先垂范，则会唤起团队成员的崇敬感。

随着文明的进步，人们对自由的追求越来越强烈，尤其是现在的年轻人大多不喜欢被管理，而且把酒店餐饮主管视为管制一方的代表。如果酒店餐饮主管的行为引起团队成员的疑虑，迟早会引起他们的反感而遭到背叛。因此，身为酒店餐饮主管必须有真正的革新意识才能让下属信服。

团队成员期待的酒店餐饮主管，是在非常时期能够表现得与众不同，且能够断然地做出决定，迅速、敏捷地采取行动。只有这样的酒店餐饮主管，才能强有力地支配下属。

因此，作为酒店餐饮主管，身先士卒、率先垂范是提高领导水平的一个重要途径。

（四）洞察成员的真正所需

海尔集团首席执行官张瑞敏说过这样一段话："要让员工心里有企业，企业就必须时时惦记着员工；要让员工爱企业，企业首先要爱员工。"

单纯的领导与被领导模式在团队中早已被抛弃，关心团队、爱护团队、珍惜人才、尊重人才，已成为团队建设、管理和激励过程不可或缺的重要部分。这就要求从小事入手，关心和体贴团队成员，使团队富有人情味。

具体来说，作为酒店餐饮主管可以从以下几个方面入手来给团队成员想要的东西：

1. 公正对待团队成员

大多数团队成员都希望他们的工作能够得到公平的报酬，即同样的工作能得到同样的报酬。团队成员不期望同工不同酬，他们希望自己的收入符合正常的水平。

2. 给予团队成员足够的重视

团队成员希望自己在酒店餐饮主管的眼里显得很重要，他们希望自己出色的工作能得到认可。酒店餐饮主管若能适时地鼓励几句，拍拍肩膀或增加工资更能有助于满足这种需要。

3. 给予员工晋升的机会

每一个团队成员都希望在工作中有发展的机会，没有前途的工作会使团队成员不满，最终可能导致团队成员辞职。

除了有提升机会外，团队成员还希望工作有保障，对于身为一家之主并有沉重的家庭负担的团队成员来说，情况更是如此。

4. 给予舒适的环境，提供其感兴趣的工作

许多团队成员把这一点排在许多要素之前，团队成员大都希望有一个安全、清洁和舒适的工作环境。但是，如果团队成员对工作不感兴趣，再舒适的工作场所也无济于事。

不过，不同的工作对各个不同的团队成员有不同的吸引力。因此，酒店餐饮主管应该认真负责地为团队成员选择和安排工作。

5. 让员工具有归属感

所有的团队成员都希望团队赏识他们，甚至需要他们一起来讨论工作，讨论可能出现的变动或某种新的工作方法。因为他们希望得到社会的认可和同事的认可，如果得不到这些，他们的士气就可能低落，使工作效率降低。团队成员需要感到自己归属于团队，是团队的一部分。

当然，每个团队成员的需要是不尽相同的，作为酒店餐饮主管，应该认识到这类人的需要，认识到团队成员对这类需要有不同的侧重。对一位团队成员来说，从事自己感兴趣的工作是头等重要的；而对另一位团队成员来说，可能把晋升排在自己工作的首位。

要注意的是，团队成员嘴上说想要什么，与他们实际上想要什么可能是两回事。如他们可能口头上抱怨工资不高，但他们真正需要的很可能是得到其他成员的认可，或想获得归属感。优秀的酒店餐饮主管不应被"假象"迷惑，要看到成员真正的所需。

（五）保持距离不炫耀

与团队成员适度保持距离，不炫耀手中的权力已成为提高领导艺术水平的一个有效手段。

酒店餐饮主管与下属保持距离，具有以下独到的特点：

（1）可以避免团队成员之间的嫉妒和紧张。如果与某些团队成员过分亲近，势必在其他团队成员之间引起嫉妒、紧张的情绪，从而人为地造成不安定的因素。

（2）与团队成员保持一定距离，可以减少团队成员对酒店餐饮主管的恭维、奉承、送礼、行贿等行为。

（3）如果与团队成员过分亲近，可能使上一级的主管人员对成员的认识失之公正，从而干扰用人原则。

作为一名酒店餐饮主管，要善于把握与团队成员之间的远近亲疏，使自己的领导职能得以发挥其应有的作用，这一点是非常重要的。

距离产生美，近了就会有摩擦。有些酒店餐饮主管想把所有的团队成员团结成一家人似的，这个想法其实是不切实际的。当然，为了提升领导水平，除了保持一定的距离外，还要注意，不要炫耀自己手中的权力。

其实，每个人都不要炫耀自己，作为酒店餐饮主管尤其不可以炫耀自己。

中国有句古语，"桃李不言，下自成蹊"，也就是说，桃树和李树虽然不会说话，但花朵的美艳和果实的甘甜却吸引了许多人，以至于树下的泥土都被踩成了小径。同样，酒店餐饮主管有本事用不着炫耀，别人也会看到。一味地炫耀自己，效果会适得其反。

（六）用乐观热情感染团队

作为一名酒店餐饮主管，需要时刻保持乐观、健康的心情，因为酒店餐饮主管的心情会影响到团队成员的心情，酒店餐饮主管的态度会影响到大家的态度。如果酒店餐饮主管天天垂头丧气的，那么团队成员肯定也会精神萎靡。

酒店餐饮主管的言行往往具有很大的感召力，在必要的时候，能够敞开胸怀、乐观豪放，相信下属也会平添无穷的力量，增加对酒店餐饮主管的信任感，齐心协力，共同去创造美好的明天。

作为酒店餐饮主管，自己的情绪由自己来控制，只要意识在努力，快乐的情绪就不难得到。要是连自己的情绪都无法调节，那么，肯定也不会去关心团队成员，这是肯定的。

对于一个酒店餐饮主管来说，不仅在自己工作时要乐观积极，更重要的是，要用积极的态度去感染团队成员，为团队营造出一种别样的温馨感。

（七）以小见大，凝聚人心

"巨作于细"，大事往往是在小事的基础上成就的。如果酒店餐饮主管能在许多看似平凡的时候，勤于在细小的事情上与团队成员沟通情感，经常用"毛毛细雨"去灌溉成员的心灵，他们会像禾苗一样生机勃勃，苗壮成长，最终结出丰硕的果实。

这些小事，可以从以下场合中寻找。

1. 团队成员生日时要及时道贺

现在的人都习惯于庆祝生日，在生日这一天，一般都是家人或知心朋友在一起祝贺。聪明的酒店餐饮主管则会"见缝插针"，使自己成为庆祝者中的一员。

有些酒店餐饮主管惯用此招，每次都能给团队成员留下难忘的印象。给团队成员庆祝生日，可以给其发点奖金、买一个蛋糕、请吃一顿饭，甚至送一束花，效果都很好，如果再加上几句赞扬和助兴的话，就更能收到锦上添花的效果。

2. 团队成员住院时要及时探望

优秀的酒店餐饮主管对于团队成员来说应该不仅是上司，还是亲人、朋友。在普通的团队成员生病住院时，会亲自去探望，并真诚地说："平时你在的时候忙忙碌碌的，没觉得什么，现在没有你在工作岗位上，就感觉工作好像都没了头绪，乱了手脚。你的位置是没有人能够替代的，安心把病养好，我等着你尽快回到工作岗位上。"这样说的话效果一定不错。

3. 关心团队成员的家庭生活

家庭是团队成员工作的坚强后盾。如果他们家里出了事情，或者生活很拮据，如果酒店餐饮主管视而不见，那么对团队成员再好的赞美也是虚伪的、华而不实的。

4. 对"新旧"成员都要表示欢迎

员工是一种资源和财富，不管其是否在职。因为现在工作流动频率很快，员工来来往往已司空见惯。一些粗心的酒店餐饮主管往往对此忽略，没有及时对新员工给予欢迎，使他们在一开始就心存不满。

（八）推拉有度

"推"是团队领导活动中一项非常有用的领导手段。

（1）基本含义。在推行既定目标或新的举措过程中，对所遇到的诸多障碍因素不采取直接的消除措施，而是运用时空的自然跨度，促使障碍因素自我化解或消除。

（2）"推"的艺术。不等于优柔寡断。"推"的艺术既有明确的目标，又有实现目标的行为。"推"的艺术的产生和运用，在主观上既不是酒店餐饮主管的主观冲动，也不是酒店餐饮主管的无能失控，恰恰相反，是酒店餐饮主管全盘把握、合理控制的高超策略和审时度势的能力在行为上的集中反映。

（3）"推"的艺术运用。"推"的艺术运用范围十分广泛，大到战略问题，小至一次谈话，长到一个时期，短至几分钟，甚至几十秒钟都可以成为"推"的艺术运用的时空。作为团队领导人，判断一个事物可以不可以"推"，主要是看这一事物的发展规律是否得以显现，解决这一问题的主客观条件是否成熟，"推"就是选择最佳时机、最佳环境。

当有人提出某件事情要求处理时，酒店餐饮主管在对这件事情一无所知的情况下，不能简单地给予肯定或否定的回答。这时可以说："让我先了解一下情况再答复你。"

"推"的目的是为了把事情的来龙去脉搞清楚，然后再做决定。当然，酒店餐饮主管不可对事情推而不管，置之不理，失信于团队成员。

酒店餐饮主管运用"推"的艺术要根据客观实际，灵活地采取适当的方法。当酒店餐饮主管对推行意图过程中的问题不太了解、不熟悉，或是所遇到的矛盾非常尖锐，或是在讨论会上一时达不成一致意见，或是团队成员对酒店餐饮主管指示暂时不能服从，就要采取"悬球法"，把问题先搁置起来，放一段时间，待眉目清晰，相异之处有了统一的基础，再行处理。

在工作中，作为酒店餐饮主管，首先要看事实，视事而定。一定要分清事情的轻重缓急，对急需处理的事情，就应立即处理，不可随便硬推，推了可能就要误事，因此，该自己办的事，不要推给别人，该现在办的事，不应拖延时间。

"推"还要看对象，有些问题的处理还要因人而异，要考虑到当事人的个性，看其接受程度如何，"推"能不能取得预期效果，达到"推"的目的。

"推"不是放手不管，一推了之，而是要密切注意观察其发展变化的情况，把握好火候，适时进行处理。

五、高效团队与卓越团队

（一）高效团队

高效团队包括共同的愿景、共同的目标、相互的信任与尊重、高素质的成员、高效的沟通、高效的领导以及明确的责任等特征。高效团队和一般性团队相比较，其不同之处具体表现在以下方面：

1. 目标明确

成功的团队主管往往强调以成果为导向的团队合作，以获得非凡的业绩。领导者非常明确团队的愿景与目标，并且深知在描绘愿景与目标的过程中，让每位成员共同参与的重要性。高效团队的领导者经常与其成员一起确立团队目标，并努力使每位成员都清楚与认同团队目标，向团队成员指出一个明确的前进方向。当团队目标不是由团队主管一个人决定，而是由团队成员共同协作产生时，团队成员就会拥有"主人翁"的感觉，并从心底认同团队的愿景与目标。

2. 有效领导

高效团队主管主要承担的是顾问、教练或服务的角色，他们对团队工作提供有效支撑。因此，强调控制的专制型管理者往往无法成为称职的团队负责人。团队主管要使共同目标与团队精神深入人心，就应把团队的愿景规划与团队目标有效结合起来。只有基于团队目标的愿景规划才能抓住团队长期发展的根本。团队领导的时间有被他人占用的倾向性，而且他们被迫忙于日常事务。如果他们不能从中解脱出来，把目光转向顾客、目标与愿景，那么团队成员就无法达成共识。因此，有效的领导是高效团队建设的关键所在，领导者应把员工利益与共同目标放在首要位置，依据员工要求与团队目标来确定自己的业绩目标。团队领导应从制度上保证全体成员从态度和行为上去关心共同目标的实现，直至这种努力内化为员工的共识和习惯，成为一种团队文化。

3. 有效沟通

高效团队主管会给团队成员提供互动沟通的平台，每个人都可以公开、自由、真实地表达自己的观点、感觉甚至喜怒哀乐。团队成员的目标与行动一致，必须依赖于彼此沟通的有效性。成员都能感受到自己存在的价值，可以畅所欲言、各抒己见。在高效团队中，我们可以经常看到团队成员与领导者自由平等地讨论问题及其解决方案。当团队成员意见不一致的时候，甚至立场完全对立的时候，都愿意开诚布公、心平气和地寻求解决问题的办法。大家求同存异，达成共同目标，并采取一致行动。

4. 各尽其责

高效团队的每位成员都清楚地了解自己所扮演的角色，明白自己的行动对团队目标的达成会产生的影响，知道该做什么，不该做什么。每个成员都应清楚其他成员对自己的要求。在目标分解与整合时，高效团队很容易建立起彼此间的期待和依赖，彼此感到唇齿相依、荣辱与共。只有每位成员都尽到自己的职责，都尽心尽力地帮助其他成员，才会创造卓越的团队业绩。

5. 相互尊重

高效团队主管重视员工的参与管理，而高效团队的成员往往主动、积极，不放过参与管理的机会，其重要原因之一是团队成员的相互尊重。相互尊重的氛围会激发成员的参与意识，有助于突出共同利益与加强紧密合作。相互倾听、相互理解、相互尊重必将转化为员工的相互扶持与相互信任。为构建高效团队，团队成员应该以更加开放与包容的视野看待相互协作关系，共同探究互利共赢与共同发展之道。

6. 相互信任

相互信任、相互依赖、相互支持是团队合作的基础。团队主管必须培养上下级平行的信任感，以使团队成员保持高涨的士气。领导者使团队成员相互信任与相互支持的要点包括以下方面：时常向成员灌输强烈的使命感与共有的价值观，持续强化团结协作、荣辱与共的理念；倡导彼此间遵守承诺与信用；重视团队成员的培训、开发与激励；鼓励相互包容，促进彼此的协调、互补与合作。在高效团队中，团队成员能经常感受到别人的信任和欣赏，这有助于提高每个成员的自信与自尊，促进大家同心合力、携手同行，努力实现团队的目标。

（二）卓越团队

古人云："人心齐，泰山移。"这强调的就是团队合作的力量。成功学大师史蒂芬·柯维认为，缺乏团队合作精神一直是各个时代人类的一大灾祸，无数企业因为缺乏合作而毁灭，无数家庭因为缺乏合作而破裂。精诚合作、集思广益能产生最大的能量，可以有效激发人们的潜能，可以创造出色的团队业绩，可以开辟前所未有的新天地。创建卓越团队并非一日之功，需要从各个方面入手，从基础工作抓起。其主要策略包括以下几个方面：设立可行的共同目标；团队成员奉行"团队至上"，具有强烈的团队意识；成员之间相互协作，共为一体，乐于助人，共同推进团队事业。

1. 确定共同目标

团队主管负责确定共同目标，采取有效策略，统一每个成员的思想，使他们为实现这一目标而全身心投入。共同目标是团队成员的共同愿望在特定环境中的具体化。它以实现团队利益与价值为前提，充分体现团队成员的个人意志与利益，以充分唤起团队成员的激情。共同目标建立在员工个人目标基础之上，如果广大员工不能接受共同目标，或有相当数量的员工对共同目标持怀疑态度或不认同态度，那么他们就不可能为此而努力奋斗，更不可能激发出创造力，甚至会采取不关心、不遵从的态度。因此，领导者要确保共同目标得到团队成员真诚的分享与认同，充分调动团队成员的积极性和创造性。

2. 完善激励机制

激励机制主要包括团队纪律、授权机制、团队激励与约束机制、考核机制、升迁体系等方面。如果确定团队共同目标是建设卓越团队的前提，那么构建合理的授权、激励与考核机制是实现团队共同目标的保证。严明的纪律才能保证团队的协调一致；有效的授权才能明确各自的责任和义务，并充分调动各方的积极性；有效的激励、考核与升迁体系，才能做到人尽其才，既能充分实现员工的个人价值和团队价值，又能避免因权责不明而损害团队的整体利益。

3. 聚集优秀人才

人才是酒店的生存与发展之本，是否拥有一批高素质人才直接决定着酒店餐饮经营的成败。聚集优秀人才，提倡学习和创新，是打造卓越团队的必要条件。当今跨国酒店集团的竞争焦点之一就是人才的争夺战。谁得到优秀人才，谁就掌握了主导权。但只拥有人才还不够，还要善于培养与使用人才，要充分激发人才潜能，大力培育人才创新能力，为人才的成长提供有利的条件。所以，卓越团队建设必须以聚集优秀人才为重要前提。

在选择成员时，必须挑选适合团队工作的人才。不是所有人都适合团队工作，在一个团队中工作的人才必须要有融合性。只有主动适应团队工作环境的成员，才能为团队的聚合创造条件，才能在融洽的工作氛围下发挥自身的作用。有些人才喜欢独立完成工作，很难与别人分享自己的思想，在工作中不愿主动配合他人。如果员工将这种性格带进团队工作中，势必会带来不和谐音符，影响团队的集体学习、知识共享与共同进步。团队成员的真诚合作和有效融合，不仅可以减少成员之间的矛盾和冲突，促进成员的相互了解、相互帮助和相互交流，而且可以实现团队成员的智力资源共享、促进知识创新，以实现团队的整体目标。许多酒店的高效运营很大程度上得益于其"人和"的局面。

4. 增强团队意识

团队意识是指成员的整体配合意识。每个成员都要心怀团队，把自己当成团队的一员，而不是匆匆的过客。实证研究表明，团队合作能提高成员的工作生活质量，增加成员的工作满意度、责任感与工作效率。团队合作首要的就是酒店成员要有"团队感"，奉行"团队至上"，摒弃处处设防、各自为政的传统本位主义，讲究彼此沟通、随时交流、深度合作，以创造一种温和的、良好的工作氛围，使员工置身于一个互相尊重、互相信任、坦诚不设防的团体中，从而显著地提升员工的工作热情和工作效率。另外，增强团队意识，关键是要增强团队的归属感、荣誉感和信赖感。

（1）团队归属感。所谓团队归属感，就是要把自己置身于团队之中，并为之而努力奋斗。没有哪个企业喜欢成天想着向其他企业跳槽的员工，也没有哪个部门喜欢成天想往其他部门调动的员工。"既来之，则安之。"要想让部门内的其他人把员工当成自家人，首先员工要把自己当成部门的一员。员工要能够接受部门的现状，并有为这个部门、这个团队去付出的决心。员工不要老想着去那些热门的部门或者企业。没有不好的部门，只有不好的员工。员工要想让自己成长，就应该先设法让所在团队成长。

（2）团队荣誉感。所谓团队荣誉感，即为自己的团队感到光荣与自豪，并为维护团队的荣誉而不遗余力。现代企业要求员工有强烈的团队荣誉感。只要合乎法律、社会道德，员工就应该具有"团队让我干什么我就干什么"的奉献精神。不损害团队的荣誉，时刻谨记团队的管理规则；积极为团队荣誉做贡献，只要团队需要自己，就应该全力以赴。各成员应拿出自己的最高水平，而不是推诿或不愿意参加。

（3）团队信赖感。团队至上意识的培养基于成员的相互信任。所谓团队信赖感，就是要相信自己的上司、同事，把团队成员看成是事业伙伴。如果没有了信任，酒店员工就无法把自己的努力转换为酒店的成功。在相互信任的基础上，才能同舟共济、困难共担、价值共创，共同推进自身的成长与酒店的发展壮大。团队信赖感还应该体现在成员对团队未来充满信心。无论是在与同事的交流中，还是在对外的交往中，团队成员都能够表现出足够的信心，让别人感受到这个团队的蓬勃活力和美好前程。

5. 维护团队利益

餐饮部主管应要求成员把团队利益置于首位，强调团队利益高于一切。高尔基说："个人如果单靠自己，如果置身于集体的关系外，置身于任何团结民众的伟大思想的范围外，就会变成怠惰的、保守的、与生活发展相敌对的人。"团队利益和个人利益是相互依存的，但有时也会存在矛盾。当面对团队利益与个人利益冲突的时候，成员必须要服从大局，适当牺牲个体利益。反之，如果只顾个人利益，不顾团队利益，最终结果是团队失败。列夫·托尔斯泰说："一切利己的生活，都是非理性的、动物的生活。"

（1）牢记团队目标。任何一个团队都有其存在的使命和目标。作为团队成员，应该对团队的使命和目标有一个清晰的认识，并牢记在心。只有这样才会在工作中，围绕这个目标去努力，为团队目标实现做出自己的贡献。员工认同团队目标，与他人达成共识，才会在团队中体现自己的价值。重要的是，团队成员必须达成共有的价值观，否则无法推进团队工作的顺利进行。实证研究表明，价值观不同的人会减少彼此之间的沟通，价值观差异导致彼此的不喜欢或不理解，从而影响团队合作的效率与效益。

（2）遵守团队规则。团队是一个有目的性的组织，是组织必然有其规则。规则设立的目的是为了约束团队成员的行为，使得团队目标能够顺利实现。作为团队成员，应该自觉遵守团队规则，而不应该出现暗自违背团队规则的行为。

（3）承担团队责任。团队目标的实现是团队成员共同努力的结果。团队之所以存在是因为团队可以实现个人所无法实现的目标。作为团队成员，应该服从团队的分工，并积极承担团队的责任。由于酒店工作的相互衔接性，在培养员工"团队至上"的职业习惯的过程中，不仅要求员工有个人责任感，更要强化相互负责。这里既包括各部门的责任，也包括部门内各岗位的责任。试想，如果每个酒店员工都"不管闲事"，"团队至上"的理念就只会停留在空想阶段。

6. 注重团队协作

酒店的优质服务是各部门、各岗位共同协作的结果，任何一个环节的失误都将导致顾客服务的缺陷。因此，各部门、各岗位之间的协调变得十分重要。每位员工都必须树立全店一盘棋的观念，养成团队至上的职业习惯，在工作中自我调节、主动配合、形成合力，让整个服务过程环环相扣、步步到位，共同为顾客创造美好的经历与优异的价值。

（1）要沟通不要摩擦。协作离不开沟通，特别是在酒店这一综合性、协调性较强的行业。在团队工作中，难免会出现各种各样的问题。这个时候就需要团队成员进行积极有效的沟通，并且能够以正确的心态去面对可能出现的各种矛盾。各成员顾全大局，以保证团队目标的顺利实现。如果缺乏沟通，员工抱怨较多，就会严重影响酒店的团队凝聚力、产品质量，进而影响顾客满意度。基于个体心态和团体效率的考虑，很多时候抱怨别人不如改变自己，以海纳百川的胸怀对他人多包容少计较，知恩图报，甚至以德报怨，牢记"冤冤相报何时了"的古训，同时切忌重演"农夫与蛇"的悲剧。要获得"好心办好事"的结果，团队成员就必须学会有效沟通，替对方着想，体验对方在特定情景下的感受，通情达理地谅解对方的行为，提出让对方心悦诚服的解决方案。"己所不欲，勿施于人"，在沟通过程中，应直截了当、开诚布公，也就是说应避免拐弯抹角，或"打太极拳"，或当面不说，或背后乱说。

（2）要反省不要埋怨。任何人都不喜欢没有责任心的下属、同事和上司，更不喜欢寻找借口、指责他人的人。所以，作为团队的一员，遇到问题，应该学会进行自我反思：其一，是否对事情理解得不够清楚，导致错误地执行了某些工作任务；其二，是否没有进行及时的沟通，进而导致对某些方面的理解和执行出现了问题；其三，出现了问题，是否迅速采取了有效的补救措施。自我反省实际上是团队成员自我认识和提高的过程。不懂得自我反省的人，永远不会走向成熟。

（3）要补台不要拆台。工作是一个合作的舞台，而不是一个角斗场。餐饮主管要努力让各个成员明白：要想自己的事业舞台足够宽广，首先要让自己的胸襟宽广。现代社会专业分工越来越细，单打独斗的时代已经过去了，要想取得成功，必须学会合作，善于合作。在别人遇到挫折、失误和困难时，酒店员工千万不要沾上口诛笔伐和"痛打落水狗"的恶习，要养成手下留情与让人一条路的善习。如果在他人遭遇困难或尴尬时落井下石，这样也许能赢得一时的好处，但终究会遭人唾弃，为人所不齿。相反，假如在自身遭遇切肤之痛后，却采取别人难以想象的态度，坚持团队至上、宽容对方，展现常人难以达到的胸襟，不仅不拆台，反而替对方补台，给予足够面子让对方下台，或协助对方顺利完成工作。那么，在困难时刻，将会得到他人的真心协助，而且自身的职业形象就会霎时高大起来。宽宏大量、光明磊落使自己的职业形象达到一个新境界，折射出新光彩。久而久之，这种合作精神还会感染团队中的其他成员，像润滑剂一样，使许多小摩擦、小矛盾销声匿迹。当然，面对他人的失误而影响自己时，有些人采取不拆台也不补台，明哲保身，这也是卓越团队主管要大力修正的行为。总之，帮同事就是在帮这个团队，帮这个团队就是在帮自己。只有这样在自己出现困难时，才会有人伸出援助之手。

（4）要唱好主角当好配角。在团队合作中，必然有分工，有分工就必然有主角和配角。在酒店餐饮工作中，主角的数量总是有限的。为保证有效的合作，酒店员工就必须摆正位置，既要唱好主角，更要甘当配角，确立"我应该为他们做什么"的理念，主动配合，求同存异，协调合作，取长补短，努力为他人的工作提供方便与创造条件，从而形成最大的团队合力。

1）积极灌输主配角互动观。根据分工协作的原理，团队中的主角与配角关系是相辅相成的，而且是动态变化的。即主角与配角关系是客观存在，并相互依存的，同时，在不同的时空背景中，又是互相转换的。主角与配角，只是分工不同而已，而无地位的尊卑之分。在一台戏里，必然会有台前和幕后之分，不可能人人都站在显眼处，不可能人人都是主角。作为主角，就要勇于承担责任，控制局面，当好"主攻"。而作为配角，则要甘当陪衬，甘为人梯，做好"佯攻"。当主角需要知识、才华、能力，当配角同样需要智慧、觉悟和无私品格。同时，餐饮主管必须使各个成员意识到，在这台戏中，你是配角，而在另一台戏里，你则是主角。只有互相支持、互相信赖，才能唱好每一出戏。

2）努力倡导甘当配角精神。甘当配角的精神，是指餐饮部员工要有甘为人梯、先人后己的思想品格。甘为人梯，先人后己，就是心里装着他人，遇事想着事业，支持自己的同事上进，共同沿着已经开拓的路子前进，把"接力棒"的传递看成是一种光荣；甘为人梯，先人后己，就是在工作上胸怀宽广，劳苦之事争先，享乐之事退后，把方便让给别人，把困难留给自己；甘为人梯，先人后己，就是心甘情愿地接受主角领导，在配角的位置上协助主角披荆斩棘、破浪前进；甘为人梯、先人后己，就是坚信"一花独放不是春，百花齐放春满园"，而自己甘当一片绿叶，同朵朵鲜花形成一个有机整体，去展现酒店工作的姹紫嫣红。正是因为这种甘为人梯、甘为配角的团队精神，大家才能善于发现别人的长处，理解别人工作的重要，自觉帮助别人成功，从而达成思想一致、高度团结、行动统一。

3）大力表彰甘为人梯事迹。主角有"最优"，配角同样有"最佳"，不可厚此薄彼。在酒店餐饮部团队中，正因为有了众多甘当配角的朴实餐饮员工，才会有整个酒店餐饮辉煌的业绩。因此，酒店餐饮部在获得成功后，不应忘却这些幕后英雄。在餐饮部上下，应注意寻找并表彰"最佳"配角，让他们成为餐饮部所有员工学习的榜样，并在餐饮部内部形成甘当配角的风气，引导员工以团队利益为重，找准角色，不计名利，顾全大局，养成重视配合的良好职业习惯，以共同快乐地开创餐饮部和员工的美好未来。

第十一章 餐饮人员礼仪与规范

一、餐饮人员的仪容仪表

对于酒店餐饮业来说，注重仪容仪表应该是酒店餐饮人员的一项基本素质，它反映了酒店餐饮人员的精神面貌，更代表了酒店的整体形象。

（一）仪容仪表的概念

仪容通常是指人的外观、外貌。其中的重点，则是指人的容貌。在人际交往中，每个人的仪容都会引起交往对象的特别关注，并将影响到对方对自己的整体评价。在个人的仪表问题之中，仪容是重中之重。

仪表是人的综合外表，它包括人的形体、容貌、健康状况、姿态、举止、风度等方面，是人举止风度的外在体现。

（二）酒店餐饮人员仪容要求

1. 头发

头发梳理得体、整洁、干净，不仅反映了良好的个人面貌，也是对人的一种礼貌。酒店餐饮人员应保持头发的清洁，定期清洗，还需要有合适的发型。

男性酒店餐饮人员的发型要求：基本为平头、寸头、毛寸；前不过眉、鬓角不过耳、后不过领，不可染发、留长发或怪异发型；头发清洁、没有头皮屑；为防止头发脱落掉入菜肴中造成投诉，要求每日使用头发定型剂。

女性酒店餐饮人员的发型要求：短发女性餐饮人员须将头发上定型剂，遵循前不过眉、鬓不过耳、后不盖领的原则梳理成型；长发女性餐饮人员统一将头发向后梳理，不留刘海（以免遮挡视线或脱落），额前头发偏短的必须用发卡（发夹必须是黑色无装饰发夹）将头发固定；长发盘起后用皮筋扎好，用发网兜固定好，发网兜不能超过衣领；保持头发清洁、没有头皮屑，不可染发或梳理怪异发型。

2. 面部

酒店餐饮人员应保持面部的清洁与干爽，做到无泪痕、无汗渍、无灰尘、无油光等，使自己容光焕发、清新自然；每日彻底清洁眼睛，眼中不可有污物或带有睡意；注意鼻腔卫生，防止鼻毛外露；应保持容光焕发，充满活力，随时保持最佳精神状态；男性餐饮人员要经常修面，不得留胡须和大鬓角，女性餐饮人员上岗前需轻化淡妆，不能不化妆或浓妆艳抹。

3. 口腔

酒店餐饮人员应每日早晚清洁口腔，每餐餐后要漱口，确保口腔清洁；上班前不要吃有刺激性气味的食物（如大蒜、榴莲等），必要时可嚼口香糖或口含茶叶以消除口腔异味；定期清洁、护理牙齿，保持牙齿洁白光亮。

4. 手

酒店餐饮人员要经常洗手，不能留长指甲（指甲的长度与指尖齐平为最佳）；保证指甲内部无污垢，指甲两侧无死皮；不涂指甲油。

（三）酒店餐饮人员仪表要求

1. 服饰

酒店餐饮人员在岗时要着工作制服，工作制服是岗位和职责的标志，不得互相借换穿用。具体着装要求如下：

（1）工作期间必须着制服，选取时注意尺码是否合适，确保制服合身，下班后不可将制服穿出酒店。

（2）保持制服干净、整齐、无破损，确保制服无外露线头和破损；及时更换和清洗，并熨烫平整，避免身上有异味。

（3）员工不得因任何理由将制服袖口、裤腿卷起，衣扣拉链要扣紧；戴围裙的员工要确保围裙始终干净，绳结要整洁；不可露出内衣内裤，女性员工着裙装要注意裙摆不可歪斜，不可让长袜边从裙下露出来；确保制服的标签没有外露，不在制服口袋里乱放东西。

2. 鞋袜

（1）工作期间必须穿酒店要求或提供的鞋子，一般为黑色皮鞋或布鞋。皮鞋应经常擦拭，保持光亮；布鞋要保持清洁无污渍。

（2）确保鞋带系好，不光脚穿鞋。

（3）工作期间男性员工一般穿黑色或深色的棉质袜子，女性员工一般穿肉色丝袜。

（4）确保袜子无破洞，无拉丝；避免袜口露出；勤洗勤换，避免产生异味。

3. 佩戴

佩戴物品包括工号牌和饰品，酒店餐饮人员佩戴要求如下：

（1）上班期间必须佩戴工号牌；

（2）工号牌佩戴在正确的位置和方向（左胸口正上方10厘米处）；

（3）保持工号牌的干净、清洁，没有任何污损；

（4）一般不可佩戴项链、耳环、手链、脚链和除结婚戒指以外的饰品。

二、酒店餐饮人员的仪态

（一）仪态的概念

仪态是指人在行为中的姿态和风度，着重指举止方面。人在行为中的姿势通常是指身体在站立、就座、行走时的样子。

酒店餐饮人员每天需要和很多客人打交道，在工作中应保持良好的仪态，站有站姿，坐有坐相，行走自然优美。

（二）站姿

站姿是人的一种本能，是一个人站立的姿势，它是人们平时所采用的一种静态的身体造型，同时又是其他动态的身体造型的基础和起点，最容易表现人的姿势特征。优美而典雅的站立姿势是体现酒店餐饮人员自身素养的一个方面，也是体现餐饮人员仪态美的起点和基础。

1. 站立要领

站立时从正面看，身体重心线应该在两腿中间，向上穿过脊柱到达头部，重心放在两个前脚掌。具体要领为：挺胸，收腹，目平视，环顾四周，面带笑容，双手自然下垂或体前交叉，以保持随时为顾客提供服务的最佳状态。

2. 正确站姿

（1）男性酒店餐饮人员站姿：左脚向左横迈一小步，两脚之间距离不超过肩宽，两脚尖向正前方，身体重心落于两脚之间，身体直立。双手放在腹部交叉或自然下垂，挺胸、收腹。

（2）女性酒店餐饮人员站姿：双脚呈"V"字形，双膝靠拢，脚跟靠紧。身体重心可落于双脚上，也可落于一个脚上，通过变化身体重心来减轻站立长久后的疲劳。双手交叉于腹前。

3. 站姿禁忌

（1）双手不要叉在腰间、插进口袋或抱在胸前。

（2）身体不能东倒西歪。

（3）不要背靠他物，更不要单腿站立，将另一条腿蹬在其他物体上。

（4）不要趴在其他物体的台面上。

（5）不能有玩弄衣服、物品，咬手指甲等小动作。

（三）坐姿

所谓坐有坐相，是指坐姿要端正。优美的坐姿让人觉得安详舒适，而不是一副懒洋洋的模样。

1. 坐姿要领

人体重心垂直向下，腰部挺起，脊柱向上伸直，挺胸，双肩平松，颈、躯干、腿、脚正对着前方，手自然放在双膝上，双膝并拢，目平视。

2. 正确坐姿

（1）入座时要稳、要轻。就座时要不紧不慢，大大方方地从座椅的左后侧走到座位前，轻稳地坐下。若是裙装，应用手将裙稍稍拢一下，不要坐下来后再站起来整理衣服。

（2）面带笑容，双目平视，嘴唇微闭，微收下颌。

（3）双肩放松平正，两臂自然弯曲放于椅子或沙发扶手上。

（4）坐在椅子上，要立腰、挺胸，上体自然挺直。

（5）两脚自然平落地面，两膝之间的距离，男性以松开一拳为宜，女性则以不分开为好。

（6）坐在椅子上，至少要坐满椅子的2/3，脊背轻靠椅背。

3. 坐姿禁忌

（1）脚搭在椅子、沙发的扶手或架在茶几上。

（2）女性跷二郎腿，双膝叉开，脚跟不自然靠齐。

（3）同两侧客人谈话时，不要只转头，应当侧坐，上体和腿同时转向一侧。

（四）走姿

走姿是人体所呈现出的一种动态，是站姿的延续，更是展现人的动态美的重要形式。酒店餐饮人员在工作时，经常处于行走的状态中，要能以标准的动态美展现酒店形象。

1. 走姿要领

头正、肩平、躯挺、步位直、步幅适度、步速平稳。

2. 正确走姿

（1）行走要大方得体、灵活稳重。行走时，身体重心向前倾3～5度，抬头，肩部放松，上身正直，挺胸收腹，目视前方，面带微笑。手臂伸直、放松，手指自然微曲，双臂自然前后摆动，摆动幅度为35厘米左右，双臂外开不要超过30度。

（2）行走时，重心落在双脚掌的前部，腹部和臀部要上提。女性行走时，双脚跟成一直线，不迈大步；男性行走时双脚跟成两条直线，但两线尽可能靠近，步履可稍大。

（3）步速适中，男服务员应为110步/分钟，女服务员以120步/分钟为宜。

（4）步幅不宜过大。因为步幅过大，人体前倾的角度必然加大，服务员经常手捧物品来往，容易发生意外。因此，男服务员的步幅应在40厘米左右，女服务员的步幅应在35厘米左右。

（5）行走时，一般靠右侧。与客人同行不能抢行（迎客除外），在通道行走时若有客人对面走来，要停下来靠边，让客人先通过，不可把背对着宾客。

（6）遇有急事或手提重物需超越走在前面的宾客时，应向客人表示歉意。

3. 走姿禁忌

（1）切忌摇头摆肩，扭身，踢腿。

（2）在公共场合与客人同行，不能抢行，更不要从客人中间穿行。

（3）两人以上行走时，不要成排，不要扒肩拉手、搭背搂腰。

（4）在通道行走，要靠一侧，不要走在中间。

（5）不准边走边说笑、哼唱、吹口哨、打响指、吃东西等。

三、餐饮人员的礼节礼貌

（一）礼节、礼貌的含义

礼节是人们在日常生活中，特别是交际场合中互相问候、致意、祝愿、慰问以及给予必要的协助与照料的惯用形式，礼节是礼貌的具体体现，如点头、致意、握手等都属礼节的形式。礼貌是指人与人之间在接触交往中，相互表示敬重和友好的行为，它体现了时代的风尚与人们的道德品质，也体现了人们的文化层次和文明程度。礼貌是一个人接人待物的外在表现，这种表现是通过仪容、仪表、仪态及语言和动作来体现的。

（二）酒店餐饮人员礼节礼貌的实施原则

1. 尊重顾客习惯

在日常服务接待工作中，要以当地的礼貌礼节方式为主，同时，要尊重顾客的礼貌习惯。礼貌的表现形式不一样，每一种礼貌形式都有几种崇高的含义。酒店餐饮人员要接待不同国籍、不同民族的客人，服务时一定要尊重顾客的信仰和忌讳，否则会导致顾客不满，甚至发生矛盾。

2. 不卑不亢

不卑就是不显得低贱，不亢就是不显得高傲。餐饮人员在宾客面前要永远保持一种平和的心态，到本酒店来就餐，你就是客人，我就是服务员，为你提供服务是我的职责。服务员既不能在身份高、地位高、经济条件好的客人前卑躬屈膝，也不能瞧不起身分低、地位低、经济条件差的客人。服务员与所有的进餐宾客之间，都仅仅是一种服务和被服务的关系。

3. 不与客人过于亲密

在服务工作中，出于礼貌与创造一种和谐的进餐气氛，可以和宾客有简单的交谈，特别是对一些远道而来的客人，可以借此机会向其介绍本酒店的风味特色，厨师的名肴绝技，以及一些地方特产、风土人情、名胜古迹等。但这些交谈，一不能影响工作，二不能离题太远。随时都要清楚内外有别，公私有别，服务员和客人不能过于亲密。

4. 不过分烦琐，不过分殷勤

对于顾客提出的要求、托办的事项，服务员只要轻轻说一句"好的"或"您稍等"即可，不要喋喋不休重复，免使顾客感到厌烦。在服务过程中，有些事情本来应该是服务员做的，若顾客执意要亲自体验一番，则应该满足其要求。

5. 一视同仁，区别对待

来店就餐的客人，其身份、地位、年龄、健康状况虽然不一样，但应当一视同仁地对待他们，均应给予热情的接待，不要有以貌取人的做法。但对某些客人又必须给予适当特殊照顾，比如老弱病残等人群，进门都应有人搀扶。这样做才能切实体现出本酒店餐饮人员的礼貌修养。

（三）酒店服务中的常用礼节

1. 问候礼

问候礼是餐饮人员对客人进店时的一种接待礼节，以问候、祝贺语言为主。问候礼在日常使用中又分为初次见面的问候（例如"您好，欢迎光临"）、时间性问候（例如"早上好"）、节日性问候（例如"新年快乐"）、针对不同客人的问候（例如"生日快乐"、"新婚快乐"）等几种不同的问候礼。

2. 称呼礼

称呼礼是指日常服务中和客人打交道时所用的称谓。称呼要切合实际，如果称呼错了，职务不对、姓名不对，不但会使客人不悦，引起反感，甚至还会产生笑话和引起误会。在称呼客人时，一般称男子为"先生"，未婚女子为"小姐"，已婚女子称"女士"，对不了解婚姻状况的女子称"小姐"，对戴结婚戒指和年龄稍大的可称"女士"。当知道客人职位时可以称呼其职位，如王局长、李主任等。

3. 应答礼

应答礼是指同客人交谈时的礼节。主要应遵循以下几点要求：

（1）解答客人问题时，必须保持良好的站立姿势，背不靠他物，讲话语气温和耐心，双目注视对方，集中精神倾听，以示尊重。

（2）对宾客的赞扬、批评、指教、抱怨等也都必须用恰当的语言回答，不能置之不理，否则是一种不礼貌的行为。

（3）服务员在为客人处理服务上的问题时，语气要婉转，如客人提出的某些问题超越了自己的权限，应及时请示上级及有关部门，禁止说一些否定语，如"不行"、"不可以"、"不知道"、"没有办法"等，应回答："对不起，我没有权力做主，我去请示一下领导，您看行吗？"

4. 操作礼

操作礼指餐饮人员在日常工作中的礼节。服务员的操作在很多情况下是与客人在同一场合、同一时间进行的，服务员要想既做好服务工作又不失礼，就必须注意尽量避免对客人的打扰，如影响到客人，则应表示歉意，说："对不起，打扰一下"，或"对不起，请让一下好吗"等。

5. 迎送礼

迎送礼指服务员迎送客人时的礼节。宾客来店时，服务员要主动向客人问好，笑脸相迎。在此过程中，要按先主宾后随员、先女宾后男宾的顺序进行，对老弱病残客人，要主动搀扶。客人用餐完毕，离开酒店，服务员应向客人逐一道别，使客人带着温馨、满意而归，迎送礼要求不温不火、热情得体。

6. 宴会礼

宴会的本意是以礼为主、以食为辅。不论何种宴席，酒店服务员都要懂得一般的礼貌礼节，还应该在为宴会提供服务的过程中，按一套规定的礼节去操作。例如，斟酒、上菜必须按一定顺序，菜的摆放要遵循一定规则，席间服务需依据酒宴主题，符合当地的风俗习惯等。

7. 握手礼

握手礼是人们交往时最常用的一种礼节，它是大多数国家的人们见面或告别时的礼节。行握手礼时，应距受礼者一步远，上身稍向前倾，两足立正，伸出右手，四指并齐，拇指张开朝上，向受礼者握手，礼毕松开。酒店餐饮人员在行握手礼时应注意以下几点：

（1）同客人握手时，必须先由客人主动伸出手，餐饮人员才伸出手与之相握，不能由于客人是老客户、熟人就不分地点、时间、场合主动与客人握手，这样会打扰客人，造成误会。一般情况下，握手时长辈与晚辈之间长辈先伸手，上级与下级之间上级先伸手，男士与女士之间女士先伸手。

（2）在一般情况下，行握手礼时，双方应脱下手套，男人还应摘下帽子，但尊贵客人、身份高贵的女士可戴着手套与别人握手。

（3）握手时，握住对方四指轻握一下即可，不可用力猛抓住别人的手，也不要只轻轻握住别人的指尖。同性握手时，手适度稍握紧，异性握手时则需轻些。

（4）行握手礼时，双目要注视对方眼、鼻、口，微笑致意，同时要说一些问候及祝贺的话，握手时切忌看着第三者，显得心不在焉。

（5）在迎送客人时不要因客人是熟人就图省事，应握手道别。

（6）如因手上疾病、手上沾水或较脏等原因，不便握手可向对方声明，请对方谅解。

8. 鞠躬礼

鞠躬礼一般是指晚辈对长辈、下级对上级以及初次见面的朋友之间的礼节。

鞠躬礼在酒店服务中较为常用，是餐饮人员迎送客人的主要礼节。行鞠躬礼时手下垂后，用立正姿势，两眼注视受礼者，身体上部前倾50度左右，而后恢复原来姿势。

9. 致意礼

点头致意一般情况下是同级或平辈之间的礼节，在日常工作中，同一餐次餐饮人员与客人多次见面时，在问候客人"您好"的同时，还须点头微笑致意。

（四）酒店餐饮人员礼貌用语

1. 礼貌用语的基本要求

酒店服务员工作在酒店的第一线，用礼貌语言接待宾客，介绍饭菜，解答询问，不仅有助于提高服务质量，而且还有助于扩大语言的交际功能。所以服务员必须讲究礼貌用语，做到态度从容、言辞委婉、语气柔和。酒店餐饮人员礼貌用语的基本要求如下：

（1）说话要有尊称，声调要平稳。凡对就餐来宾说话，都应用"您"等尊称，言辞上要加"请"字，如"您请坐"，"请等一下"。对来宾的要求无法满足时，应加"对不起"等抱歉语。说话声调要平稳、和蔼，使人感到热情。

（2）说话要文雅、简练、明确，不要含糊、啰唆。文雅就是彬彬有礼；简练就是要简洁、明了，一句话能说清楚，不用两句话；明确就是要交代清楚，使人能一听就懂。

（3）说话要委婉、热情，不要生硬、冰冷。尤其是解释语，态度更要热情。

（4）讲究语言艺术，说话力求语意完整，合乎语法。有时，服务员本出于好意，但因为讲话意思不完整、不合乎语法，反而会使宾客误解，如服务员看到宾客的米饭吃完了，想给宾客添点饭便问："您还要饭吗？"这样的话容易引起反感，如果稍加修改说："我再给您添点米饭吧？"客人听了就会觉得舒服。

（5）与宾客讲话要注意举止表情。服务员的良好修养不仅寓于优美的语言之中，而且寓于举止和神态中，如宾客到酒店用餐，服务员虽然说了声"您好！请坐"，可是脸上不带微笑，而且漫不经心，这样就会引起宾客的不满。由此可见，不仅要用语言，还要用表情、动作来配合。

2. 酒店服务中的常用礼貌用语

酒店餐饮人员常用礼貌用语有以下几种：

（1）欢迎用语。如"欢迎您"、"欢迎光临"、"欢迎您来这里进餐"、"请这边走"等。

（2）问候用语。酒店服务员常见的问候语有"您好"、"早上好"、"多日未见您身体好吗"等。

（3）告别用语。如"慢走"、"欢迎您再来"、"再见"、"欢迎下次光临"等。

（4）祝贺用语。对过生日的客人说"祝您生日快乐"，对新婚客人说"祝两位新婚愉快、白头偕老"，新年时对客人说"新年好"等。

（5）征询用语。如"我能为您做什么"、"请问还有什么需要吗"、"如果您不介意，我可以……吗"等。

（6）应答用语。如"好"、"好的"、"是的"、"不必客气"、"没关系"、"我马上就去做"等。

（7）道歉用语。如"对不起，打扰一下"、"麻烦您了"、"实在抱歉"、"请不要介意"等。

（8）推托用语。如"谢谢您的好意，但是……"，"对不起，我不能离开，我用电话帮你联系一下，可以吗"等。

（9）称呼用语。如"先生"、"女士"、"小姐"等。

（10）酒店应用语。"请问您需要什么饮料"，"请各位慢用"，"请问想吃点什么，这是菜单，请挑选"等。

3. 使用礼貌用语时的体态语言

（1）目光。在沟通过程中用目光注视对方，是体态语言沟通方式中最有力的一种。当在交流过程中使用目光接触时，实际上在说："我对您感兴趣，我在关注您。"目光接触是对对方的尊重。反之当避免目光接触时，一般会被看作对自己没有把握、在说谎或者对对方毫不在意等，因此会产生负面影响。

（2）面部表情。表情是一种无声的语言，可向客人传递对他们的热情、尊重、宽容和理解，使客人感到亲切和温暖。餐饮人员在提供酒店服务时呆板的面部表情难以让客人接受。对酒店餐饮人员表情的基本要求是：温文尔雅、彬彬有礼，稳重端庄、不卑不亢，笑脸常开、和蔼可亲，真诚可信、毫不做作。

（3）身体姿态。弯胸驼背、无精打采，都在告诉客人你或是疲倦或是缺乏自信或是感到无聊，这些都将给客人留下不良印象，影响酒店的整体形象。服务员的姿态应该潇洒自信，要显得自我感觉良好，对工作充满信心。

（4）手势。手势是最有表现力的一种"体态语言"，它是酒店餐饮人员向宾客做介绍、谈话、引路、指示方向等常用的一种形体语言。酒店餐饮人员在为客人提供服务时可借助手势更好地表达，但应注意手势正规，与眼睛配合使用；手势不宜太多，幅度不宜太大。

四、餐饮人员的应客技巧

酒店餐饮人员除了对处理酒店的工作事项有极高的工作能力要求之外，还必须具备和顾客进行良好沟通的能力，及时了解顾客的需求，重视顾客的意见。服务行业必须遵循顾客是上帝的黄金准则。作为酒店餐饮人员，会遇到形形色色的顾客，具有成熟睿智的应客技巧十分重要。这不仅关系到个人能力问题，还直接关系到酒店的声誉，因此要十分注重培养并完善自己的应客技巧。

1. 顾客投诉处理技巧

接到顾客投诉必须重视和妥当处理，投诉意味着服务本身存在缺陷未能使顾客满意。要积极主动地和顾客沟通，听取顾客对酒店的意见。酒店服务的完善不仅来自内部的自我高要求，还取决于顾客的反馈。适应顾客，理解顾客，积极与顾客沟通，妥善处理好顾客的投诉，才能使酒店赢得顾客的好感。顾客有可能是通过写信、发邮件或是打电话的方式投诉，也可能当面投诉。比较难处理的是电话投诉和当面投诉。应对不同的投诉方法，要注意的事项也不相同。

（1）了解顾客投诉心理。想要处理好顾客的投诉，首先必须懂得顾客的投诉心理。不同的顾客投诉心态不同，从其言语表达和行为方式不难推测出来。以下是比较常见的顾客投诉时的心理：

1）希望被尊重的心理。顾客花钱消费来享受服务，因此在整个就餐过程中，顾客希望被酒店重视和尊重的心理十分明显。在投诉的过程中这种心理更加突出，顾客总认为自己的意见是正确的，希望酒店理解、重视，希望看到酒店的歉意，并立即采取行动恰当地处理投诉。

2）发泄心理。顾客可能因为酒店工作的疏漏和错误，导致心情受影响，产生抱怨心理也是人之常情。一般抱有此种心理投诉的顾客，在言语用词上可能会比较犀利或是情绪比较激动。

3）求偿心理。顾客遭受一定的损失而向酒店投诉时，是希望能够补偿他们的损失。如果顾客能够提出证据表明所受的损失是酒店的过错造成的，酒店方面应当接受顾客的索偿要求，如果酒店对顾客的损失不负有责任，应当向顾客解释清楚。

不同的投诉方式所需的解决方法不同，下面将从书面投诉和口头投诉两个方面来阐述。

（2）面对电话和当面投诉。

1）耐心倾听并了解事情原委。在倾听顾客投诉的过程中，要了解被投诉的具体原因是什么，是服务态度不好，食物质量或味道问题，或其他原因。在倾听过程中要照顾到顾客的情绪，如果顾客情绪比较激动，应当先安抚顾客的情绪，避免事态扩大。一定要记住：顾客永远是上帝，上帝是永远没有错误的，因此对宾客的投诉一定要耐心倾听，倾听时要与顾客保持目光交流。在回答顾客问话以前，先让顾客把话说完。适当问一些问题以求了解详细情况。

2）及时做出处理决定并告知顾客。处理顾客投诉是个性化服务的具体体现，顾客性格不同、需求不同，对问题的看法亦不同，故处理投诉时应在前面所述的基础上区别情况，随机应变，迅速果断地处理。如属一般服务工作的失误或态度问题，应立即向顾客致歉。如属饭菜质量有问题，应立即给予调换。如果是顾客的过分要求，超出自己的权限而上级又不在，也要耐心地向顾客解释，取得谅解，并请宾客留下联系方式，以便告诉顾客最终处理结果。确实问题已获解决时，应及时告知顾客，询问顾客是否满意，如顾客表示满意，说明其投诉的心理要求已获满足。此时，管理人员应再次向顾客致歉，借机与顾客交流，将坏事变成好事。

3）和服务员进行沟通并做出处理决定。在处理好顾客的问题后，要及时找到提供服务的当事人，了解当时的情况，理清事情的原委后并做出处理决定。例如对餐饮人员态度差、不熟悉工作流程等问题应该做出批评，可以做出减少其月奖金等决定，如果造成的影响很恶劣，甚至可以做出开除的决定，以儆效尤。这是处理顾客投诉的最后一个步骤，顾客投诉直指我们工作的薄弱环节，当管理人员妥善安抚好顾客后，应注意解决内部问题，立即提出整改措施，以防同样问题反复发生。

（3）面对书面投诉。如果顾客采用信件或是发邮件的方式投诉，对顾客的信件和邮件要及时回复，表示已经收到投诉并告知顾客将在短时间内给予答复。解决步骤可以参考口头投诉的解决方法。

2. 顾客打碎餐具的处理

顾客在用餐的过程中由于各种原因打碎餐具的情况也很常见。易碎的餐具一般都是陶瓷材质或玻璃材质，餐具的价格也各不同，因此要具体情况具体对待。顾客在打碎餐具后往往会有尴尬的情绪，也会影响顾客的就餐心情，此时工作人员应该及时处理好这一问题。

（1）安抚顾客情绪并及时清理。顾客在用餐过程中出现打碎餐具这样的小插曲，必然会影响就餐的心情。因此，餐饮人员应当及时询问顾客，是否被食物烫到，衣物是否弄脏需要清理，并安排人员添加所需的餐具。对于打碎的餐具要及时安排餐饮人员进行清理，以免使顾客被残碎的餐具割伤。使顾客始终享受用餐的过程，这一点对酒店争取更多的客源来说很重要。

（2）考虑是否需要顾客赔偿。一般而言，打碎的价格比较低的餐具可以不需要顾客赔偿，以体现酒店对顾客的尊重和理解。但如果顾客打碎的是价位较高的餐具，就要考虑主要过错在于何方。如果是由于服务生摆放的位置不当，可以免除顾客的赔偿责任，并对相关的工作人员进行考评记过。如果是顾客的原因，应该考虑顾客的赔偿能力和顾客与酒店服务往来频次以及就餐的场合。特别需要注意的就是在大喜的场合，在这样的情况下不应要求赔偿。其他情况一般来说可以进行相应的赔偿或是全额赔偿。在需要顾客赔偿的情况下，应当在顾客结算时告知顾客，顾客有疑问的及时解答并要求顾客在餐具赔偿补充单上签字。不需要顾客赔偿的也应当在餐具赔偿单上写明原因请顾客签字。

（3）及时登记受损餐具的情况。要求经手的服务员在餐具赔偿补充单上登记相关的餐具受损情况，写明是哪一桌出现的该问题、打碎餐具的种类和数量以及经手的餐饮人员的信息。具体餐具补充单一式五份，第一份存底作为成本核算的凭证，第二份交给顾客作为已经赔偿的证明，第三份交给财务部，第四份交给酒店仓储管理部门方便服务员领取所需的餐具，第五份交给采购部方便及时补充。

3. 服务员与顾客发生冲突的处理

很多酒店管理人员碰到服务员与顾客发生冲突时，往往会把责任一味地推到服务员的身上，以取得顾客对酒店服务的好感，维护酒店的形象。这样的想法其实存在误区。因为作为服务员，他们是酒店的工作人员，其负责人应该维护员工的合法权益，酒店的工作人员本身也对酒店做出了很大的贡献。因此要视情况和具体事态的发展处理冲突，寻求双方利益的平衡点。

通常，发生冲突的缘由有两类：一类是顾客单方面的过错引起的。例如顾客因心情不好，对服务员提出过分的要求，甚至辱骂服务员。另一类是服务员单方面的原因。例如因服务员服务态度差，对顾客态度冷淡等原因，引起顾客的不满与其发生言语甚至肢体冲突。只有了解冲突发生的原因才能又快又好地解决冲突。冲突的级别也有很多种，事态轻微，则是双方的语言冲突，严重的可能导致肢体冲突甚至人身伤害。当服务员与顾客发生冲突后可以依照以下几个步骤处理：

（1）控制事态并了解冲突的缘由。作为酒店人员要在事情发生的第一时间介入，首先对所发生的不愉快事情向顾客表示歉意以稳定顾客的情绪。接着要做的就是向顾客了解事情的经过，此时应当尽量避免在公共用餐或是活动的区域进行沟通，以保持酒店良好的运营环境。可以征求顾客的意见或是主动建议一个适当的沟通场所，如办公室。

（2）做出处理决定并告知顾客。在和顾客和服务员双方沟通之后，要及时做出处理意见。如果是因为服务员的错误引发的冲突，可以陪同服务员向顾客表示歉意。必要时向顾客赠送水果或对其消费进行一定的优惠折扣，同时表明酒店的立场，适当对服务员做出一些惩处措施。如果是因为顾客的过错引起且事态轻微的，可以先向顾客表示歉意，事后对服务员进行必要的开导安慰。

（3）事态发展严重时交由警方处理。如果双方冲突过程中出现人员的严重的身体伤害，应该及时由警方处理，而不能私自解决，以免出现更严重的后果。

4. 菜品上错餐台的处理技巧

服务员上错菜的情况大概有两种：一种是上了重复的菜，另一种是上了没点的菜。不管是哪一种情况，尽量趁顾客没发现时及时撤回来。

（1）顾客已食用的情况。在菜已经食用的情况下，如果上的菜比所点的菜价格低，可以把差价补给顾客。并可以送果盘表示歉意。如果上错的菜价格高于所点的菜，不应该补回差价，并可以送果盘表示歉意。但是当顾客坚持要上所点的菜，应当及时上菜。如果是上了重复的菜并且已经被食用的，可以不需要顾客付款。

（2）及时采取补救措施。要及时告知值班的前厅主管交代厨房及时重做所需的菜，不能让顾客久等。这桌的菜送到了另一桌的情况下，要及时向所点的菜被送往别桌的顾客做出解释并道歉。询问顾客此时的意见，是否需要换一个菜。顾客表示可以接受换菜时，要及时出菜，并可以通过送一些酒水或饮料表示歉意。如果顾客表示坚持原来所点的菜时，可以先赠送其他特色小菜先行补救，随后补上遗漏的菜。

（3）对员工做出处理。因为服务员的疏漏导致上错菜的，要对出错的员工进行记过，对于因上错菜导致材料的损失，应当从服务员的薪水中扣除。

5. 防范顾客偷窃的措施

酒店人员杂多，管理难度大。酒店的特色餐具如特别定制的陶瓷餐具、贵重金属餐具或是具有特色的小装饰物往往会成为极少部分素质不高的顾客觊觎的目标。平常应当向员工灌输要保护酒店财物的思想，可以建立相应的惩罚奖赏机制；也可以不定期地对员工进行相关技能的培训，交流在该方面的处理经验。针对防范顾客偷窃的情况，可以从以下三个环节来解决：

（1）明确财物的保管职责。例如，餐桌的摆台餐具可以由酒店前台管理。菜盘、汤盆等可以由厨房负责，交接班时要清点并签字。坚持谁保管谁负责的原则，这样可以避免物品丢失时找不到责任人。

（2）有重点地监督管理。贵重餐具、装饰物、收银处的现金是餐饮人员重点监管保护的对象。厨房要防止非酒店的工作人员进入。服务员在为顾客提供服务的同时也要注意餐具的数量，对自己服务的客座的餐具数量种类做到心中有数。当顾客需要添加餐具时，应该及时提供，装饰物可以标记酒店的特殊标志，打消顾客偷窃的念头。同时，对一些容易引顾客喜爱或值得纪念的物品，可以对外出售。收款员应当具有辨别假币的能力，收款时要保持警惕，同时要不定期地核算金额是否正确。

（3）加强酒店的监控。在酒店内以及出入口、收发餐具和收银台等位置进行监控。监控是给顾客一种暗示，表明酒店对其行为有所关注，也可以在用餐区张贴醒目的提示语，例如"请保管好您的财物，爱护酒店的财物"。以上措施可以减少很多不必要的麻烦与冲突。当发现有明确的监控资料证明顾客有偷窃行为时，服务员可以以委婉的语气提示顾客。例如"先生，不好意思，能麻烦您配合一下吗？我们有些事想向您核实一下"。不能当众揭穿顾客，让其难堪，可以请顾客到安保部办公室单独详谈。如果情节严重、性质恶劣，可以选择报警，由警方处理。

6. 顾客醉酒失态的处理

顾客就餐过程中往往会点很多酒水，顾客醉酒的事件也很常见。顾客因为饮酒过量可能发生醉酒闹事的情况。酒店人员应当及时控制事态的发展，并根据顾客的醉酒状况采取不同的措施。

（1）顾客轻微醉酒。如果顾客只是轻微醉酒、大声喧哗，可以送上一些解酒茶水，帮助顾客醒酒。并要及时清理顾客的呕吐物，并防止其打碎餐具。如果同行的人有清醒的，可以善意地提醒其照顾好同伴。如果顾客是独自一人喝醉，应当及时询问其是否需要帮助。与此同时，要保管好顾客的随身财物，想办法联系醉酒顾客的亲友。

（2）顾客中度醉酒。醉酒的顾客如果情绪和行为过于失控，要安排工作人员把顾客送回客房，或是安排临时的房间让其休息。避免失态的醉酒顾客在公共用餐场合干扰破坏其他顾客的用餐氛围。

（3）顾客严重醉酒。如果醉酒顾客做出攻击性的言行，做出侮辱或是危害他人人身安全的行为时，作为经理必须冷静又有一定的胆识。及时地和醉酒的顾客沟通，必要时通知保安协助，切记不可与顾客纠缠不休。如果顾客态度蛮横无理，破坏酒店财物或是出手打人，可以在保安人员的协助下予以制止。情况严重时可以报警，以防止事态进一步恶化。

7. 顾客在酒店受伤的处理

顾客在酒店受伤可能是酒店的原因造成的，也可能是由于顾客自身的过错导致的。顾客受伤的几种典型的情况如下：情况一，地板有水渍而未及时清理，使地面湿滑顾客摔伤。情况二，就餐过程中因服务员的过失，被烫伤的。情况三，顾客被破损的餐具或物品割伤；情况四，顾客在用餐中接触漏电的电源，触电受伤。有顾客在酒店受伤，作为酒店人员可以做以下处理：

（1）及时介入了解情况。要及时到达现场，了解顾客伤势和受伤原因。现场需要清理的，要安排工作人员处理。

（2）判断顾客是否需要就医。根据顾客受伤的具体情况不同可以区别对待。如果顾客只是轻微的受伤，可以由酒店的医务人员进行简单处理。同时要向顾客道歉，顾客如果要求赔偿的，应进一步磋商。顾客受伤情况严重的，要建议顾客到医院进行检查，此时要安排酒店一名工作人员前往陪同。同时要和受伤顾客的亲友取得联系，通知其具体情况。酒店人员应当和前往陪同的人员随时保持联络，了解事情的发展进程。

（3）事后的处理。在顾客治疗期间，应当看望受伤的顾客，要求有关负责人填写报告，以便之后对于酒店是否需要承担责任进行分析和应对。如果顾客受伤是酒店的过失造成的，应当尽量和顾客对赔偿问题进行私底下的协商，对事情进行保密防止事态扩大。如果顾客受伤是由于自己不慎造成的，酒店不负医疗赔偿责任，但是可以向顾客做出解释说明。

减少该类事件发生最好的方法就是做好各种预防措施。地面有油渍、水渍或食物必须马上清理，酒店、卫生间等要张贴醒目的提示标语。老化的电路和用电设施要及时安排技术人员进行维修，平常也要定期检修。

参考文献

1. 陆朋主编．餐饮管理［M］．北京：中国财富出版社，2013.

2. 阮秀梅主编．餐饮服务与管理［M］．天津：天津科学技术出版社，2013.

3. 刘江海，郭秀峰主编．餐饮服务与管理［M］．上海：上海交通大学出版社，2012.

4. 刘雪峰，董连才主编．餐饮成本核算［M］．北京：中国轻工业出版社，2013.

5. 湖北省旅游行业职业技能鉴定委员会编．餐饮服务［M］．北京：旅游教育出版社，2012.

6. 钱丽娟主编．餐饮经营与管理［M］．北京：北京大学出版社，2013.

7. 钱菁主编．餐饮服务实训教程［M］．上海：上海大学出版社，2012.

8. 沈建龙，金辰怡主编．餐饮服务与管理［M］．北京：中国人民大学出版社，2012.

9. 孟庆杰，李正喜，刘颖编著．餐饮服务与管理［M］．北京：首都经济贸易大学出版社，2011.

10. 陈增红主编．饭店餐饮管理［M］．北京：旅游教育出版社，2010.

11. 江小蓉主编．餐饮服务与管理新编［M］．北京：旅游教育出版社，2012.

12. 雷琳，赵艳主编．餐饮企业经营管理［M］．北京：高等教育出版社，2014.

13. 苏志平，刘志全，王德静主编．现代餐饮企业管理［M］．北京：中国工商出版社，2013.

14. 贺政林主编．酒店餐饮部经理案头必备手册［M］．北京：中国纺织出版社，2014.

15. 鲍富元主编．餐饮经营管理［M］．武汉：华中科技大学出版社，2014.

16. 王瑛，王向东主编. 餐饮管理［M］. 成都：西南财经大学出版社，2015.

17. 佟静，刘继祥主编. 餐饮管理［M］. 大连：大连理工大学出版社，2011.